河北省教育厅人文社会科学研究重大课题攻

课题编号: ZD201445

河北省民营企业
诚信建设研究

编著　赵清华　李东升

编委　杨建永　胡秀花　付秀彬　杜宝苍
　　　　彭　磊　田　旭　石春玲

NORTHEAST NORMAL UNIVERSITY PRESS
WWW.NENUP.COM
东北师范大学出版社

图书在版编目（CIP）数据

河北省民营企业诚信建设研究 / 赵清华，李东升编著 .
-- 长春：东北师范大学出版社，2017.6
ISBN 978-7-5681-3431-6

Ⅰ . ①河… Ⅱ . ①赵… ②李… Ⅲ . ①民营企业—企业
信用—研究—河北 Ⅳ . ① F279.245

中国版本图书馆 CIP 数据核字（2017）第 170612 号

□策划编辑：王春彦

□责任编辑：卢永康　　　□封面设计：优盛文化

□责任校对：柳爱玉　　　□责任印制：张允豪

东北师范大学出版社出版发行
长春市净月经济开发区金宝街 118 号（邮政编码：130117）
销售热线：0431-84568036
传真：0431-84568036
网址：http://www.nenup.com
电子函件：sdcbs@mail.jl.cn
河北优盛文化传播有限公司装帧排版
北京一鑫印务有限责任公司
2018 年 1 月第 1 版　　2021 年 1 月第 2 次印刷
幅画尺寸：185mm×260mm　印张：14　字数：338 千

定价：49.00 元

　　民营企业已经成为我国市场经济的主要力量，作为市场经济的主体，担负着市场供给和劳动力就业的主要任务，有些企业成为行业的领导者，并走向国际。但是诚信问题日益成为制约民营企业发展的关键因素，诚信不只作为道德规范，更是市场经济发展的必然要求和基石，体现了市场经济的"魂"。诚信问题严重影响了消费者的信心，降低了市场经济的交换效率，备受社会各界的关注，提升企业诚信水平是全社会的普遍要求，建设"诚信中国"已上升为国家战略。面对日益严峻的诚信问题我们听到的更多是声讨声音，每个人都是站在受害者的立场控诉企业失信对自身的伤害，而缺乏对诚信的系统思考。本书就是站在历史的角度，就现实的民营企业诚信问题进行系统的探索，虽然我国的诚信历史悠久，但是两千多年宗法社会的诚信是建立在儒家文化基础之上的地缘、血缘的农业文明诚信，而非打破地缘、血缘边界的工业文明诚信。历史没有割裂，从我国的农业文明向工业文明转化的过程中，个人诚信必然向企业诚信转化，传统诚信必然向现代诚信过渡，但这样的转化和过渡不是自然发生的，必然要经历一个阵痛的阶段，要经过不断探索和自我否定，而这一过程注定是痛苦的。文明只能延续不能复制，可以借鉴不能崇拜，对市场经济的诚信建设我们不能复制西方，可以借鉴西方，因为文化背景不同，市场经济的发展历史不同，中国人的"痛"只能由中国人自己解。我们借鉴西方的诚信建设，是因为市场经济的本质是相同的，毕竟西方市场经济走过了几百年的历史，我国的市场经济只有几十年的历史。必须承认我们对市场经济的理解还很肤浅，我们虽然建立了市场经济的"形"，但还缺乏市场经济的"魂"。市场经济的交换有着严格的伦理规范和商业信仰，商业信仰是对商业本质的理解，是对商业最终目的的追求，是人价值信仰的体现。作为人类文明的高级阶段，市场经济有其特有的价值观念，在追逐经济利益最大化的背后是以商业信仰为基础的契约精神和商业伦理，这就是市场经济的"魂"。

　　任何历史的研究都是为了解决现实的问题，我们对企业诚信的理论探索，就是为了解决现实民营企业的诚信问题，探索河北省民营企业诚信建设的对策，为民营企业做大做强走向全球提供知识帮助。之所以现在对河北省民营企业的诚信问题进行研究，是因为河北省的民营企业正处在一个历史的转折点，既面临严峻的挑战又有前所未有的机遇，经济转型是河北省乃至全国民营企业的发展趋势，互联网的普及和应用为民营企业诚信建设提供了有力的工具，京津冀协同发展的历史机遇是河北省民营企业做大、做强的"窗口期"，诚信国际化是民营企业全球战略的必由之路。

　　历史和理论的探索不能取代现实的方法，鉴于我国民营企业诚信缺失的现象，切实加强诚信体系建设已成为一项紧迫的任务。现实中我国企业的诚信建设尚存在缺陷，我们还没有一部完整的诚信法规，虽然有部门的诚信评价及管理制度，但缺少一个整体的民营企业诚信评价体系，本课题通过对不同类型民营企业诚信指标的研究创立了一套民营企业诚信评价体系，为政府和社会提供民营企业诚信评价与管理的方法体系，这是民营企业诚信建设和诚信管理过程中不可或缺的一个重要环节。

河北省的民营企业既具有普遍代表性，又具有其特殊性，河北省在企业诚信建设上按照"十二五"规划纲要提出了诚信建设要求，特别是在"三鹿"事件后，河北省加快了诚信监督机制建设，尤其是加强河北省食品企业诚信体系建设并取得了重大进展。但河北省民营企业的诚信建设面临的任务艰巨，截至2014年年底，河北民营经济市场主体数量256.5万户，与京津相比在数量上占有优势，但就企业质量而言，河北省民营企业在经济中所占比重远低于京津。河北省民营企业多属资源型、粗放型和劳动密集型企业，呈现量大面广、总体不足、散小低弱，竞争力差的特点，民营经济的"三高"综合征，即高投资、高能耗、高污染亟待改善，河北省民营经济的这一特点在我国的许多省也具有代表性，所以探索河北省民营企业的诚信建设工作具有代表性，对于其他省份的民营企业诚信建设具有参考价值。

本书是河北省教育厅人文社会科学研究重大课题攻关项目，全书共四篇十七章，包括一套民营企业诚信评价体系和河北省民营企业调研报告，第一篇为民营企业诚信的概述，共四章，付秀彬撰写第一章民营企业诚信的内涵及构成、第二章企业诚信的传统与现代的传承与差异，石春玲撰写第三章中国与西方诚信形成的比较，胡秀花撰写第四章民营企业诚信建设历程；第二篇为民营企业诚信的困惑——利益与诚信的选择，共五章，赵清华撰写第五章民营企业诚信的法治化研究，李东升撰写第六章市场经济的"形"与"魂"，第七章高杠杆环境下的诚信危机——失信环境，第八章河北省民营企业的诚信问题及原因，第九章诚信缺失对民营企业的影响；第三篇为河北省民营企业面临的挑战和机遇，共四章，由彭磊撰写，第十章为经济转型时期民营企业的选择，第十一章为互联网时代诚信建设，第十二章为诚信国际化——民营企业走出战略的实现，第十三章为京津冀协同发展——河北省民营企业的做大、做强的"窗口期"；第四篇为河北省民营企业诚信机制建设，共三章，杨建永撰写第十四章民营企业诚信与环境——民营经济生态圈建设，杜宝苍撰写第十五章河北省民营企业诚信建设，田旭撰写第十六章民营企业诚信评价体系，第十七章河北省民营企业诚信调研报告由子课题组胡秀花、付秀彬、石春玲组织撰写。

在课题的研究和编写过程中得到了许多民营企业的帮助，同时在调研和资料整理过程中得到了河北金融学院研究生刘可卉、张成栋同学的大力帮助，在此一并感谢！

尽管在课题的研究和本书的撰写过程中课题组进行了广泛的调研和讨论，征求了许多专家的意见，但由于面临着许多历史和现实的全新问题，加之水平有限，因此，本书难免有不妥之处，敬请各位读者批评指正。

课题组

2017 年 3 月

目录
CONTENTS

第一部分

河北省民营企业诚信建设研究

第一章　民营企业诚信的内涵及构成

《中共中央关于完善市场经济体制若干问题的决定》指出："建立健全社会信用体系，形成以道德为支撑、产权为基础、法律为保障的社会信用制度，是建设现代市场体系的必要条件，也是规范市场经济秩序的治本之策。增强全社会的信用意识，政府、企事业单位和个人都要把诚实守信作为基本行为准则。"在进一步完善市场经济体制过程中，这一指导性文件为我们打造诚信经济指明了方向。民营企业也是市场经济的主体之一，所以民营企业的诚信问题也提上了研究日程。

一、企业诚信的内涵

在市场经济中，竞争中的交易是将一次博弈转化为多次博弈的机制，是企业信誉的载体。市场经济使得交易具有了竞争性和重复性，欺诈行为也就更容易被察觉，非竞争行为可以很容易隐藏在黑幕中，而一个竞争中的"企业"是不容易逃脱的。现代社会是通过竞争中产生的信誉去约束竞争中主体的行为。而企业作为信誉载体必须满足三个条件：一是企业必须是真正的市场主体；二是企业的产权是明晰的；三是市场的进入和退出机制必须自由。

（一）诚信及相关概念

1. 什么是诚信

诚信在社会与经济的发展中作用和意义很大。那么何为诚信？诚信，意即以真诚之心，行信义之事。所以说，诚信，是诚以待人，信以处事，言行相符，表里如一。其基本内涵是：第一，诚信是立身处世之根本；第二，诚信是道德修养之要义；第三，诚信是社会交往之准则。

2. 什么是信用

信用的本质是一种人与人之间的关系。信用的含义有三：一是以己真诚，任用他人；二是遵守诺言，实践成约；三是价值运动的特殊形式。信用是一个道德范畴，诚信是信用的基础，信用是诚信的结果。

3. 诚信和信用、信誉的区别

诚信是当事人双方互为主体而必须具备的道德品格，信用侧重于表达客体对主体行为的评价，是诚信的完成形态；诚信强调当事人双方的外在行为，信用则是对主体在一定时期内稳定关系的评价，反映了对象诚信的稳定状态。信用一旦被记录下来，便使诚信超越了它的道德意义而具有了制度性特征。信誉与信用相似，都是诚信的重复性累计的结果。所不同的是，信誉的形成需要更长的积累过程，因而比信用更坚固更牢靠；信誉的产生不仅限于当事人双方的关系中，而且是与之相关的所有的人或各种关系。信誉表现为主体的基本价值观——责任感、诚实、可靠和公平，具有一种广泛意义上的无须特别声明的承诺；信誉具有更明显的追求长期利益或精神荣誉的动机。

（二）诚信内涵的文化渊源

诚信是一个人的立身之本，是社会和谐的基本道德准则之一，也是世界上一切民族、一切国家的人民都推崇和必须遵守的道德规范。在古代社会是这样，在当今这个市场经济时代变得尤为重要。任何一个时代、任何一个社会、任何一个国家没有了诚信都是不行的，如果没有诚信社会就必然会陷入混乱而无序的状态，所以树立公民的诚信意识，遵守诚信的道德标准，建立社会诚信体系，以诚信行事办事是十分必要的。

1.诚

汉代《说文解字·言部》说："诚，信也。"唐代孔颖达在解释《周易》"修辞立其诚"时说："诚，谓诚实也。"《增修互注礼部韵略·清韵》说："诚，无伪也。真也，实也。"可见，诚就是真实、无伪的意思。《中庸》首次提出"诚"的概念，就说："诚者，天之道也；诚之者，人之道也。"孟子对此做了发展，孟子认为作为"人之道"的"诚"表现为"思诚"，因为要实现"人之道"就务必发挥"心"之"思"的作用，故孟子言："是故诚者，天之道也；思诚者，人之道也。"可见，"诚"作为标志"天人合一"的范畴在早期儒家理论中就已基本定型，但是，"诚"作为标志"天人合一"的范畴，是如何贯通天人的呢？其"诚"贯通天人的一个重要方面就是人要尽性达天，实现天人合一，其方式就是必须时时遵守"诚"的道德要求，做到"真实无妄""诚实无欺"。

先秦时期，《中庸》、孟子、荀子都述及"诚"，却始终没有指出到底什么是"诚"，"诚"的道德要求是什么，这使"诚"显得比较缥缈，难以捉摸。东汉许慎在《说文解字》中也只是指出"诚"和"信"可以互训："诚者，信也。从言，成声……信者，诚也。"至于"诚"的确切含义，却鲜有详细的说明。宋明时期，从周敦颐到朱熹等儒家学者经过不断的理论探讨，以及对前人成果的不断丰富和不断发展，逐渐形成了对"诚"的确定理解，即"真实无妄""诚实无欺"。

（1）真实无妄

所谓"真实无妄"，意指"诚"就是客观存在的实理。它不仅是天之道，而且存在于人性之中，所以人应该保持自身的本性，是其本来所是，真诚于善，而无任何私心杂念。"诚"的真实无妄这层含义来源于儒家对于天道、天理的理解，或者说，它本身就是对天道、天理的伦理属性的一种概括。

周敦颐是理学的开山祖，是继《中庸》之后第一个极为重视"诚"范畴并形成了较为系统理论体系的儒家学者。他首倡以"无妄"释诚，所谓"妄"，就是"不善之动"，即恶的动机，人如能"无妄，则诚矣"。然而周敦颐毕竟受佛、道思想影响极深，虽然他赋予"诚"以"仁义礼智信"等道德内容，但是由于他认为"诚"源于"乾元"，归根结底还是本于"无极"。必不可免地具有"无极"的特征，因此他认为"诚"的本质特征就是"无"。对此，周敦颐也说得很清楚："诚……静无而动有。"当"诚"处于无极状态时，还是潜在的存在，故称"无"；但是当无极动而生太极，太极而生阴阳、五行、万物时，"诚"的特征就会显现出来，故称"有"。然而，尽管"诚"是有和无的统一，但就其本体而言，"诚"是"无"，是无形迹的本体存在，正因它没有形迹，所以具有无限性和绝对性的意义。周敦颐以"无"为"诚"的基本特征，虽然有助于确立"诚"的绝对地位，另一方面却也有使儒家伦理纲常流于虚无的可能。

与周敦颐以"无"为"诚"的基本特征不同，张载认为"诚"的特征是"实"。在张载看来，宇宙的本体是"气"，气最初处于消散的状态，这种状态被称为"太虚"，"太虚"是气之体，气凝聚而为万物，万物消亡复归于太虚。可见，万物产生与消亡只不过是气之聚散，气始终弥漫于宇宙之中，只是其存在形式不同罢了。知道了这一点，也就明白了宇宙中没有绝对的"无"，只有"有"，只有"实"，正如张载所说："气之聚散于太虚，如冰凝释于水，知太虚即气，则无无。"这里，"实"显然是一个物质实体，是一个客观存在。由此，张载构筑了他的"诚"论。他说："诚则实也，太虚者天之实也。""诚者，虚中求出实。"他认为"诚"即是太虚，既然太虚的特征是"实"，则"诚"亦是实。至于这"实"的内容，他则以"天道"和"天德"来解释。他说："天所以长久不已之道，乃所谓诚。""释氏语实际，乃知道者所谓诚也，天德也。"既然"诚"以封建道德为其实际内容，那么"诚"也就是"实"，而不是"无"。

二程在周敦颐和张载二者的基础上进一步对"诚"的含义给予了界定。他们继承了张载关于宇宙本体是"实"的观点，但对张载提出的"气"是宇宙的本体这一观点进行了批驳，在他们看来，气有聚有散，并无定体，难以成为绝对的宇宙本体。他们认为宇宙的本体是"理"。"天地之化，自然生生不穷，更何复资于既毙之形，既返之气……自然能生，往来屈伸只是理也。""理者，实也，本也。""理"虽为宇宙之本，但它也有实际内容，即封建伦理道德，如君臣父子之道等等。在二程看来，"诚"就是实有其理，"诚者，实理也"。程颐弟子吕大临解释道："信哉实有是理，故实有是物；实有是物，故实有是用；实有是用，故实有是心；实有是心，故实有是事。故曰诚者实理也。"这就正式指出了"诚"就是心中要实有其理。二程也以"无妄"释诚："无妄之谓诚。""真近诚，诚者无妄之谓。"何谓"妄"？张载曰："无所感而起，妄也。""妄去然后得所止，得所止然后得所养而进于大矣。"盖"妄"即为私心杂念，或曰"意、必、固、我"。故所谓"无妄之谓诚"乃是从"心"上说"诚"，即对封建道德（"天理"）一心一意的遵守之情。二程以"实理"和"无妄"释诚，奠定了"诚"的基本含义，其后，朱熹总结了他们的学说，对"诚"进行了总结性的概括。

在二程的基础之上，朱熹进一步确定了"诚"的内涵。他说，"诚者，真实无妄之谓，天理之本然也。"所谓"真实无妄"，按朱熹所说，就是"于人伦"能够"各尽其当然之实"，而"无一毫人欲之伪以杂之"，"尽其当然之实"就是"尽性"，而"性"="诚"="理"。所以朱熹所说的"真实无妄"显然隐含着"存天理，灭人欲"的思想。

（2）诚实无欺

所谓"诚实无欺"是指人要真实地对待自己和他人，既要表里如一，不失其本心，又不欺骗他人。

朱熹不仅以"真实无妄"释"诚"，而且亦提及"诚"具有"诚实无欺"之意。他说："诚，实理也，亦诚悫也。由汉以来，专以诚悫言诚，至程子乃以实理言，后学皆弃诚悫之说不观。《中庸》亦有言实理为诚处，亦有言诚悫为诚处。不可只以实为诚，而以诚悫为非诚也。""诚悫"即诚实的意思，显然，朱熹不满足于仅仅从较高层次来解释"诚"，他认为在日常生活中能够做到诚实也是"诚"的表现，相反，"妄诞欺诈"则为不诚的表现。需要注意的是，诚实不仅是指不欺骗别人，也指不欺骗自己。欺骗别人，固然好理解。就如"不雨言雨，不晴言晴"一样，言不符实，当然是不诚。而欺骗自己，即所谓"自欺"。关于"自欺"，在《大学》一书中就已有所触及。《大学》第六章："所谓诚其意者，毋自欺也"。但至于何谓自欺，并未说明。朱熹则多次对之进行了解释，他说，"譬如一块物，外面是银，里面是铁"，"外面虽为善事，其中却实不然"，"心中欲为善，而常有个不肯的意思"，便是自欺；"须是表里如一，便是不自欺"。宋代范浚也曾历数"自欺"的种种表现："知善之可好而勿为，是自欺；知不善之可恶而姑为之，是自欺；实无是善而贪其名，是自欺；实有是恶而辞以过，是自欺；实所不知，而曰我知之，是自欺；色取仁而行违居之不疑，是自欺；求诸人而无诸己，是自欺；有诸己而非诸人，是自欺。"总而言之，自欺乃是表里不一、名不副实的意思。反之，无欺则是指人能够守其本心，表里如一，言行一致。

"诚"的这两层含义相辅相成："真实无妄"侧重于人内在的心理状态，是里；而"诚实无欺"则侧重于对人的外在行为表现的描画，是表。不能做到"真实无妄"，"诚实无欺"也就失去了保证；不能做到"诚实无欺"，"真实无妄"也就根本不能存在。二者虽然相辅相成，但论其地位，则有轻重之别。其中，"真实无妄"是根本，故二程说"无妄之谓诚，不欺其次也。"实际上，"诚实无欺"是"真实无妄"的衍生物，能够做到"真实无妄"，孳孳于善，则自然能够做到"诚实无欺"，守其本心。至此，"诚"的释义基本成型而且固定下来，以后无论是王阳明说"夫诚者，无妄之谓""夫诚，实理也"，还是王夫之说"诚者，天理之实然""自欺是不诚"，都没有越出这个框架。从而使"诚"不仅贯通了天人，而且由于"诚"具有客观的道德内容，并内在于人性之中，故它又成为连接道德主体和道德客体，以及个体与社会的重要环节。

2.信

"信"的含义是：第一，《说文解字·言部》说："信，诚也"；《字汇·人部》说"信，愨实也"；孔颖达在解释《礼记·礼运》中"讲信修睦"时说"信，不欺也"，即信是诚实的意思。第二，信，确实，的确。第三，信，相信。信从字的结构上看，从人从言，人所说出来的话要真实不欺，要兑现，就是常言说的一言既出驷马难追，不能反悔，一定要言而有信。信是中华文化的基本特征之一。儒家、墨家、道家和法家都讲信，只是各家的出发点、目标和追求不同罢了。儒家把"信"作为五德之一，即仁、义、礼、智、信。孔子学说的核心概念是仁、礼、中、和，这四个字可以概括孔子学说的全部内容。它包含了仁、义、礼、智、恭、宽、信、敏、惠、勇、毅、廉、耻等等。孟子把孔子提出来的若干德行归纳为"仁、义、礼、智"

四德，并且第一次把"仁义"连用。董仲舒把"信"加到孟子的四德中，就成了仁、义、礼、智、信五德，就是历史上的"五常"。孔子创立"仁学"，第一次把"仁"这个一般的道德概念上升为哲学范畴，使"仁"为诸德之首位，统帅一切德行，"信"包含在"仁"中。孟子把各种德行概括为"四德"，"仁"也是领头的。"恻隐之心，仁也；羞恶之心，义也；辞让之心，礼也；是非之心，智也"，虽然没有专门讲"信"，但"信"仍然包括在"仁"中。从汉代开始，"五常"流传了几千年，产生了深远的历史影响。

《说文解字》中说："仁，亲也，从人从二。""仁"是表示人与人之间相互关系的范畴，即人与人之间应该是相亲的，所以孔子说"仁者，爱人"，孟子也说"仁者，爱人"，他的"恻隐之心"就是同情心、怜悯心和怜爱之心，也就是不忍之心。儒家的"仁"是界定人性的一个概念。《中庸》说："仁者，人也"，即是说人的本质就是"仁爱"，所以它统帅一切善和美的德行。

对"义"有许多的定义。"义"的繁体字是"義"。《说文解字》中说："義，从我从羊"。"我"者，说明"义"的行为主体是"我"。"义"的内涵是"善"和"美"，"义"是指人性之善和品德之美。常说的"义者，宜也"；孟子说"羞恶之心"为"义"。墨子说"义者，正也"，又"义，利也"。今人杜任之先生说义为"不自私自利"。义是人类社会的根本道德规范，是一切道德观念和行为的总概括。"义"的含义是什么？传统的解释为"义者，宜也"，"宜"，适宜。什么叫适宜？适宜的标准是什么？"羞恶之心义也"，"羞恶"又是什么？"羞"，辱也；"恶"，耻也。孟子把"义"定义为耻辱之心，有耻辱感的人有一种道德自觉。孟子还说："耻之于人大也。""人不可以无耻，无耻之耻，无耻也。"墨子从"兼相爱"的立场出发把"义"定义为"正"；从"交相利"的角度出发又把"义"定义为"利"。从历史上看，义是基本的道德规范，可以举出许多的例子来说明。

"礼"，是人的行为规范，是道德意识的外在表现。不同的时代有不同的规范，中国礼制的内容十分丰富，但作为道德规范的礼，其核心是"敬"。通过"礼"所规范的行为进行人与人的交往，表达人与人的关系。敬人者人恒敬之。没有礼貌的人是不文明的人，不自尊也不尊敬别人。

"智"，本为是非之心。是用以区别是与非，善与恶的思想、观念，然后使人知道可以做什么，不可以做什么，应该做什么，不应该做什么，作为道德意识的"智"本义就是这样。

"信"就是诚实、真诚、无欺，是人立身之本，是人际交往的基本道德准则。从一定意义上说，诚信是人道德行为的集中表现，属于道德实践的范畴。道德是实践理性，它只有变为实际的行动，产生了社会效应才是有意义的。

由此可见，"信"在儒家伦理道德中居于十分重要的地位，是五常中不可缺少的。从认识、实践、运用的逻辑顺序看，应该是仁、义、智、礼、信。

（三）民营企业诚信的内涵及其构成

1.民营企业诚信的内涵

诚信在英文中的对应词汇为"integrity"，有正直、诚实、完整、完全和完整性等含义。该词来源于拉丁语 integritas，意思是"公正、完整，无过失"和"理想状态"。国外学者关于诚信在道德层面的内涵存在争议。少数学者对诚信的理解非常宽泛，Duska 认为诚信意味着将所有的个人道德行为整合在一起，很明显 Duska 强调的是"integrity"中的"完全和完整性"的内涵。至于什么是"完整性"，Duska 认为可以用古代哲学家柏拉图和亚里士多德所提出的"完人"所应具有的四项品德描述：谨慎、节欲、勇气以及公平。对诚信的这一理解等于将诚信与个人所需遵守的基本道德等同起来。大多数学者对诚信的界定与中国传统道德的界定相近，即认为诚信的内涵是"语言和行为的一致性"。Kouze 等在其关于领导行为的研究中提出具有诚信的人会"实践他们所宣扬的"并且"做他们宣布他们将做的事"。Kalshoven 等将诚信定义为"保持承诺和行为的一致性"。将诚信界定为语言和行为的一致或个人所认同的价值观与行为一致的观点受到了一些学者的质疑，他们认为仅仅关注"一致性"使诚信的内涵过于狭窄，并可能导致悖论。因而，许多学者提出"诚信"应以社会公认的道德价值为基础，或者说一个人的承诺必须符合社会公认道德，并保持承诺与行为的一致才能被称为诚信。可以看到，诚信一词在国外的内涵与中国传统道德对诚信的理解没有原则上的区别，其基本含义也是言行一致。但在国外的诚信概念中更明确地提出了诚信要建立在对社会基本道德价值的基础之上。

无论是在中国还是在国外，诚信作为一种道德约束往往被理解为是针对个人的。但实际上它也可以被应用于个人所属的组织与社会。企业作为社会中的经济主体，必须承担相应的社会责任，遵守相应的商业道德。从契约经济学的角度出发，经济社会中的生产和交易是由成文和不成文的契约组织起来的，而在契约缔约和执行过程中都必须坚持诚信的原则。

早在 1759 年亚当·斯密在《关于公正、警察、税收和军队的演讲》中就涉及了企业的诚信问题，但直到 2001 年美国安然公司倒闭后，企业诚信才真正引起企业管理理论界和实践领域的关注。与对诚信基本概念的探讨类似，理论界对于企业诚信的概念也未能形成一致的清晰的定义，但从相关文献中可以发现企业诚信这一概念包括了以下内涵：

Thomas Maak 的 7C（commitment, conduct, content, context, consistency, coherence, and continuity）理论较全面地论述了企业诚信的内涵。根据 Maak 的研究，企业诚信应包括以下七个方面的内容：道德认同、实施保证、行为体现、关系范围、言行一致、内在关联、长期持续。所谓"道德认同"意味着诚信企业应该对一些基本的社会道德保持认同，这些道德不是企业自身所认为的正确道德，而是全社会所公认的道德原则，遵循这些道德原则可能对企业追求经济利益不利，例如企业应该对环境保护做出贡献；"实施保证"意味着企业应该通过，设计，引导以及其他与运营有关的管理行为，保证企业所有员工，以及所有工作，都能够符合其所认同的道德原则，换句话说，企业需要实施诚信管理以保证其经营行为符合所认同的道德原则；而"行为体现"要求企业不仅要为其行为负责，还要采取负责任的行为。也就是说企业的所作所为应该与社会、环境一般的道德价值相符。所谓"关系范围"指企业诚信由企业在与之有关的其他主体交往过程中的行为体现出来，并且是由其他主体评价的，因而企业诚信可以被认为是从一种关系现象的角度出发，强调企业在诚信问题中所涉及的主体，并不是仅指与企业利益密切相关的主体，如股东，而是指企业所有的利益相关者，企业要对所有的利益相关者负责；而"言行一致"就是要求企业对道德原则一致性的坚持，特别是语言和行为的一致。只有一个企业践行了其所承诺的，或者说企业的行为和承诺应该是可靠的和可信的，才能被其他企业认为具有了诚信的特征；"内在关联"要求企业将其对诚信道德的认同与企业的行为准则文化形成内在关联，企业要将诚信观念包括在组织的目标和价值陈述中，形成企业的价值、态度、信念、语言和行为模式；"长期持续"强调企业诚信不是企业在一时一事上的表现，外部的利益相关者也不可能仅依据几件事例对一个企业形成诚信的评价。因而企业诚信要求企业通过长时间的持续努力实现。

《公司法》是按照企业的资本组织形式来划分企业类型的，主要有国有独资企业、国有控股企业、有限责任公司、股份有限公司、合伙企业和个人独资企业等。按照上面对民营企业内涵的界定，除国有独资、国有控股外，其他类型的企业中只要没有国有资本，均属民营企业。所以，民营企业诚信属于商业道德的范畴。根据Paine在《管理组织诚信》中对市场经济主体进行的细致研究，民营企业由于法律强制和道德驱动而采取的合规行为，在建立与社会的良好关系和声望方面发挥着作用。民营企业诚信定义了一个民营企业的指导价值、期望以及思考和行为的模式。民营企业诚信观念在民营企业的日常运营中可以激发企业员工的道德思考与行为，以防止道德缺失的损害。根据诚信的基本特征，民营企业诚信要求企业的语言和行为的一致。民营企业诚信需要遵循的最基本的道德原则就是保持言行一致，也就是说民营企业诚信要求企业在处理与所有利益相关者的关系中，将所遵循的道德原则体现在特定的决策和行为中。与个人诚信不同，民营企业诚信不是一种性格特征，而是民营企业的文化氛围，是嵌入民营企业文化的道德原则。因而，民营企业诚信的形成依赖于民营企业内部从领导到一般员工对社会道德、公正、正义的一致理解，对诚信观念的认同。

综合以上对民营企业诚信内涵的探讨，民营企业诚信可以表述为民营企业以对社会公认道德原则的认同为基础，通过长期有意识的管理和沟通，在民营企业内部形成整体的信念和文化，在处理与其利益相关者（包括社会、政府、企业和个人）的关系过程中忠实履行各种（成文和不成文，明示或暗示）契约的承诺。也就是本书对民营企业诚信所做的概念上的界定：所谓民营企业诚信，是指民营企业在市场交易活动中以自身为载体，通过提高自身诚信修养，忠实履行各种契约的承诺，以塑造自身的信誉及良好的外部形象，从而达到长久发展的过程。民营企业履行各种契约的承诺程度构成了民营企业诚信水平，民营企业诚信水平是民营企业诚信管理的结果，决定了民营企业的利益相关者对民营企业信任的程度。

2.民营企业诚信的构成

根据对民营企业诚信内涵的分析，民营企业诚信涉及民营企业与其所有的利益相关者的关系，民营企业在处理与所有利益相关者关系方面的诚信行为构成了民营企业诚信的结构。具体的民营企业诚信包括企业市场诚信、企业间诚信、企业社会诚信和企业内部诚信等几个方面。

企业市场诚信是指民营企业在市场经营过程中处理与购买者的关系时坚持诚信原则的行为。具体包括价格诚信、产品质量诚信、对消费者的承诺诚信等内容。价格诚信是指民营企业在定价过程中不谋求暴利、不采取虚假标价、模糊标价、虚夸标价和虚假折价等行为。产品质量诚信是指民营企业提交市场的产品质量符合相关标准或民营企业本身所确定的标准、产品在使用中不给使用者带来损失、不以次充好等行为。对消费者的承诺诚信包括两个方面：首先是指民营企业通过各种渠道传递给市场的有关商品信息是真实无误的，不能采取虚假宣传或故意传递模糊信息等手段误导消费者；另一个方面则要求民营企业对消费者的承诺可以全面、完整地履行。

企业间诚信是指民营企业在市场经营过程中处理与其他民营企业的关系时坚持诚信原则的行为。民营企业在市场经营过程中与其他民营企业的关系主要可以分为两类：与其他民营企业的资金借贷关系和与其他民营企业的产品或服务的商品交换关系。与其他民营企业的资金借贷关系是指民营企业在生产经营过程中从银行等金融机构直接借贷所形成的经济联系，以及由于与其他民营企业间因商品买卖所产生的预付款或延期付款所形成的经济联系。在与其他民营企业的资金借贷关系中体现的诚信与银行信用和商业信用是等价的。这方面的诚信主要体现为按约定还款付息和在取得货币借贷过程中的信息真实披露。在与其他民营企业的产品或服务的商品交换关系中的诚信与民营企业市场诚信类似，其区别主要是前者的诚信对象是其他民营企业，而后者的对象是最终消费者。具体的表现则可概括为签约诚信（如不试图采取欺诈、胁迫的手段订立合同）和履约诚信。

企业社会诚信指民营企业在市场经营中主动承担社会责任，如环境诚信、税务诚信和反腐败等方面的内容。在现代社会中，民营企业对环境保护负有不可推卸的责任。减少污染、降低能耗，实现社会环境的可持续发展是民营企业必须承担的主要社会责任。主动承担环境保护责任和履行做出的环境保护承诺是民营企业环境诚信的具体表现。依法纳税是民营企业的业务诚信，不偷税漏税、如实申报应纳税额，按时足额缴纳应纳税款是民营企业税务诚信的基本要求。反商业贿赂是近年来国际社会普遍关注的热点问题，而主动拒绝商业贿赂行为则被普遍作为民营企业社会责任的重要内容。

企业内部诚信是指民营企业在经营中处理与民营企业内部职工的关系时坚持诚信原则的行为。具体包括依法与劳动者签订劳动合同，执行最低工资标准，不克扣、拖欠劳动报酬，依据规定参加各项社会保险以及按时足额交纳社会保险费。

二、民营企业诚信的要素

（一）国内外学者对诚信要素的论述

西方学者创建了大量衡量企业诚信的学说，这些学说因针对不同角度而各有侧重，但一般采用英文单词的第一个字母概括企业诚信要素的特质，从中反映了民营企业诚信系统中的关键要素。

1.“C”要素学说

（1）三“C”学说。三“C”的表述方法来源于最初代表企业诚信三个基本要素英文单词的第一个字母：Character（品格）、Capacity（能力）和 Capital（资本）。

（2）四“C”学说美国银行家 Boster 将三“C”学说加以改进，又增加了一个“C”——Collateral（担保品）。Boster 认为，除了三“C”外，担保品的重要性也不容忽视。

（3）五“C”学说。美国银行家 Edward 又在四“C”理论基础上再增加了 Condition（又称Circumstance 环境因素）这一个“C”。Edward 所指的环境状况，包含内容广阔。即影响企业经营活动的相关因素，包括政治、经济、社会、技术等宏观因素，也包含行业发展趋势、竞争状况等因素。

（4）六“C”学说。六“C”学说又是在原来的五“C”基础上增加了 Coverage insurance（保险）发展而来的。同"担保品"性质一样，保险也是通过减少契约签订者的潜在风险，达到企业与银行之间信贷契约形成的目的。

2.三"F"要素学说

美国学者 Milton Derek 根据六"C"要素的不同性质，又将六"C"要素重新归纳分类。具体为：将品格、能力归纳为管理要素（Management Factor），把资本、担保品归纳为财务要素（Financial Factor），把状况、保险归纳为经济要素（Economic Factor），即形成了三"F"学说。

3.六"A"要素学说

美国国际复兴开发银行基于对企业诚信各方面的考虑，提出了企业诚信六大要素：经济因素、技术因素、管理因素、组织因素、商业因素和财务因素。

4.五"P"要素学说

五"P"学说是企业诚信管理中较新的一种学说，其内容主要包括：人的因素（Personal Factor）、目的因素（Purpose Factor）、还款因素（Payment Factor）、保障因素（Protection Factor）和展望因素（Perspective Factor）。

国内一些学者针对我国实际情况，也在理论上归纳出影响民营企业诚信程度的主要因素：经济实力和管理水平、法治环境、政府诚信水平、经营者个人因素、产权制度和公司治理以及诚信评价制度的完善程度。

另外，一些省市的企调队通过对当地民营企业的实地调查后，总结出影响民营企业诚信度的因素主要有：价值观念扭曲诱导民营企业信用水平下降，法治环境不完善影响民营企业信用水平提高，社会职能的转变促使民营企业"向钱看"，政府表率作用不够影响民营企业信用建设，经营者道德及素质水平的限制，体制不顺的羁绊和评价制度尚待完善。

综合国内外学者对诚信因素的研究，结合实际，笔者认为诚信要素可以概括为四部分：诚信品质、诚信制度、诚信管理、诚信维护。

（二）民营企业诚信的要素

1.诚信品质

诚信品质是民营企业诚信经营模式中的核心要素，主要指民营企业的价值观，它取决于人的因素，包括民营企业经营者、管理者和民营企业员工的道德素质。哈萨尼指出："除非人们已经接受一种要求他们恪守契约的道德准则，他们将不会有理性的履行契约的内在驱动。"

经营者的诚信品质对民营企业诚信品质的形成起着关键的作用。Joseph 等学者认为经营者诚信决策能力是民营企业的战略资源。当前，领导者诚信的重要性越来越受到研究者的重视。比如，Morgan 在关于领导的伦理性研究中，证实了诚实（integrity）和自我服务（self—serving）这两个因素的存在，并进一步明确认为，对人际关系方面的诚实性行为是领导信任与否最好的预测因素。成熟的管理者认为领导的诚信是管理成功的重要因素。Paine 在民营企业组织的调查发现，最受员工尊重的领导素质是其诚实性。在有关领导理论研究方面，Lord 等认为诚信是领导最重要的特质，也是用来区别有效领导与非有效领导的重要特性之一。而 Ling、Fang 和 Khanna 证实领导的特质由"个人品德""目标有效性""人际关系的能力"及"能力的多样性"四个因素构成，而诚实守信是领导个人品德的最重要的评价指标。Bass 在关于超凡魅力型／变革型领导的研究中同样指出了领导诚信诚实的重要性。经营者的诚信品质决定了其决策中的诚信伦理标准。在不同的伦理标准下，民营企业诚信意愿决策是完全不同的。"如果民营企业只受一个人控制，或者民营企业董事会无法充分参与民营企业决策，那么，贷款者的信贷风险就集中在个人品德上"。在信贷契约的履行意愿上，经营者的品格起到了决定性作用，在其他契约的履行意愿中，也同样如此。"一个公司的首席执行官或者领导人必须同时成为道德领袖，也就是必须在公司树立起诚信标准和典范。无论你有多少法律法规，它们都无法使人避免贪婪。你必须每天在公司讲诚信、诚实。"GE 首席执行官杰夫·伊梅尔特如是说。F.B. 伯德和 J. 甘兹指出："如果管理者能更多地意识到他们的价值观、社会准则和伦理规范，并把他们用于决策，就可以改善决策；如果决策时能考虑到社会分析和伦理选择，那对管理者本身、民营企业和社会都是有益的。"经营者的品格对其决策有着决定性影响。中国经营者调查系统通过调研认为，经营者品格对民营企业诚信影响最大。调查显示，认为经营者品格对民营企业诚信"影响很大"或"影响较大"的民营企业经营者占 96％ 以上，其次才是现行体制环境，民营企业管理制度和法律环境。而经营者品格形成的首要因素是其个人修养，其次是家庭教育、社会环境、成败经历和学校教育。Vitell 和 Davis 证实了员工对于领导的诚信认知和他们的工作满意度之间具有较强的正相关关系。Paine 认为，组织成员在认为领导具有信用时，将会以自己的组织为荣，并将自己看作这个组织的成员。也就是说，领导讲求信用，会使员工增强归属感。施桂荣、浦光博、陶向京和时巨涛则通过领导诚实性尺度的讨论和分析，证明了领导的诚实性行为对员工的影响，认为员工若认识到自己的领导是一个诚实而正直的领导，其对组织的归属意识就会增强，工作积极性也会提高。

"好——不好组合"模型最初由富兰克林·埃恩斯特提出，主要用来研究人与人之间的交往，进行交互作用分析。这里设定，"我"是领导者，如民营企业家；"你"是民营企业普通员工。根据领导是否守信和员工是否守信这两个因素把领导和员工的诚信互动划分为四种情况：领导守信——员工守信、领导不守信——员工守信、领导守信——员工不守信、领导不守信——员工不守信。

在正常民营企业内领导与员工的心理契约中，民营企业家应该是民营企业的化身、民营企业的代言人。领导人应该值得"信任"。"我知道你绝不会利用我；不会存心利用我，也不会偶尔利用我；不会有意利用我，也不会无心利用我。"或者说，"我敢于将我当前的情况、地位、自尊、我们的关系、我的职业、我的事业，甚至于我的生命，完全托付给你，而有完全的信心！"而且，员工期望民营企业家尊重员工、信任下属、正直、讲话守信用、能够兑现诺言、公平对待。另一方面，民营企业家对员工的心理期望是发挥全部的潜能、实现团队目标、诚实、守信用、为民营企业服务等等。所以，在上述四种情况中，最理想的情况是民营企业家和员工都遵守信用，员工在工作中能够感受到民营企业领导是正直守信可靠之人，是心目中理想的领导；同时，民营企业家在民营企业经营中感受到员工诚实，对民营企业和客户讲求信用，会对员工非常满意。这样，民营企业整体的诚信品质就会建立起来。

最糟糕的情况是领导人不守信——员工也不守信，在这种情况下，组织的整体性就会败坏到极点。例如，民营企业主与员工集体合谋造假，民营企业主在建立工厂时，目的就是欺骗消费者，欺骗社会，而且欺骗员工；而员工在加入该民营企业时已经知道欺骗的事实，但他非常愿意与民营企业主合伙欺骗，当然他也会欺骗民营企业主，如偷懒、说谎等。

民营企业家的信用对民营企业员工乃至整个组织都起着关键的示范作用和影响力。民营企业家信用一方面与民营企业员工信用有很强的互动性，另一方面又极大地影响了民营企业组织成员的信用表现，决定了民营企业整体信用的标准。《孙子兵法》中讲道："上下同欲者胜。"只有以民营企业家为主体的民营企业经营信用和以员工为主体的民营企业整体信用互相一致，使民营企业上下努力实现信用的心理契约，才能极大地提高民营企业竞争力，拥有真正的民营企业信用。

2. 诚信制度

诺斯认为："制度通过向个体提供共同信息而减少了个体在社会中行动的不确定性。由于形成了一定的社会行为规范，作为人类个体才能预期另一个体的行为，才能面对一个较少不确定性的社会。""制度在一个社会中的主要作用是通过建立一个人们相互作用的稳定的（但不一定有效的）结构来减少不确定性。"制度是人们设计出来用于调节人与人之间利益关系的一种社会机制，其主要功能是节约成本、促进秩序。它由正式约束和非正式约束以及实施机制组成，法律、法规等属于成文的有形的并以国家强制力保证实施的正式制度，价值观念、道德规范和风俗习惯等属于不成文的无形的并以人们的内心信念、舆论力量等发挥作用的非正式制度，实施机制是使这些规则约束得以有效实现的条件和手段的总和。民营企业的诚信制度主要包括内部诚信制度和外部诚信制度，内部诚信制度主要体现为民营企业对各种契约的履行和民营企业自律机制，外部诚信制度主要体现为各种正式制度对诚信的保障和威慑。

民营企业内部诚信制度包括两个方面：

首先是民营企业契约的履行。民营企业是一系列契约的组合，民营企业诚信的基础是对各种契约的履行，包括社会契约和经济契约。民营企业的社会契约是基于民营企业伦理的民营企业社会责任。孔茨指出："民营企业的社会责任就是认真地考虑公司的一举一动对社会的影响。"民营企业作为一个社会主体，一成立时便自然而然地承担着对社会公众、政府以及内部员工的责任和承诺。这种社会责任，是社会最为广泛和朴素的诚信基础。

其次是构建民营企业的诚信自律机制。建立民营企业诚信自律机制就是使民营企业明白自身的社会使命和社会责任。优秀的道德品质不是天生形成的，它需要一个长期社会化的过程。民营企业通过多种手段向民营企业员工提倡、宣传，并使他们培养成诚实守信的优秀品质，使其在思想上、行为上都能严格要求自己，明确自己应该为国家、为客户、为职工做些什么；要强化民营企业家群体的自律垂范作用，使组织诚信与个体诚信同步协调，促进民营企业持久发展；要使民营企业的诚信道德教育与实践有机结合起来，以活动为载体，吸引员工普遍参与，潜移默化地熏陶员工的思想感情，充实他们的精神生活，升华他们的道德境界，形成一个人人都讲诚信的良好氛围。民营企业员工内心的诚信观念物化于民营企业的生产和交换等过程中，物化于民营企业的商品和服务中，是民营企业诚信道德力发挥的主要途径。

民营企业外部诚信制度，主要指各种正式制度对民营企业诚信的保障和威慑。目前，造成我国民营企业诚信缺失的重要原因之一就是缺少正式制度的保障。在正式制度健全的情况下，民营企业失信受到惩罚的可能性就比较大，正式制度对民营企业诚信具有威慑作用。例如法律的强制性意味着民营企业如果不遵守诚信原则，不按法律的有关规定进行相应的行为，就有可能受到法律的负面评价，从而使民营企业的自身利益受损。张维迎认为："简单地说，经济学认为信任是在重复博弈中，当事人谋求长期利益最大化的手段，在某种制度下，若博弈会重复发生，则人们会更倾向于相互信任。"要使诚信成为一种制度规范，必须满足三个条件：（1）市场中的行为主体有追求长远利益的动机，不会为了短期利益而损害自己的信誉；（2）社会信息渠道畅通，市场中的行为主体对诚信或不诚信的选择会传递出去；（3）市场中的行为主体明确知道，自己的不诚信行为一定会受到惩罚。

3. 诚信管理

民营企业诚信管理有广义和狭义之分，广义的诚信管理指民营企业内外部诚信体系的建立包括外部社会信用的管理和民营企业内部诚信管理。外部社会信用管理包括信用归集档案、信用评价认定、信用公示报告和民营企业信用奖惩系统。民营企业内部信用管理包括利益驱动机制和制度化的诚信管理体系。本书中民营企业诚信管理取其狭义，并主要指民营企业内部诚信管理体系的执行系统，换言之，即民营企业价值链上如采购、生产、营销、财务等的基础管理。波特认为："每一个民营企业都是在设计、生产、销售、发送和辅助其产品的过程中进行种种活动的集合体。所有这些活动可以用一个价值链来表明。"他认为，民营企业的价值创造是通过一系列活动构成的，这些活动可分为基本活动和辅助活动两类。基本活动包括内部后勤、生产作业、外部后勤、市场和销售、服务等；辅助活动包括采购、技术开发、人力资源管理和民营企业基础设施建设等。这些互不相同但又相互关联的生产经营活动，构成了一个创造价值的动态过程，即价值链。"消费者心目中的价值由一连串民营企业内部物质与技术上的具体活动与利润所构成，当你和其他民营企业竞争时，其实是内部多项活动在进行竞争，而不是某一项活动的竞争。"因此，整个价值链的综合竞争力决定了民营企业的竞争力。如果价值链上每一个环节都能得到优化，则整个价值链就能获得连乘的效应，那么民营企业总体竞争力就能得到大幅度提高。民营企业的基础管理水平在很大限度上决定了民营企业诚信度的高低。民营企业没有健全的诚信管理，就没有竞争力。以此，如何以诚信管理为突破口，带动我国民营企业基础管理的全面变革，是摆在每一个民营企业家面前的一个十分严肃的课题。

4. 诚信维护

在诚信品质分析当中我们用过的"好——不好"组合模型，笔者认为也可以应用于民营企业与民营企业之间诚信关系的分析。同样，民营企业与民营企业之间的诚信关系我们也可以划分为四类：二者都守信、你守信我不守信、我守信你不守信、二者都不守信。当然，通过博弈论分析，我们已经知道最优选择是二者都守信，此时交易成本最低，效率最高。假若二者都不守信，则交易成本最高，效率最低，但这种情况并不常见。现实生活中，我们遇到的大多数情况是——一方守信而另一方失信，因此，这就面临诚信风险防范的问题。诚信风险是指民营企业因信息不对称所面临的风险。从信息经济学角度看，由于信息的不对称，很容易造成"委托人"——"代理人"问题。从信息非对称发生的时间上看，非对称性既存在于合同签订前的项目评估阶段，也存在于后续投资阶段；从非对称信息的内容上看，非对称信息可能是交易方的行动，也可能是交易方的知识。因此，诚信风险主要指代理风险。签约前的信息不对称导致的诚信风险主要是逆向选择问题；签约后的不对称导致的诚信风险主要是道德风险问题。面对纷繁复杂的经济活动，民营企业不能有害人之心，也不能无防人之心，这就是说，民营企业对外必须讲诚信、重商德，同时必须高度警惕、严加防范一切外来风险。市场非诚信行为泛滥的直接原因之一是我们的民营企业太好骗了，更严重的是，当民营企业发现受骗的时候，要追究部门和人员责任时却无从下手，下次面对这种情况，可能还会往下跳。这说明民营企业在管理和控制体系上存在很大漏洞。因此，民营企业应重新审视自己的管理体制，加强各个环节的控制是防范外界诚信风险的切实有效的方法之一。对外诚信缺失风险防范机制应涵盖对外交往的各个环节，重点要放在客户信用管理、合同的签订、原材料的采购、合作对象的选择等方面。我们把民营企业诚信的风险防范分为事前控制、事中控制、事后控制。民营企业诚信的事前控制就是在签约前充分了解客户的诚信资料，进行资信评估，这是控制赊销拖欠工作的重点。事中控制就是适时对民营企业决策活动中涉及的诚信行为进行监督。民营企业可以通过专门的诚信管理部门，对民营企业重要决策活动进行监督控制，确保各项决策都是符合诚信原则的。诚信管理的事后控制就是将民营企业诚信的表现结果与事先的诚信管理计划进行对比，对比的结果可能是民营企业表现出了良好的诚信行为，这时就需要总结经验以便在下次的诚信管理中借鉴。对比的结果也可能是发生不诚信行为，即诚信危机，这时诚信管理的核心就是诚信危机管理。因此，民营企业必须采取多种措施，比如建立公共关系等手段尽可能减小不利影响。诚信危机管理的最终目标是从危机中找到民营企业获利的机会。

第二章　民营企业传统与现代诚信的传承及发展

一、民营企业诚信的发展脉络

传统诚信是在传统社会特定的历史条件下生发出来的，它作为传统道德的主要内容之一，已经积淀在当代国人的血脉之中而成为人们道德生活的一部分，并且在现实生活中很大程度上影响和支配着人们的道德生活。而现代社会与传统社会相比无论在经济基础方面还是人际关系方面都发生了根本性的变化，呈现出传统社会所从来没有的特点。社会的发展和现代化进程对诚信道德提出了新的要求，而现实中人们的诚信道德观念却仍然十分滞后，可以说，社会变化的速度已经远远超过了诚信道德的跟进速度，这就使传统的诚信道德在应对新的现实情况时往往出现一些理论真空，难以应对现代社会中的一些特定问题。尤其在市场经济条件下，随着人们的交往日益普遍化，传统的"人伦诚信"已经无法满足市场经济的需要。所以，根据现代社会对诚信的要求和需要，必须在承接传统诚信的基础上，完成传统诚信向现代诚信的转换。

二、民营企业传统诚信向现代诚信的转换

根据现代社会对诚信的要求和需要，传统诚信必须完成向现代诚信的转换：一是在调节范围上，必须完成熟人式的狭隘诚信向陌生人式的普适诚信转换；二是在约束机制上，必须完成乡规、舆论式的软性诚信向契约式的硬性诚信转换；三是在发生的依据上，必须完成情感式诚信向理性式诚信的转换；四是在追求的目的上，必须完成排斥功利式的道义诚信向认可利益式的有限诚信转换；五是在交往的主体上，必须完成不平等式诚信向平等式诚信的转换；六是在伦理层次上，必须完成次要道德义务式诚信向基本道德义务式诚信转换。

（一）在调节范围上，必须完成熟人式的狭隘诚信向陌生人式的普适诚信转换

传统诚信是一种熟人式的狭隘诚信，它仅限于熟人之间。因为对于陌生人，在中国传统社会中，是缺乏与之相配的伦理规范的。传统社会里主宰一切社会关系的五大人伦——君臣、父子、兄弟、夫妇、朋友这五种伦理关系，就独独遗漏了陌生人之间的伦理关系。在传统社会里，这种遗漏是适宜的、情理之中的，因为自然经济条件下人们交往的有限性决定了传统社会是一种"熟人社会"。时至今日，一个不可否认的事实是：尽管随着社会的发展和人们流动性的增加，血缘和地缘的信任纽带有着弱化的趋势，但基于亲缘情感上的"由亲而信"的传统诚信模式在当今依然具有很大的影响力。尽管传统诚信赖以存在的经济条件已经消失，但传统的诚信道德观念仍在当代中国的伦理生活中实际存在着，等级观念和家族观念在中国人的心目中

仍然根深蒂固，至今还对人们的行为发生着支配作用。受传统诚信观念的影响，人们在讲诚信的时候仍然遵循传统社会的"差序格局"，因亲疏上下而有分别。尤其是传统的家族观念使得人们形成一种"家族血缘伦理"观念，即在家族内部成员之间或在具有类似家族意义的各种稳定的团体内部成员之间，能够形成一种十分牢固的诚信关系，对于家族之外或团体之外的人则诚信度较低，甚至由于私心和利益而出现家族成员对外部的不诚信行为却得到家族成员的普遍默认甚至鼓励。

与传统社会相比，现代社会在经济基础、人际关系、价值取向等方面都已发生了根本的变化，尤其是商品交换的普遍化、市场的全球化和世界性的贸易体系打破了狭隘的时空限制，使人们的活动范围得到了极大的扩展，从而在全世界范围内联系起来。正如费孝通先生所指出的，现代社会是"陌生人"的社会，其人际交往或交易是普遍的、无确定界限的。人与人的关系也是全方位的，既有与熟人之间的关系，也有与陌生人之间的关系。利益上和交往上的相互需要和依赖使不同地区、不同国家、不同民族、不同文化的人形成了新的社会关系和交往模式。与此相适应，诚信道德所涉及和发挥作用的范围也应该日益扩大，这就在客观上要求诚信道德必须突破血缘和地缘的限制，诚信不仅要在熟人之间起作用，陌生人之间直接的或间接的相互交往也需要遵守诚信规范，以减少相互之间行为的不确定性，降低各自的信息搜寻成本。所以，在现代社会，诚信应该成为一种具有普适性的基本道德规范，它不仅是熟人之间的道德规范，而且也应该是陌生人之间的道德规范。缺少了它，社会连最基本的秩序都无法维系，更不要说向前发展了。正是在这个意义上，我们可以说，诚信这一人际交往的共同准则从熟人式的狭隘诚信转向陌生人式的普适性诚信，是现代社会发展的内在和客观的需要。

（二）在约束机制上，必须完成乡规、舆论式的软性诚信向契约式的硬性诚信转换

传统熟人社会中的诚信主要是靠社会舆论、乡规民约，以及人们的内心自觉来发挥作用，是一种软性诚信。现代社会打破了血缘、地缘关系对个人活动的限制，个人的独立性、自主性在不断增强，人口的流动性大大增加。人们不必再长期依附于某一个特定的地方，而是可以有所选择，并根据自身的需要建立起更广泛的社会关系，人们之间的交往、交易常常是跨地域、跨国度、跨文化进行的。这种流动的频繁性使人们与陌生人打交道的机会越来越多，与他人建立长久联系的机会却越来越少，再加之利益因素的诱导，使我们面临的是一种有了亲也不一定必须信，建立信也不可能都先亲的状况。因此，传统社会的熟人关系网对个人的控制力在逐渐减弱，在乡土社会中用来维系和保证诚信行为的社会舆论、"规矩""行规"等手段已经无法确保诚信的有效性，传统的诚信已经不灵了，不再适合现代社会的需要。另一方面，在现代社会中，随着商品生产和商品交换的高度发展，诚信的地位也变得越来越重要，因为商业活动在给市场主体带来巨额利润的同时，也往往蕴含着巨大的风险，这种风险就来自商品交换双方行为的不确定性。现代社会的交往大多发生在陌生人之间，要使得这种交往正常进行下去，交往双方都必须遵守诚信道德。市场经济秩序的核心就是市场主体要遵守诚信规范，如果人们之间相互不讲诚信，相互欺骗，不履行诺言，那么正常的市场交易就无法进行，市场经济体制也就不能顺利建成。市场经济越发达就越要求市场主体诚实守信，这是市场经济的一个内在的本质要求。在这种情况下，就必须建立一种具有较强约束力的诚信约束机制，以在更大的程度上保证诚信行为的实现。所以，现代社会对诚信道德规范具有了一种法律上的需要。

从目前的现实情况看，契约诚信是一种比较有效的运作方式。市场经济最本质的制度特征是经济关系的契约化，契约是交往主体关系产生的基础和联结的纽带，也是交往活动顺利实现的保证。由于市场经济中的不确定性因素很多，所以市场经济的运作主要依靠市场主体之间经过协商所订立的契约来保证实现，契约关系最集中、最准确地表现了现代社会市场经济的特征。更为重要的是，契约作为一种法律手段，明确规定了交易双方的权利和义务，并受到国家法律制度的保护，可以根据交易的结果来确定契约双方的权利是否得到了实现和是否履行了应尽的义务，对于任何违反契约的一方，都可以依法对其进行处罚。依靠契约关系，借助于制度、法规的力量来建立和维护诚信秩序，是市场经济条件下诚信规范发挥效用的一种硬性方式。由此，契约诚信在现代社会得到强调和重视，它建立在经济理性之上，没有内外亲疏和等级差别，是建立和维护良好的交易秩序、维持市场经济正常运转的保障。

（三）在发生的依据上，必须完成情感式诚信向理性式诚信的转换

传统社会的血缘本位使人们对情感异常重视，人们之间的交往、交易主要靠人情来维持，这种情况表现在诚信道德上，就形成了带有浓郁情感色彩的情感式诚信。而市场经济奉行的却是"利益"原则和"理性"原则，表现在诚信道德上，现代诚信行为发生的依据则是基于利益基础上的理性。

改革开放以来，随着我国市场经济体制的建立和市场经济利益导向机制的形成，使得社会成员的利益观念和行为得以展现，功利及利益的理性化计算已经成为社会关系的新趋向，人们之间的社会关系和相互对待的原则开始了全面理性化的进程。原本仅以血缘关系为核心的"差序格局"变得多元化、理性化，利益原则已经成为日常生活中人与人交往的一个重要砝码，利益关系同时也成为"差序格局"中决定人们关系亲疏远近的一个重要维度。人际关系在差序格局上的亲疏远近，实质上在一定程度上反映了利益关系的远近。经济上的互利可以使亲属关系更加紧密，经济利益上的矛盾也可以使亲属之间相互疏远。因此，利益性的差序格局在当代中国具有一定的普遍性。在利益的引导下，人们之间的交往、交易是出于冷静的考虑，而不仅仅是感情，于是理性在很大程度上支配着人们的活动。也就是说，市场活动主体的诚信行为并不再局限于以往的熟人情感，而在很大程度上取决于对市场游戏规则的认同和理性分析。一方面，在人们追求利益的过程中，如果为了牟利而不择手段，就会破坏市场的正常秩序，结果会损害他人和社会，最终也将损害自己。所以，市场经济条件下人们的诚信行为是道德主体的一种理性选择。另一方面，由于市场交易中存在很多不确定的因素，使市场交易的双方之间存在着较大的诚信风险，这就需要市场主体对交往的对方有比较理性的认识，即便是熟人之间的交往，有时也需要理性的判断，而不能仅仅依靠传统的情感。

值得注意的是，现代社会的"杀熟"现象已经屡见不鲜，"杀熟"现象的出现，一方面说明市场经济中的利益因素已经对传统社会的人情因素有了较大的冲击，另一方面也说明，现代社会中人们的价值观还停留在传统社会的层面，"杀熟"利用的就是人们对熟人比较容易信任、对熟人讲义气、重情感的特点，而被"杀"的一方，绝大多数是因为没有理性契约意识，或碍于情面而不好意思与熟人之间签订契约，也就是说，在这种与熟人交往的过程中，人们的理性意识还没有超脱情感因素的束缚，从而也就抑制了判断对方诚信与否的意识和能力。虽然"杀熟"现象并不普遍存在，但已经说明现代社会诚信风险确实存在。因此，现代社会的很多不确定因素都提出了由情感式诚信向理性式诚信转换的要求。

（四）在追求的目的上，必须完成排斥功利的道义诚信向认可利益的有限诚信转换

中国传统社会的诚信道德受"义利之辨"的影响，使得人们把义利对立起来，反映到诚信道德上就是中国传统诚信的道义色彩，也即讲诚信完全是出于道德义务，不能有任何其他目的，尤其不能有利益因素掺杂其中，否则就是见利忘义的小人行径。不可否认，中国传统的排斥利益式的道义诚信对于提高人的道德修养，完善人的道德品格具有十分重要的意义，在现代社会仍有必要加以提倡。但在中国社会大变迁的背景下，乡土社会的"差序格局"虽然仍然存在，却已经发生了深刻的变化，利益关系进入了原本仅以血缘决定人们亲疏远近的"差序格局"之中，呈现出向人们日常生活渗透的趋势，并成为决定人们关系亲疏的一个重要维度，从而逐渐使人们日常生活中的相互交往也受利益的支配而被染上浓厚的利益色彩，对利益的追求已成为现代社会的一种必然趋势。这说明现代诚信在价值取向上已不再是和功利无关的纯粹的形而上，而是强调经济利益的一种现实的要求。然而，市场经济对追求合理利益的肯定和重视，又容易导致一种极端功利主义诚信观的形成。这种诚信观把追求利益、实现利益最大化作为行为的最终目标，道德和诚信都被视为商品纳入成本收益计算之中，在经济价值和伦理价值的追求中，经济价值是首要的、绝对的，在二者发生冲突时，经济价值是一种优先的理性选择。当诚信被抹上太多的功利主义色彩时，在逻辑上必然可以推导出为了追求利益而违背诚信的结论，在现实中也会破坏社会秩序的正常运行，所以极端功利主义是不可取的。

从理论上而言，传统诚信道德排斥功利色彩，这是保证道德纯洁性的一个重要方面，然而又不得不承认，这种超功利的诚信道德在现代社会中只是少数人才能达到的一种超越境界。在市场经济体制还不十分完善的条件下，这种超功利的道义诚信缺乏现实的土壤，也无法作为一种普遍的道德原则。针对极端功利主义诚信观和传统道义诚信观的弊端，有学者提出了一种承认合理利益追求的有限诚信原则。这种有限诚信原则处于超功利的道义诚信和极端功利主义诚信观之间，认为在现实国情下，单纯强调工具理性的极端功利主义诚信观和只重视价值理性的道义诚信观，都难以成为一种普遍的行为规则。从这个意义上讲，在现阶段既能体现诚信原则双重属性——工具理性和价值理性，又能够成为一种普适行为规则的，只能是一种既超越了道德功利主义境界，又低于道德理想主义境界的有限诚信原则。有限诚信原则的动力机制具有双重性，既有利益因素的驱动，也有一种对诚信道德的认同感和牢固信念。这种有限诚信是一种"底线伦理"，是现代市场经济正常运行的最低要求，因而具有普适性。在我国当前的市场经济条件下，有限诚信原则是每个市场主体都能做到的行为规范，无须多高的道德境界，也无须付出多大的成本，是一种切合实际的阶段性、基础性标准。这种有限诚信原则具有很强的现实操作性，也很符合现实情况。因此，从传统的排斥功利式的道义诚信向认可利益式的有限诚信转换，对现代诚信道德建设具有很大的借鉴意义。

（五）在交往的主体上，必须完成不平等式诚信向平等式诚信的转换

在中国传统社会中，诚信道德具有不平等性或不对称性，这主要决定于中国传统家国一体的社会结构模式。在封建等级制中，人的角色是按照"身份"给定的，而不是自主选择的，这就决定了社会地位高的人对社会地位低的人的支配权利，从而社会地位高的人享有要求社会地位低的人必须诚信的权利，而不需要尽诚信的义务。市场经济的发展，客观上要求交往主体的平等、自主、自由，这是建设完善市场经济的一个前提条件，没有平等的主体地位、没有自由选择的自主权利，就不可能建立一个现代化的充满活力的市场。更为重要的是，随着人口流动性的增加和个人独立性、自主性的不断增强，谋求平等、自主、正当权利的思想已经深入人心，这在客观上就要求具有等级性、地域性的传统诚信应向体现平等、开放、自主、自由的现代诚信道德转换。再者，经济活动已成为现代社会最为重要的社会活动，其主要表现形式是商品生产和商品交换，商品生产和商品交换是社会分工的结果，是人们互通有无的需要。在现代社会的背景下，一个人的生存发展离不开他人的生存和发展，一个组织的发展也离不开另一个组织的发展，个人与他人之间、社会组织与社会组织之间已经结成了一种不可或缺的关系。人们对商品的普遍需求和相互供给，证明商品生产者和所有者在市场经济活动中的地位是平等的，从而平等、自由、等价交换成为商品经济的内在要求。最后，契约是联结市场主体关系的一种普遍形式，而契约的一个重要特点就是平等、自愿、自主选择，它要求签订契约的双方必须拥有对等的权利和义务。因此，由传统不平等式诚信向现代平等式诚信的转变，已成为现代市场经济的一种客观要求和必然趋势。

（六）在伦理层次上，必须完成次要道德义务式诚信向基本道德义务式诚信的转换

传统社会在维护宗法等级制度的前提下，伦理观念以尊卑、长幼、亲情宗族为本位，诚信服从于忠孝等伦理规范。所以，诚信在传统社会中表现为一种次要的道德义务。在现代社会，家国一体的社会结构模式在一定程度上已经解体，因而，传统社会的忠孝等伦理已从最高地位转移为次要地位。诚信作为传统社会的一种从属性、依附式的道德规范，在现代社会却成为人们最基本、最普遍的道德准则和人的基本道德义务。所谓基本道德义务式诚信，意味着人们不必诉诸其他的道德义务来决定是否遵循诚信规范，也不因为道德行为者和道德行为对象的特殊而有所分别，不能因为被侵害的是陌生人或非确定对象，就没有道德上的压力，所以有的学者把现代社会中的诚信道德称之为"底线伦理"。现代社会之所以要求把诚信看作是人的基本道德义务，是因为：其一，市场经济要求进入市场的主体既有着自由、平等的独立人格，又有着各自明确清晰的产权关系，从而使每一位市场主体既有维护自身权益的权利，也有确保对方权益的职责，因此，诚信必须是内在于每一个市场主体的基本道德要求。其二，从社会合作体系的存在和发展来看，尽管合作并不能保证每个参与者、任何一次交易都能获利，但从本质上讲，我们必须进行社会合作，进行交往、交易，从中获得彼此效益的增进，也即合作本质上是一种互利或者"双赢"行为，而诚信是合作得以顺利进行的必要条件。此外，从道德自身建设方面来说，不把诚信视为人的基本道德义务，就有可能在道德体系中撕开一个缺口，诚信的要求就会视交往对象而定。而在现代社会经济一体化的条件下，客观上要求对经济交往的任何一个主体都一视同仁，都要讲诚信，而不能因为地区、文化、种族、国家的差异而有所不同。如果诚信要服从攘夷之道，就将导致对外邦的不守信用，这将最终使中国因缺乏诚信在世界上无立足之地；如果诚信要服从于尊王之道，这也将违背现代政治生活民主化的本质要求；如果诚信要服从尊亲之道，就将导致与法律的冲突，普遍的法治就不可能建立起来。基于以上原因，我们有理由也有必要把诚信视为人的基本道德义务。中共中央颁布的《公民道德建设实施纲要》，把"明礼诚信"作为公民必须遵守的基本道德规范，这不仅说明了诚信之德对当前社会的重要性，而且作为公民基本道德之一，也说明了它的通用性、群众性和全民性。

三、河北民营企业诚信文化的传统

冀商，即河北商人，是指从河北走出去到外地经商的商人。同其他各地商帮一样，冀商也经历了兴起、发展、昌盛、衰落四个阶段。通常我们所说的冀商商史，是指始于清，发展鼎盛于清末民初，也是最为引人注目的一段历史，人称"百年辉煌"。历史上的冀商，其经商之道及职业人才的培养可为职业教育提供些许借鉴。2015 年河北省召开了首届冀商大会，标志着其对当代经济的发展有着举足轻重的作用，对职业教育的发展也有着切实的益处，因此，梳理冀商发展的历史脉络，有助于理解其对民营企业诚信建设具有的现实指导意义。

（一）冀商的历史渊源

我国商业历史悠久，曾出现过许多杰出的商帮代表，有以乔家大院为典范的晋商、冠以红顶商人之称的徽商。相对于晋商、徽商而言，冀商的名气却远不及他们。虽不及其他商帮名气大，但是论及实力，冀商还是毫不逊色的。在河北商史上，冀商的主体主要指这三个帮：一是远到东北一带闯关东经商的"老呔帮"；二是远到蒙古以双方货物互换为生的"张库帮"；三是以特产经营及特色品牌为主的"冀中帮"。

1. 老呔帮

"老呔帮"是三大帮中最具实力的一个，也是冀商"第一帮"。康熙字典中将"呔"字注释为："南人詈北方人为呔子。"其引申意思为说话带有外地口音。因说话带有外地口音，故东北人给到当地经商的河北商人一个统称"老呔儿"。

清乾隆年间，乐亭县刘石各庄的农民刘新亭得知，东北龙湾一带由于开垦荒地，急缺农具以及日用品，于是决定闯关东搞长途贩运。令人想不到的是，正是这一举动，使他开创了今后的"老呔帮"。据乐亭县志记载，刘家在东北和关内所开设的商号范围极广、数量极多，至光绪十五年已有 30 余处。在刘新亭经商成功的影响和带动下，更多乐亭周边一带的人走上了去东北经商致富的道路，自此，"老呔帮"逐渐形成。

老呔帮的主要功绩就是开发东北，经商是乐亭发展历史上最辉煌的一页，从 19 世纪 40 年代至 20 世纪 30 年代期间，"东北三个省，无商不乐亭"这句民谚十分流行。其实，自清初起就有乐亭人闯关东经商，他们先从小本生意着手，从而发家致富。有"京东第一家"之称的汀流河刘家，其祖先就是乐亭经商者的代表之一。

提及刘家创业，其历程非常艰辛。刘家始祖刘新亭大约在清朝乾隆末年开始创业，发迹于道光年间，至今已有二百多年。在当时有一首民谣这样来歌赞石各庄刘家创业史："石各庄影匠窝，丰庄赶大车。炉上叮当响，洼里跟着学。"其大意是：刘家在石各庄养皮影戏班，有多名"影匠"，因此称之为"影匠窝"；刘家利用东北"开垦招荒"的形势，闯关东经商。炉上村铁匠负责打制农具，为东北供应；丰庄组成车队，将农具运输到东北；洼里也跟着跑起运输来。

所提到的事都为刘家经商发迹奠定了一定基础。他们去时运输农具，返程时捎载那边的特产，这种经商模式使得刘家生意蒸蒸日上。到了清末民初，在沈阳、哈尔滨、吉林等各大城市，刘家均有自己经营的商号，在那时达到鼎盛时期。与此同时，乐亭等地同乡人也都效仿，很多人因此发财致富。刘家在东北各大城市经营范围十分广泛，最初，刘家只是贩运耕种农具、布匹和一些杂货，随着其经济实力逐渐强大，发展成为百货公司，到了后期，他们开始经营钱庄、银行，一度在商界炙手可热，为人们所熟知。

2. 张库帮

"老呔帮"是冀东人远到东北一带闯关东进行经商，而仍有部分河北人（诸如束鹿、深州、饶阳、南宫等地人）则利用起本地地域优势，他们看中了那条始于张家口、终于蒙古草原乌兰巴托的贸易运销线，以此来作为生活的依靠。在电视剧《大境门》中，讲述了以张家口巨商王瑞昌为代表人物的一代冀商的奋斗故事。其中，有一个情景是这样的：清末民初，天气十分恶劣，在陡峭的峡谷中，张家口蔚县商人王瑞昌正押车前行，突然从对面冲出劫匪……电视剧中所指的那条道即为张家口通往蒙古草原乌兰巴托的贸易运销线——张库大道。这条商道形成于汉唐时代，兴盛于清顺治元年。那年，正赶上清政府修筑大境门，全面放开对蒙、俄的贸易限制。束鹿等地河北人正是在此商机带动下，踏上"张库大道"远到蒙古进行货物贩卖，自此，冀商"张库帮"得以形成。

当年的"张库帮"主要是将自己带去的产品与蒙古人的当地特产进行交换。到达目的地后，他们一般都是搭上帐篷，等着将带去的这些产品，诸如烟、糖以及蒙靴、烟袋杆等日常用品，还有珊瑚、玉器等之类的"细货"，与蒙古的牛羊马匹等进行交换。据说，一只羊只需用一包烟交换……数倍的利润使得张库帮长期在当地经营着。

3. 冀中帮

惠济京津和物流天下之业绩主要是由冀中帮创建的。河北环绕京津之间，河北商人利用地域优势以及特产特色，进行经商活动。"冀中帮"形成的因素主要有其三：一是交通便利；二是产销需要；三是产品优质。"冀中帮"凭借优质的特产四海经营，比如以保定特产居多：安国药材、高阳棉布等。除特产外，还有河北人创建的一些特色品牌：像"东来顺""全聚德"等。

4. 亦商亦文的"冀州帮"

冀州一带人多地少，很早就形成了经商的传统，到清朝中晚期，各地已出现了经商有道的"冀州帮"。由于地域的关系，"冀州帮"多聚集在京津等地。在北京的冀州商人主要活跃于琉璃厂，经营古旧书业。北京"琉璃厂书肆，乾嘉以来，多系江西人经营……代江西帮而继起者，多河北南宫、冀州等处人，彼此引荐子侄，由乡间入城谋生。偶有他县人插足其间，不若南宫、冀州人之多；若外省人，则更寥寥无几矣"。他们来到琉璃厂后，多从事图书的修补和装裱工作，或者经营小本图书生意。朋友带朋友、同乡带同乡的传承关系，使得不少人来到琉璃厂应以买书卖书为生。他们在与书的接触中，逐渐熟悉了书的版本、源流、内容，既继承师傅的传授，又接近学者专家，受其熏陶，日久天长，他们自己也成了版本目录学方面的专家。如经营"来薰阁"的陈杭，对古旧书刊收售业务经验较丰富，对古籍"版本学甚精"，加以经营有方，使该店收售业务蒸蒸日上，并逐渐发展成为当时北京最大的一家私营古旧书店。后来，"来薰阁"开到了上海、台湾等地，陈杭也因此成为了北京古琉璃厂的代表人物。孙殿起在北京琉璃厂开设"通学斋"，积数十年经验编成《贩书偶记》，后又成《贩书偶记续编》，二书相当于《四库全书总目》之续编，是清以来兼辛亥革命前后有关中国古代文化的著述总目。据统计，北京琉璃厂、隆福寺等处共有书肆300余家，其中冀商开办的有237家，其中，由"冀州帮"开办的竟有111家之多。

（二）冀商所特有的以诚信为核心的文化特征

与世人熟知的浙商、徽商、晋商相比，"冀商"一词出现较晚，虽然没有使用"冀商"这个名称，但是历史上的冀商确实存在，且影响深远，贡献巨大。闯关东的"老呔帮"，亦商亦文的"冀州帮"，连接内外的""张库帮""天津帮""武安帮""高阳帮"等都是冀商中的重要商帮。不少备受好评、独具特色的名牌以及驰名中外、百年不衰的老字号，如"全聚德、""东来顺""狗不理""内联升"，都是由冀商开创经营起来的。

不同地区的民营企业家受生活环境、传统文化的影响，所具有的民营企业家精神也会带有明显的地区特色。冀商前辈们在经商过程中所形成的冀商精神有其丰富的特征和内涵。

1.除旧布新，与时俱进的勇气——这是冀商发展的动力

燕赵传统文化偏于保守，但是以闯关东的呔商为代表的冀商却以革故鼎新的勇气开创出一条属于自己的经商之路，成为商业改革的先驱。呔商武百祥为了革新商业，创立了"推陈置新"的政策，勇敢地把改革商业的重担肩负起来。他还针对旧商店的陈规陋习，主张创立"有生命的制度"。1937年，武百祥的"同记"改为股份有限公司，把136位职员变为股东，这开创了中国股份制改革的先河。他在清末还提出了商业改革要"随时代以相演进"的观点，这种与时俱进的改革思想在当时的历史条件下十分难得。

2.重信守诺，和睦经商的操守——这是冀商的品质

冀商奉行诚信为本，表现为诚实经营、信守承诺、童叟无欺。被誉为商界侠士的呔商杨焕亭，为给一百多人担当"铺保"，以自己的"日升客栈"作为抵押。后来由于清政府的腐败和日俄战争，货币贬值使他的民营企业赔付了巨款。但他信守诺言，即使倾家荡产，也决不失信于担保。呔商武百祥认为，商业信誉和商业道德是取胜的资本，因而他要求"同记"上下树立以顾客为本的思想，绝对不许欺骗顾客，并且规定了"货真、价平、优待、快感"四条便利顾客的店规。

3.以义取利、以利行义的思想——这是冀商的价值观

冀商秉承了燕赵文化中"义"的精髓，仗义疏财，扶危济贫，不做亏心事，不赚昧心钱，不因利大而忘义，也不因利小而失信。望奎商业银号总经理朱世昌在中俄商事交涉的冲突中，组织召开望奎县人民抗俄大会，筹备募捐大洋万余元资助抗俄军需，表现出冀商的民族大义；永发成创办人傅作新每至冬季，必设立粥棚，救济贫民，在望奎西门外购买瘙地两垧，作为异乡病故者的葬埋之地，其善举在当地受到普遍赞誉。

第三章　中国与西方诚信形成的比较

一、中西诚信文化比较研究的意义

诚信作为一种文化现象，在社会发展的过程中，不再仅仅作为一种社会表象存在，而是逐渐地渗透，影响着人们的意识和心理，并在不同程度影响着社会的方方面面，包括对经济发展的影响，对政治环境的影响。尽管各个国家的发展历史不同，环境不同，文化也不同，但是人类社会发展的某些共同性因素使人类社会的活动呈现出较多的共同点，使得中西文化的基本内涵和其对社会其他方面的推动作用也体现出较多的共同性。但是同时也应注意到自然环境、物质条件、生产生活方式、政权组织形式等等方面在发展过程中所呈现的差异性而导致的社会观念的差异，这些差异最终使得中西方诚信文化在客观上表现出较大的不同。

当前，随着我国物质文明和精神文明的发展，整个社会更为重视文化建设。其中，诚信文化作为文化建设的重要内容，诚信文化建设作为文化建设的重要内容，其在规范市场秩序，规范人们行为，推动社会有序发展过程中所起到的作用越来越凸显。在这样的背景下，为促进我国诚信文化的建设和发展，比较分析中西诚信文化差异就显得很有必要了。

二、中国传统诚信文化的特征

中国传统诚信文化的内涵和发展历程在前面第一章已有陈述，在这里就不再赘述。若将传统诚信文化和西方文化比较来看，最突出的就是其"人伦"的特征。下面就从这个角度，谈谈中国传统诚信文化的主要特征。

1.诚信的有限性。中国传统的诚信观念只限于"熟人"之间。所谓"熟人"，是产生于中国社会的一种亲密关系，并且这一关系会影响人们之间交往模式的一种特殊的群体。建立"熟人"圈子的原因很多，血缘、地缘、法律、人缘关系等等，都可以使人们之间形成一种特殊的情感，这种情感成为交往模式的最主要的依据，这就是在传统社会里所谓的"熟人有信"，它带着浓厚的人情、人伦色彩。

2.诚信的不平等性。中国传统社会结构的"差序格局"，形成了社会关系的贵贱、亲疏、远近的差别次序，由于对不同社会关系的注重程度不同，因此对待这种处于不同格局的人际关系时，人们也往往采用不同的方式。比如，对待所谓"圈子里"的人，要以诚相待，博得好名声；对待圈子以外的人或者陌生人，则不会顾及这些，从而出现更多的不诚信行为。所以，作为维系人们之间关系的伦理道德的"诚信"规范，完全是以人们之间的亲情或人情关系为纽带，表现出很强的人伦等级性。

3. 诚信的精神性。中国传统诚信多重"义"轻"利"，是个人追求的一种精神境界，带有人伦教化的特征。

4. 诚信的自律性。弗洛伊德在人格研究中，提出人格的结构包括"本我""自我"和"超我"，并且对"超我"的约束机制进行了论证。他认为，个体行为的结果会受到其行为是否符合社会伦理道德规范的约束，符合道德规范的行为，个体内心就会产生骄傲、自豪等情感，不符合道德规范的行为，个体内心就会愧疚、自责，这源于"良心"真实存在。按照这个理论来说，个人有诚信，按照诚信原则去办事，就会骄傲，否则就会自责。中国传统诚信的约束机制就是这样一种完全依靠内心感觉对个体行为的影响来形成的，个体行为没有任何外在的力量去控制和调节。这种高度内在精神性的力量的产生，要因人各异，不具有稳定性和普遍性。

总之，中国传统诚信观本质上更多是一种人伦诚信，是人的自我修养和追求的一种精神境界，是区分"君子"和"小人"的人格标准。这种价值取向是由中国传统伦理文化的特质所决定的，也是家国同构的"礼治"文化的组成部分，反映的是以宗法家族关系为支柱的熟人社会的道德要求。

三、西方契约诚信文化的特点

西方诚信是基于人们对利益的追求而产生的，只要人们之间能够以诚相待，通力合作，各方的利益就基本能够满足。所以，为了保证各方利益的实现，并能够实现最大化，需要人们按规则办事，尽量排除主观情感成分的干扰，西方人更多的是用理性来处理彼此之间的关系，用理性维护自己的权利与义务，而不是为血缘、亲情所支配和诱导。因此，和中国传统诚信文化的"人伦"特点相比较，西方契约诚信的典型特点是"法制"，主要表现为以下几方面。

1. 契约诚信的开放性

西方契约诚信是一种普遍的诚信，它打破了血缘、地缘和人缘的限制，最早形成于陌生人之间的商业行为准则。但是随着社会的发展，这种思想和意识广泛地深入到各个领域和各种群体之中，使任何个人、组织、国家之间建立广泛的诚信规则成为可能。因此，西方契约诚信打破了人伦关系的限制，扩大到所有人的业缘关系规则之中，具有普适性和开放性。

2. 契约诚信的平等性

西方契约诚信是建立在市场经济和契约关系之上的，都是具有独立经济地位资格的主体在平等互利的基础上自愿达成的协议，不为外力所强迫，具有平等性。

具有平等、分权观念的西方社会，从古希腊哲人倡导的个体平等思想，到近代西方现代社会的转型，都体现了"一个从身份到契约的运动"。西方诚信正是建立在平等自由的原则上，其要旨是让所有利益主体在社会经济交往中能够公平地行使权利和义务，诚实守信地进行公平交易。所以，西方的诚信反映的是社会权力和利益平等的道德要求。

3. 契约诚信的财产性

西方契约诚信的建立是为资本主义市场经济的有效运转提供服务的。

4. 契约诚信的外部强制性

契约诚信是以法律为基础，通过外在强制性规范对那些不诚信的人给予惩罚来实现，本质上是一种外在规则守信而不是内在德性诚信。

在西方社会，法制观念和精神对人们的影响较深，曾经有很多哲人在早期即对法律做出了相关的阐述，如柏拉图、亚里士多德等人。"文艺复兴"之后，以孟德斯鸠为代表的西方资产阶级思想家的"三权分立"理论，成为资本主义国家的政体原则，法律的作用表现得尤为明显，法制观念更加渗透到社会的各个领域。这种法治精神对诚信观念的影响是深远的，也为西方诚信文化奠定了坚实的基础。

四、中西方诚信文化的差异比较

（一）相同或相近之处

无论是中国还是西方，自古以来都把诚信作为一种普遍意义的社会伦理规范，所以，这种规范，反映在人的意识层面和行为层面时，就表现出很多共通之处。

1.内涵相同

中西方诚信思想作为一种伦理规范，其含义和概念虽经过不断演变和发展，但其基本要义是一致的，都阐述了一种实事求是、信守诺言的思想。

在儒家诚信中，"诚"是"真诚、正直"；"信"是"相信、信任、讲信用"。"诚信"连用则表示忠诚老实、恪守信用。在西方，诚信的基本含义是遵守契约的规定，讲信用。古罗马著名政治家和哲学家马斯库·图留斯·西塞罗指出，"诚信"是"对承诺和协议的遵守和兑现"。尽管中西方在诚信内涵的表述上有一些差异，但意思是相同的，都表达了"诚实守信"的含义。

2.行为规范的作用相同

无论是西方诚信思想还是儒家诚信思想，都把诚信当作一种规范来调节社会生活，防止失信行为发生。

在中国，儒家视诚信思想为"立人之本""立政之本""进德修业之本"，"人无信不立""与朋友交，言而有信""自古皆有死，民无信不立"则是其典型写照❶。这种思想在一定程度上成为小到个人上至国家行为的标尺。

作为西方权威典籍的《圣经》，其中的"摩西十诫"就将"不作伪证"作为最重要的道德戒律。此外，在《尼科马可伦理学》中，亚里士多德就曾经提出，欺骗行为是一种不道德行为，其行为本身违背了交换公正的原则。在中世纪时期，"信""望""爱"作为基督教神学的三大道德支柱被人们所认可。在后期的社会发展中，更是将诚信思想的基本功能通过制定各种规章制度、法律规定和道德规范以规范个人行为、团体行为和国家行为来实现，保障人们的利益和社会环境的稳定。

3.道德至上的理念相同

中国古代非常重视"诚"和"信"，并把它上升到很高的地位。孟子说："诚者，天之道也；思诚者，人之道也。"❷《中庸》作了如下论证："唯天下至诚，为能尽其性；能尽其性，则能尽

---

❶ 《论语》·学而

❷ 《中庸》第二十章

人之性；能尽人之性，则能尽物之性，则可以赞天地之化育；可以赞天地之化育，则可以与天地参也。"指出个人如果能够讲诚信，以诚待人，则能够达到感化他人、化育万物，直达至善的境地。宋代周敦颐说："诚者，圣人之本""大哉乾元，万物资始，诚之源也。""乾道变化，各正性命，诚斯立焉，纯粹至善者也。"❶"诚，五常之本，百行之源"❷。这些都体现出诚信道德至上的理念。

在西方社会，诚信思想源于宗教，发展于哲学领域里，应用于社会生活。诚信伦理在西方最早产生于宗教，《圣经》中的《旧约》即是人神之间的盟约。中世纪意大利哲学家和神学家托马斯·阿奎那则把"诚信"上升到最高原则的地位，提出"信"是一切德性之首，"信"的源泉在上帝❸。

同样，在哲学领域，人们也试图论证诚信的道德至上性。英国古典学家休谟提出，履行许诺的法则、稳定财物占有法则和根据同意转移所有物法则是经济正义的三条自然法则，履行承诺是永久的社会正义的体现❹。德国古典哲学家康德把"诚实守信"看作实践理性的基本法则和绝对命令，他认为，"人应当诚实守信"是人们心中的普遍性道德法则，它与支配我们头上星空的自然法则一样令人赞叹和敬畏❺。德国哲学家黑格尔在《法哲学原理》中对诚实守信的契约伦理也进行了理性提升，他认为：善是福利与法的统一，守约是在合法基础上实现双方的利益，是利与法的统一，因而是善；不守契约是个人特殊意志对普遍意志的破坏❻。

可见，在西方社会，从宗教教义对教徒的要求，到哲学领域探寻人的本性，无不反映了诚信道德至上性的认知范畴。

4.义利一致性的理解相同

不管中国还是西方社会，在诚信与利益关系的认识方面，都是一致的，就是义和利是相互关联的，甚至是相互牵制的。从整体上看，在中国古代伦理思想史中呈现的主流思想是重义轻利，但这不影响以兴天下之利、利济苍生的中国传统义利观的价值。

由于西方进入文明社会的途径是从家庭到城邦再到国家，个人对于家庭以及国家的独立性、矛盾性形成了西方人二元对立的思维方式，习惯于将利己与利他、正义与邪恶作背反的思考，因此形成了对利益追求的目的论和道义论的分歧。目的论坚持利益对道德的优先性和决定性，而道义论则把道义提到功利之上。经过长时间的理论研究和实践，人们渐渐认识到诚信和利益并不对立，是完全可以相互促进的。

5.应用的普遍性相同

在中西方社会，诚信思想都普遍应用于社会生活的各个领域。

---

❶ 《通书》：《诚上》

❷ 《通书》：《诚下》

❸ 托马斯·阿奎那，神学大全【M】，2集，下部

❹ 休谟，人性论（下卷）【M】，商务印书馆，1980

❺ 康德，实践理性批判【M】，商务印书馆，1960

❻ 黑格尔，法哲学原理【M】，商务印书馆，1961

在西方，人们普遍将市场经济的本质称为"契约"经济或者是"信用"经济。同样的，在中国社会，企业也以诚信为立业之本，诚实守信作为一种经济伦理被越来越多的人所重视。

在政治领域，人们对诚信思想的重视也有很长的历史延续。北宋政治家司马光的表述就很有代表性："夫信者，人君之大宝也。国保于民，民保于信；非信无以使民，非民无以守国。是故古之王者不欺四海，霸者不欺四邻，善为国者不欺其民，善为家者不欺其亲。"在西方，许多思想家也从政治诚信的角度进行了阐述。如古希腊哲学家伊壁鸠鲁认为，国家起源于自由人民的"共同协议"，诚实地遵守这一协议是人们的义务；霍布斯、洛克、卢梭等西方学者也认为，国家的实质，就是一大群人相互订立契约的产物。

（二）差异性

1.中西方诚信文化的范畴不同

我国的传统文化形成于中国社会的大背景下。前面讲到中国社会是"熟人社会"，形成了社会结构的"差序格局"，人们之间通过相互信任、相互尊重和相互自律形成所谓的诚信，而信任层级和程度也往往以所谓亲疏、远近、贵贱等作为区分标准，体现出很强的人伦色彩。人们之间诚信或者不诚信的行为和结果，最终也只是以道德作为评价和衡量的尺度，这种监督机制是否能够起到约束人们不诚信行为的作用，则取决于人们对于人伦道德的重视程度。

在西方国家，没有形成传统中国所谓的"熟人社会"，人群和地域的开放性，形成陌生人之间交往模式的独特性。人们需要契约来约束对方的行为，保障自己的利益。尤其是近代西方，契约从经济领域扩张到法律乃至政治领域，出现了经济生活乃至政治生活的契约化，这种契约化，集中体现为法律意义的文化。所以，西方的诚信属于法律范畴。

2.中西方诚信观的约束机制不同

中西诚信文化的差异还表现在诚信的制约手段不同，不同的制约手段对诚信行为的约束效力不同。

中国传统诚信是社会主体做人的自律标准，它对道德主体的约束是一种自我要求与克制，主要通过荣辱感、信念、良心的自我要求和自律精神来控制和约束个体的行为。这种自制能力的高低受到诸多因素的影响，比如个人素质、自控能力、容易受别人评价的影响程度以及不诚信行为给个人带来的损失评估，因此，具有不稳定性。

受宗教文化的影响，西方的诚信观总是同外部制约联系在一起。《圣经》的《旧约》和《新约》都是人与上帝的立约，而形成的制裁是以上帝为主，这样的约束力对教徒来说是无与伦比的。此外，西方社会的诚信更是一种受到利益支撑的契约，个人诚信行为以经济利益为最终衡量标准，形成个人行为规范，并以具有法律效力的合同或者契约作为约束机制，违背了"诚信"原则，所遭受的惩罚主要不是道德上的，而是经济和法律上的。这种法律的监督机制较之人伦道德的约束机制来说，执行起来要有效很多，更有利于诚信文化的推行和人们诚信行为的产生。

3.中西方诚信文化的利益取向不同

在中国传统社会，履行诺言具有超越功利的道义性。人们在处理诚信和物质利益关系时，以"义"为首要和本质需要，要求人们"重义轻利""以义制利""以义导利"。

中国传统的诚信观念要求人们信守诺言，恪守信用，往往是没有功利目的的一种道义行为，同样，人们在处理诚信和物质利益关系时，也是极少涉及利益行为，所以，传统诚信观具有超功利性和理想化色彩。《论语》中说："信近于义，言可覆也。"孟子说："大人者，言不必信，行不必果，惟义所在。"❶此外，人们把诚信主要当作主体自身所追求的一种道德境界，诚信行为所产生的道德感能给人一种道德激励，从而实现行为主体的道德升华，但是，这种纯粹的精神上的道德升华在实践中却不如利益更为实惠，又由于缺乏相应的制度保障，而导致诚信行为在具体的道德实践中难以真正执行。

在西方社会，思想家对人性进行了激烈的争论，他们争论的焦点不是人性善恶的问题，而是利己和利他的问题。近代的思想家大多认为人性是自私的，如霍布斯认为，自我保存是人的普遍的绝对本性，是人类活动的根本法则，利己主义是一切行为的唯一准绳。休谟的《人性论》也认为人性是自私的，他说，"我们并没有遵守公德法则的任何真实的或普遍的动机"，人们之所以会遵守道德原则，讲诚信，只是出于自身利益的考虑❷。因此，为了约束个人的这种自私天性，维护正常的社会秩序，就需要契约对个人的行为进行约束。而西方诚信观正是建立在人们利益互惠基础上的，契约关系既是人们交易活动的纽带，也是实现个人财产权利的有效手段，这就强调了诚信的工具性价值。

4. 中国传统诚信文化的有限性与西方契约诚信文化的开放性差异

中国传统诚信的本质是伦理式诚信，是建立在封建土壤上的，为维护封建伦理统治服务的。中国传统诚信文化是建立在封建社会自给自足的小农经济基础之上，人们只对自己圈子内的亲朋好友讲诚信，对所谓圈子外的陌生人则要有所保留。人们为了维系传统社会秩序和熟人圈子的人伦关系，提出圈子内诚信的道德观，有时代的局限性。德国社会学家马克斯·韦伯认为，中国传统的诚信程度是与自身关系的亲疏程度密切相关，与自己远近关系不同，中国人给予对方的信任程度也不同。他说，中国人的信任是建立在亲戚关系或者亲戚式的纯粹个人关系上的，是一种凭借血缘共同体的家族优势和宗族纽带得以形成和维持的特殊信任，因此对于那些身在这种血缘关系之外的其他人即"外人"来说，中国人是普遍的不信任❸。

此外，由于我国封建社会是"人治"社会，所以更为重视诚信文化的道德内涵，而忽视了其法制精神。

在西方国家，由于希腊人很早就跨海迁移，打破了原有的血缘关系，国家在建成过程中也摆脱了血缘基础，确立了民主制度，形成自由、平等的契约经济制度。随着生产力的发展和对外贸易的不断扩张，契约作为一种商业手段和人际交往的重要原则被广泛应用于社会生活中。在文艺复兴之后，这种仅限于经济领域的契约逐渐扩展到法律和政治领域，出现了经济生活、政治生活的契约化，因此形成契约文明的早期阶段。这种契约文化要求人们冲破由血缘、地缘、人缘等形成的社会关系，用普遍的诚信行为规范建立人们之间的关系，诚信成为经济生活领域中所有主体都奉行的行为准则，具有广泛性和开放性，是社会普遍适用、维系社会经济运

---

❶ 《孟子·离娄下》

❷ 休谟，人性论【M】。北京：商务印书馆，2002：523

❸ 韦伯，儒教与道教【M】，江苏人民出版社，1993

转的共同理念。

　　总之，中西诚信文化在其基本内涵等方面相近的基础上，又存在着很大的差异，显示出各自的特点。中国传统诚信观建立在德性诚信的基础之上，以身份关系为主要表征，以个人心性为依托，体现的是个人自身的品行、品德、修养和情操；与之相对的西方诚信观，则建立在契约诚信的基础上，以平等关系为主要表征，以外部制约为依托，表现为个人为追逐利益而兑现承诺的可靠程度。这些特点在各自国家发展的不同阶段对个体的行为、市场秩序、法治进程等产生了不同的影响。因此，需要综合中西方诚信文化的特点，取长补短，取其精髓，在文化建设中相互促进。

第四章 民营企业诚信建设历程

中华民族历来以诚实守信而著称于世。在长期的人类社会和经济发展过程中，以儒家道德观念经商，在经商实践中以"君子爱财、取之有道"等儒家的道德准则作为商德，做人与经商并重，在经商过程中体现出"诚信"的做人原则。儒商，上承中华文化的优秀传统下启市场经济的伦理新风，已成为当今华人社会经济和文化领域中一种令人瞩目的现象。鉴于如此深厚的诚信文化积淀，民营企业的诚信建设历程显得纷繁复杂、任重道远。伴随着民营企业的发展演变史，以及不同时期国家对民营经济采取的不同政策，可将民营企业的诚信建设划分为以下几个阶段：

一、萌芽阶段（1949 年之前）

（一）民营经济崭露头角

1840 年鸦片战争以前，中国是一个封建社会的国家，以农耕经济为主，民营经济非常弱小。真正意义上的民营企业最早可追溯到 19 世纪 60 年代的洋务运动时期。民国时期，中国有志之士开始了实业立国、实业报国，民族资本迅速发展壮大，第一次世界大战导致欧洲列强减少了对中国的经济侵略，中国的民营经济在民国时期得到了飞跃式发展。特别是 20 世纪 30 年代，中国民营企业已经初具规模。据估计，1936 年民营资本约为 60.89 亿元，其中民营工业、运输业资本为 18.89 亿元，是当时官僚资本的 4.3 倍，同时也超过了外商在华投资 14.51 亿元，占到 51.33%；民营商业资本高达 42 亿元，超过了官僚资本 0.3 亿元和国外投资 11.93 亿元，占比达到 77.45%。1937 年—1945 年，随着战争的爆发，民营经济被完全划入战时体系，支持中国的反侵略战争。即使到了 1945 年，战争的胜利并没有为民营经济的发展带来转机，反而受到了官僚资本的挤压，丧失了很大的生存发展空间。

（二）有限信任的企业诚信

近代，中国民营企业处于萌芽时期，历史的动荡不安，致使中国民营企业诚信的基础依赖的不是制度，是文化理念和人与人之间有限的信任。清代末期比较著名的商帮中晋商坚持"用人用乡"，而徽商坚持"用人用亲"的理念，所谓"万两银子一句话""见票即付"清楚地反映了当时票号对借贷者的信任度，但是由于缺乏制度保障，当贸易发达、商业关系复杂起来之后，这种仅凭口头信任建立的关系，就无法作为经济活动的基础了，因此，这种"中国式诚信"从根本上限制了近代中国民营经济的发展。

二、转型改造阶段（1949—1978 年）

（一）民营企业的改造和调整

1949 年，新中国成立后，百废待兴，长期的战争创伤导致国有经济几乎为零，而民营经济无论在规模上、数量上，还是在行业分布和技术水平上，在整个国民经济中都占有相当大的比例。据统计，1949 年底，全国有民营工业企业 12.3 万余家，职工 164 万余人，占全国工业职工的 54.6%，生产总值占全部工业总值的 48.7%（如表 4-1 所示），民营经济在当时的社会经济中占有相当重要的地位。

新中国成立之初的宪法第 10 条明确规定："国家对资本主义工商业采取利用、限制和改造的政策。"经历了个别企业的公私合营和全行业的公私合营两个阶段。据统计，截止到 1956 年底，私营工商业几乎全部变为公私合营企业，尚未改造的私营工企业仅剩 870 户，职工人数约 1 400 人，总产值 2 900 万元，私营商业企业 43.2 万户，从业人员 49.4 万人，总资本 5 600 万元；1956 年后，随着党的八大的召开，国家又开始恢复和发展个体经济，个体工商业又有了一定程度的发展，到 1957 年底，全国城镇个体工商业从业人员发展到 104 万人；在 1962 年新政策影响下，个体工商业又得到恢复和发展；但在"文革"期间个体工商业不断遭受到打击和摧毁；到 1978 年全国个体劳动者只有 14 万人，个体经济已丧失了合法地位，自此，民营经济或民营企业的概念随之消失。

表 4-1　　　　　中国各类型企业的工业总产值统计表（1949—1978 年）　　　　　亿元

年份	全民所有	集体所有	公私合营	私营企业	个体企业
1949	36.8	0.7	2.2	68.3	32.3
1952	142.6	11.2	13.7	105.2	70.6
1957	421.5	149.2	206.3	0.4	6.5
1978	3 416.4	814.4	–	–	–

资料来源：《中国统计摘要》（1985），中国统计出版社．

（二）道德自律式的企业诚信

新中国成立后，我国经济发展处于计划经济时期，整个社会经济体系全部处于国家的宏观调控之下，社会中的所有资源被集中组织成一个整体，由国家统一部署生产任务，统一发布生产指令，社会中各单位、部门和各利益主体之间只能通过政府指令来维系生产过程，而不是通过道德诚信或经济利益来维系生产经营。因此，在企业诚信建设中，个人利益往往被人为忽视，且全国上下无论是社会生产还是人民生活都是在政治思想学习中度过，随着社会主义改造的进行，对于为数不多的个体工商户来讲，为了顺应社会的主流，诚信意识还是比较高的，达到了一种社会道德上的自律，为日后私有经济或民营经济的发展保留了必要的基础。

三、恢复发展阶段（1979—1991 年）

（一）民营企业的复兴和发展

中国民营经济的恢复、兴起和发展，起源于长期以重工业为中心、经济配给制度等造成的轻重工业比例严重失调，资源短缺、生活必需品匮乏，就业压力等问题。1978 年党的十一届三中全会后，政府把工作重点从以阶级斗争为纲转移到以经济建设为中心上来，开始启动了经济体制改革，我国进入改革开放的新时期，民营经济得以复苏并逐渐发展。

到 1979 年底，全国个体工商户由 1978 年的 14 万户增加到 31 万户，但国家尚未出台鼓励私营企业发展的相关政策。1988 年 6 月，党的"十三大"和第七届全国人民代表大会第一次会议通过宪法修正案，国务院颁布了《中华人民共和国私营企业暂行条例》明确了私营企业的范围，确立了私营企业的合法地位，国家开始对私营企业进行登记管理工作。虽然私营、民营企业是在个体经济的基础上发展起来的，个体经济行为在政府允许和市场需求逐渐增大的情况下得到了空前规模化的发展，据统计，1988 年全国私营企业达 90 581 户，从业人员 164 万人，注册资本 84 亿元。

改革开放之初，国家在农村推行了家庭联产承包责任制，从农业中释放出大量的富余劳动力转向非农产业，农村个体经济快速发展。1979 年 7 月国务院颁布了《发展社队企业若干问题的规定》，自此民营企业的另一个特殊组成形式——乡镇企业产生了，尤其是 1984 年颁布了中央 4 号文件对其发展进行鼓励，1984 年 ~ 1988 年中国乡镇企业发展迅猛，乡镇企业户数从 1983 年的 134.64 万户增加至 1988 年的 1 888.16 万户；从业人员从 3 234.64 万人增加至 9 545.46 万人；总产值从 1 016.83 亿元增加至 6 495.66 亿元。

1988 年，我国民营经济的发展进入了反复期，由于 1979 年以来经济过热、通货膨胀，国家开始整顿市场秩序，治理市场经济环境，致使民营企业的发展进入挫折期，之后政府开始总结发展民营经济过程中的经验和教训，并慎重调整针对私有经济的各项方针政策，随着 1992 年邓小平南行讲话后，民营经济得以快速发展。

（二）自律缺乏、监管缺失的企业诚信

众所周知，道德作为上层建筑是社会化发展的产物，它随着社会经济关系的发展而改变，社会经济体制变化后也会带来人们在价值取向上的多样性。改革开放初期，伴随着"每个人都应该有一定的物质利益""个人致富光荣"等观点的提出，彻底打破了长久以来对人们物欲和道义上的压抑，出现了以个体利益为主的价值取向，如改革开放初期温州即出现了大批私营企业，但随着它们的快速发展，出现了空前的诚信危机，原因就是有些企业急功近利，为了多赚钱，而大肆假冒其他地区（尤其是上海）的名牌产品，致使许多消费者对早期温州私营企业的产品普遍不信任。另外，随着改革开放的逐渐深入，私有企业发展越来越迅速，社会资源日益紧张，民营企业的发展在这一时期遇到了资金不足、原材料紧张和"连环债务"等一系列问题。这一时期，由于众多民营企业缺乏自律、政府监管缺乏以及市场经济的快速发展，致使许多民营企业诚信严重缺失，从某种程度上而言，这些内因和外因制约了其健康、长远、稳定的发展，致使许多私营企业被扼杀在"摇篮"里。

四、发展壮大阶段（1992—2002 年）

（一）民营企业的飞速发展

1992 年邓小平南方谈话提出"三个有利于"，中共十四大确立了社会主义市场经济体制的改革目标后，国家体改委出台了《股份有限公司规范意见》等一系列改革举措，为民营经济蓬勃发展注入了巨大活力。1993 年比 1992 年增长 70.4%，达到 23.8 万户，1994 年又比 1993 年增长 81.7%，达到 43.2 万户。党的十五大报告指出"个体、私营等非公有制经济是社会主义市场经济的重要组成部分，应当继续鼓励、引导，使其健康发展。"确立以公有制经济为主体多种所有制经济共同发展的基本经济制度，对民营经济进行了新的社会定位，从此，民营经济从社会主义经济的补充地位上升到社会主义市场经济的组成部分，民营经济发展进入一个全新阶段。

1999 年 3 月 15 日，九届二次会议通过了《宪法》修正案，明确指出"国家保护个体经济、私营经济的合法权益和利益。国家对个体经济、私营经济实行引导、监督和管理。"到 2001 年，我国民营企业已达到 202.82 万户，比 2000 年增加 15.54%，从业人员 2 731.86 万人，比 2000 年增加 16.56%。之后随着我国金融业的蓬勃发展，十六大指出"放宽国内民间资本的市场准入领域，在投融资、税收、土地使用和对外贸易等方面采取措施，实现公平竞争"。据统计，2002 年民营企业达到 243 万余户，比上年净增长 40.67 万户，从业人员净增 695.44 万人。这意味着平均每天新增民营企业 1 100 户，每天新增就业人口 19 000 余人。民营企业发展速度之快堪称奇迹。

（二）内外兼有的企业诚信

众所周知，诚信与市场经济的关系密不可分。对于具有中国特色的社会主义市场经济而言，企业诚信要受到来自政府层面、社会团体组织和企业自身的影响。

自 1992 年以后，国家积极建立社会信用体系，企业诚信建设环境也获得了较大的改善，企业诚信经营的良好外部氛围逐步形成。我国在 1993 年出台了《企业财务通则》和《企业会计准则》，1994 年实施了《公司法》，1995 年施行了《商业银行法》《担保法》《仲裁法》，1999 年出台了《合同法》，2000 年 1 月 1 日正式施行《个人独资企业法》，鼓励个人创办民营企业，由此我国社会主义市场经济体制的法律体系雏形基本形成，使市场经济的无序竞争走向有序竞争，这些法律法规无疑为企业信用行为的记录和失信行为的惩治提供了基本的法律规范。另外，1999 年 6 月 14 日，国家经贸委发布了《关于建立民营企业信用担保体系试点的指导意见》，以贯彻政府扶持民营企业发展政策意图为宗旨的民营企业信用担保体系正式启动。2000 年 8 月 24 日，国务院办公厅印发《关于鼓励和促进民营企业发展的若干政策意见》，我国民营企业信用担保体系开始进入组建国家信用再担保机构和完善形成社会化信用体系建设阶段。

随着我国市场经济体制的不断健全及面对加入世贸组织的机遇与挑战，部分省、市也纷纷制定了相关的地方性政策法规，2000 年 2 月，上海出台了《上海市个人信用联合征信试点办法》；2001 年 12 月，深圳出台了《深圳市个人信用征信及信用评级管理办法》；2002 年 8 月，北京出台了《北京市行政机关归集和公布企业信用信息管理办法》，为民营企业的发展壮大保驾护航。

在国家出台相关政策法律法规的同时，一些社会团体组织也在企业诚信建设方面开展了大量工作，从 2002 年起，中国企业联合会组织起草了《中国企业经营者诚信守则》，以期促进企业经营者共同营造公平、有序的市场经济秩序，在国际化大舞台塑造诚信企业形象。

在我国经济结构不断转型升级的过程中，企业违背诚信原则的案例数不胜数，诚信缺失现象严重，如在市场主体注册中，搞"三无"，虚假注册资金等；在市场交易过程中，做虚假广告、制假售假、合同欺诈等违背诚信原则的行为；在退出市场时，做假账、假破产等不讲信用的表现。例如，2001 年中秋节前夕，具有 70 多年历史的南京冠生园的月饼"陈馅"事件被媒体曝光，江苏省和南京市相关部门进入企业进行调查，查封该厂成品库、馅料库，南京冠生园被全面停产整顿；2002 年 3 月，南京冠生园正式向南京市中级人民法院申请宣告破产，类似企业失信的案例屡见不鲜。

总之，在民营企业发展壮大时期，由于我国企业信用体系尚需完善，社会监督力度仍需加强，企业或行业自律有待提高，需要政府、社会和企业三方共同努力，给予民营企业一个健康的发展环境，才能保障民营企业未来的可持续发展。

五、跨越式发展阶段（2003 年—今）

（一）民营企业的快速发展

党的十六大提出"必须毫不动摇地鼓励、支持和引导非公有制经济发展"，党的十七大提出"坚持平等保护物权，形成各种所有制经济平等竞争、相互促进新格局"，"非公经济 36 条"、《企业所得税法》《物权法》等政策法规密集出台，促进非公有制经济发展的政策体系和法律体系日益完善。这一阶段，中国加入世界贸易组织（WTO）、互联网创业浪潮的兴起等也都为民营经济的发展提供了更多机遇，民营企业获得了突破式发展，民营企业无论在创造社会财富、吸纳就业、促进社会稳定等方面都发挥着不可替代的作用。截止到 2006 年，民营企业已达 498.1 万户，从业人员数达到 6 586.3 万人，注册资本达到 76 028.5 亿元；2013 年数据显示，全国个体工商户首次突破 4 000 万户，与 2003 年相比，10 年间私营企业增长了 3.46 倍，从业人员增长了 1.03 倍，民营经济占 GDP 的比重、民间投资占固定资产投资的比重双双超过 60%。

从党的十八大提出"要保证各种所有制经济依法平等使用生产要素、公平参与市场竞争、同等受到法律保护"，到党的十八届三中全会提出"坚持权利平等、机会平等、规则平等，废除对非公有制经济各种形式的不合理规定，消除各种隐性壁垒，制定非公有制企业进入特许经营领域具体办法"，再到 2016 年 3 月习近平总书记在民建工商联委员联组会上，强调我国基本经济制度必须坚持"两个毫不动摇"，重申非公有制经济"三个没有变"，进一步坚定了民营企业转型发展的信心。"鼓励社会投资 39 条""促进民间投资 26 条"等政策的出台，为民营经济发展营造了更加公平、开放、宽松的环境。到今天，民营经济占 GDP 比重、税收占全国税收比重、民间投资占全社会固定资产投资比重都超过半壁江山。据中共中央统战部、全国工商联、中国民（私）营经济研究会组织的调查显示，2016 年底，私营企业达到 300.55 万户，比 2001 年增加 97.7 万户，增长高达 48.16%，注册总资本达到 35 305 亿元，从业人员 4 299 万人，企业总产值为 20 083 亿元，出口创汇的民营企业 74 443 户，出口创汇折合人民币 1 749.68 亿元，由此看出。我国民营企业的发展规模继续扩大，经济实力显著增强。

（二）信用体系渐趋完善的企业诚信

随着市场经济改革的深入，我国民营企业在实现规模化发展的同时，也需要注重质的飞跃，达到跨越式发展。至此，国家从多角度进一步提升企业诚信水平，建立了适合我国企业发展的多层次信用管理和评价体系。

2003 年，国家工商行政管理总局出台了《关于对企业实行信用分类监管的意见》，该意见确立了企业信用监管指标体系、企业信用分类标准、企业分类管理措施，并实行企业信用信息记录制度和披露制度，加快企业信用监管体系建设。此外，承担地方政府交办的区域性企业信用管理建设任务的工商行政管理机关，要实现与"金信工程"的对接，并为此不断积累经验。

2005 年，为加快我国社会信用体系建设进程，促进和规范商会协会开展行业信用建设工作，全国整规办和国务院国资委联合下发了《商会协会行业信用建设工作指导意见》，此次颁布的《指导意见》指出，行业信用建设工作应坚持服务会员企业，自主建设和正面褒扬，失信惩戒相结合的三个原则。通过开展推进诚信宣传教育、强化行业信用制度建设、利用信用信息开展服务、对会员企业开展信用评价、加强对会员企业信用风险管理知识的培训、协助会员企业建立信用风险防范机制等工作，实现提高会员企业的诚信意识和风险防范能力，增强行业自律水平，规范行业内部竞争秩序，促进行业健康发展的目标；2006 年，中国人民银行发布《信用评级管理指导意见》，该意见的出台是为了规范信用评级机构在银行间债券市场和信贷市场信用评级执业行为，促进信用评级业的健康发展。

2014 年 6 月 27 日，根据党的十八大提出的"加强政务诚信、商务诚信、社会诚信和司法公信建设"，党的十八届三中全会提出的"建立健全社会征信体系，褒扬诚信，惩戒失信"，《中共中央　国务院关于加强和创新社会管理的意见》中提出的"建立健全社会诚信制度"，以及《中华人民共和国国民经济和社会发展第十二个五年规划纲要》（以下简称"十二五"规划纲要）提出的"加快社会信用体系建设"的总体要求，国务院制定并发布《社会信用体系建设规划纲要（2014—2020）》，这标志着我国企业评价信用制度和体系逐渐完善，民营企业发展环境将进一步优化，民营企业诚信水平将逐步提高。

第五章　民营企业诚信的法治化研究

一、西方诚信法制化的起源和发展

诚信法制的起源和发展是一个漫长的历史过程。诚信法制与经济发展程度是密切相关的，诚信法制最早产生于古罗马时代，因为在古罗马时代就已经有了简单的基础的商品经济，在这种经济环境下，为了适应经济发展的要求，诚信便不能仅仅只是道德上的存在，而显要进化到法制上的存在。因此，古罗马时期诚信便已经与道德进行分离，从而产生了诚信法制，并在社会的发展、经济的发展中不断趋于完善。直到资本主义的产生和发展，以及最终的确立，诚信法制也越来越完善，不断由民商事法律向其他法律范畴扩张，并且在不同国家和不同法系之间扩张。

（一）西方诚信法制化的起源

罗马时期是西方历史发展的一个重要时期，这个时期也是诚信法制产生的重要阶段，使诚信不只是道德的存在，同时也成为法律的存在。对于诚信在法律上的规定起始于罗马时期的罗马法，在罗马法中对于诚信契约和诚信诉讼进行了法律规定，这也是诚信法制化的最早起源。马克思曾经说过，"罗马法是商品生产者社会的第一个世界性法律"。恩格斯也曾经说过"罗马法是纯粹私有制占统治的社会的生活条件和冲突的十分经典性的法律表现，以致一切后来的法律，都不能对它作任何实质性的修改""罗马法包含资本主义时期的大多数法律关系"。在罗马帝国时期，由于大规模的奴隶劳动以及先进生产技术的大规模传播和应用，使得生产从简单的满足生活需要转变成为了以商品市场为对象的生产过程，在这种情况下，商品经济开始产生和充分发展。同时，由于罗马帝国的疆土范畴包含了多个地区，这些地区的经济、文化、人种、生活习惯、民族习惯各不相同，商品交换由此进入到一个空前规模化的时期。面对着种类繁多，关系复杂的商品交换关系。统治者和经营者都发现，仅凭道德上的诚信制约已经严重不足，或者依靠零星的法律条款也无法完全避免恶意的失信者。在这种情况下，罗马人认识到诚信应当是一切商品交换和契约关系中的重中之重，应当成为所有人的基本义务。因此，罗马法中就产生了诚信契约。在罗马法的诚信契约中，要求诚信作为所有契约关系的基础，也就是说无论在契约中是否有关于诚信的条款，诚信都将成为默示条款存在于契约关系之中，契约关系的各方都承担诚实信用的义务，并且接受承审员自由裁量权的制约，以实现诚信契约所体现的商品交换关系中要求的公正。日后逐步形成的万民法中，也对于诚信契约有了明确的规定，这也体现出在商品经济中对于诚信从法律制度层面的要求。

在罗马法中，并不仅仅把诚信法制引入和规定，而且已经衍生出了诚信契约与严法契约。在严法契约中，要求债务人只需要履行契约中已经约定了的义务，契约中没有涉及的事项，债务人便无须承担义务和履行。而诚信契约则与严法契约不同，诚信契约毋庸置疑对于契约关系中的各方提出了更高的要求，要求契约各方不仅仅要承担契约中已经明确规定的义务，同时要求契约各方要有诚实信用的义务。不仅如此，诚信契约还区分为主观诚信和客观诚信。主观诚信是适用于物权法领域的诚信，它是一种当事人确信自己没有侵害他人权利的心理状态，因此成为主观诚信。而客观诚信则要求当事人忠诚实在地履行自己在契约关系中应尽的义务，这属于合同法范畴。在罗马法的诉讼制度之中，已然授予了法官自由裁量权，并且初步建立了自由裁量权制度体系，形成了诚信诉讼，事实诉讼和事实抗辩、简约之诉和简约抗辩、一般的欺诈抗辩、仲裁之诉和善良公正之诉，由此我们可以看出，现代的诚信法制在罗马法中有着明确的体现，并且不仅仅存在于诚信诉讼之中，还由许多制度共同承担，可以说，这些制度都是现代诚信原则的鼻祖。我们可以知道，诚信原则在罗马法时期就已经开始了质的飞跃，已经不再仅是思想道德范畴内的诚信，而是从此时开始就逐步转变成了法制层面上的诚信，成了现代法制诚信的重要渊源。如上所述，在罗马时期，诚信就已经开始了质的转变，它已经不仅仅是一个道德概念，而是通过法制成了切实可行的行为要求。因此，我们可以认为，罗马法中的诚信不仅是第一次将诚信法制化，同时也是现代诚信法制理念上的和制度上的源头。

（二）西方诚信法制化的发展时期

进入到中世纪，随着西方商品经济的进一步发展，诚信法制化的进程也不断地在推进。为了能够更好地解决商品交换和交易过程中所存在的问题，商法诞生了。商法的诞生，创造出了能够解决更为复杂问题的信用手段，如信用票据、抵押权等，标志着相对复杂的商业信用体系的建立。随着商品经济的大规模发展，对诚信规则的要求也越来越高，随着信用经济的诞生，信用制度也越来越频繁地被使用着，因此，诚信法制化的进程也得到了进一步的发展和加强。

西方资本主义的飞速发展及资本主义社会制度的确立，使得诚信法制开始了一个崭新的局面。资本主义市场经济的繁荣发展对于诚信法制提出了更新更高的要求。在资本主义市场经济环境下，商品交易无论从数量上还是关系上，都变得更为庞大和更加复杂，在罗马时期及中世纪的简单商品经济环境下所产生的诚信法制化显然已经无法应对，那时相对单纯的诚信法制面临着更大的挑战。并且由于资本主义市场经济的繁荣发展，交易方式也更加规范化，这也要求诚信法制化进程继续加速。1804 年的《法国民法典》中明确规定了诚信条款，并且明确了市场经济是信用经济的法律基础，这是诚信法制化道路中又一次里程碑式的飞跃，它第一次使诚实信用原则成为了契约法的一项基本原则。1863 年《撒克逊民法典》中再次将诚实信用原则确立为法律规范。直至《德国民法典》，诚实信用原则被作为了基础性原则同时也是强制性规范，并且涉及范围从合同法进一步扩大到一切债之关系的范围。也就是说，诚实信用原则不再仅仅是一项商事行为法则，而是成为了一切民事法律关系的基本法则，成为了民法的基本原则之一。这也是首次将诚实信用原则应用于民事法律关系。

（三）西方诚信法制化的扩张时期

资本主义体制和资本主义市场经济逐步在西方各国确立以后，与之相适应的现代诚信法制化也逐步被西方各国学习和效仿。诚实信用原则也一步步从最开始的调整债之关系的法律逐步扩展到整个私法领域，再逐步进军到公法范畴，并且在法系之间也开始扩张，从最早的大陆法系扩张到英美法系的领域，直至成为了现代民法中的最高指导原则，所有具体的民事立法不得违反该原则，也不得对该原则有所保留，也就是"帝王规则"。该原则的确立是在1907年颁布的《瑞士民法典》中，与之前所有的立法有所不同，它明确承认了立法的滞后性以及法官和补充法律的重要作用，并且明确规定了任何人都必须诚实、信用地行使其权利并履行其义务。也就是把诚实信用原则明确作为基本原则加以规定，规定所有人，也包括债务人和债权人在内的所有人，在其行使权利和履行义务的过程中都必须遵守的共同原则，同时其适用范围也不再仅仅是债权范畴，而是被扩大到一切可以适用民事法律的关系之中，成为民法的基本原则之一。

诚实信用原则作为基本原则的重要作用和价值，不仅仅在大陆法系领域得到了广泛的认同和应用，也逐步得到了英美法系国家的认可。英国和美国也逐步在其法律之中确立了诚实信用原则。在英美法系中最早应用到现代诚实信用原则的便是其商事专用法律《美国统一商法典》，在该法典中明确规定本法所涉及的任何合同和义务，在其履行或者执行中均负有诚信义务，同时诚实信用原则也贯穿于整个《美国统一商法典》。随着诚实信用原则不断的被引入英美法系中，其与英美法系原有的诚信相关制度结合，慢慢形成了独特的英美法系的法律诚信制度。

从以上诚信法制化的进程中，我们不难看出，诚信法制化的发展是离不开经济发展的，并且诚信法制化的发展也始终依托于商品经济的发展过程。诚信法制化的最早起源是罗马时期，这个时期的罗马已经产生了初级的商品经济，在中世纪商品经济得到了发展，同样诚信法制化也进一步加快了脚步，直至资本主义体制确立，诚信法制化才得以确立。后随着现代资本主义市场经济的繁荣，诚信法制化发生了质的飞跃，从一个商事法律范畴的条款原则转变成为于民法的最高指导原则，成为了基本原则之一，开始了跨法律，甚至跨法系的扩张。

（四）美国诚信法制化发挥显著作用的原因

近日，导演英达有意避开现金存款申报规定的违法行为，引发了大家对"在自己国家可以通过各路渠道去摆平一些事情，但到了外面，须入乡随俗，遵纪守法"的思考。英达于2009年移民美国，一家人居住在美国的康州，持美国绿卡。跟大多数的移民中国家庭一样，老婆孩子是美国籍，家庭支柱是中国籍，往返于中美两地市场，因为中国依然是华人获取经济利益的"战场"，在2010年3月到2011年12月，这一年多的时间里，英达利用往返中美的时机，从中国带入总计63万美元现金到美国，每次约3~7万美金左右。

美国税法严苛全球闻名，美国是全世界第一个向美国准税务公民全球征税的国家，2014年7月1日正式实施FATCA法案，即要求美国的准税务公民（美籍自然人，美国绿卡持有者，在美国有居留权的持工作签证者等），在全球的资产都要进行申报，比如华人持美国绿卡，不单要对自己在美国的资产进行申报，在美国外的中国资产也一样需要申报。大家不要误解了，并非申报了就一定属于征税范围，如果在中国的收入在中国征税了，且达到了美国相对应的税率，那么在美国就不需要再纳税；如果中国收入征的税额没有达到美国相对应的税率，海外收入也有相应的抵扣额，每年不一样，中国（海外）收入中减掉美国政府规定的抵扣额后的数字，就是需要纳税的金额，税率一般是 15%~39% 之间。

而英达这次的事件里，第一这些资金是来自中国，第二在美国存钱，税务部的规定，每次现金存款超过 1 万美金，需向税务机关进行申报，当时银行会要求填写一份"现金交易报告"。英达在 2010 年到 2011 年这段时间，他把 46 万美元的现金分了近 50 次存入他跟太太在美国 4 家银行的 6 个账户。每次存款没超过 1 万美金现金，他每次的行为并没违规，但这 50 次的整体行为却涉嫌故意隐瞒，这种现金"结构性拆分行为"也是美国税务机构最近盯得比较紧的一项。美国税务局盯上后，于 2017 年 2 月找到了英达，英达跟美国税务局达成了庭外合解，英达同意将 2 个账户合计 30 万美金冻结没收，加上罚款 9.5 万美金以及利息总计约 40 万美金。

从英达案例中我们可以看出美国的法律是非常严格的。法律就是公众的契约。美国的孩子从小到大都会接受关于诚信和法制的教育，懂得讲诚信、遵守公共契约才能有利于个人和社会发展。美国所有行政机构和企事业单位都有不同层次的审计和监督机制，所有信息公开透明，一旦被查出有欺诈行为，将会受到法律制裁。

1. 美国的社会安全号。在美国工作生活过的人都知道社会安全号，简称 SSN，由 9 位数字组成。它伴随着人的一生，并完整地记录着所有生活行为和社会活动。只要把社会安全号码输入全国联网的电脑系统，其所有背景材料就一清二楚。不但包括年龄、性别、出生日期这些自然状况，而且包括教育背景、工作经历、税务、保险、银行等方面的信用情况、有无犯罪记录等等。信用卡、驾照和永远无法伪造的社会安全号，足以让个体在美国随意迁移。信用记录保障也是美国生活必不可少的，上学、买房、工作和生活等都要用到。美国驾照可以被相当于身份证或者护照使用，包括乘坐飞机。平时极少用到纸币，商场超市、加油站、餐馆、咖啡店等的一切花销，几乎都可以刷卡。有个华人欠电话公司几百美金的话费就回国了，当他几年后办理完移民手续再次入境后，电话公司根据重新启动的 SSN 号找到了他，并追讨了欠款。还有的人一方面申请低保福利，另一方面却如同高收入者大量使用银行卡或信用卡消费，也都可以通过种种活动被发现和确认，诚信监督系统如影随形。一旦有任何失信行为，会直接威胁到未来的就业、生活甚至前途。社会活动和生活事务中还经常用到住宅地址和电子信箱，都是和 SSN 联系在一起的。联系虽然方便，但美国人不常打电话，发邮件很频繁。好多日常账单等还都会寄纸质信件。

2. 契约精神。有时候美国人的处事方式确实让人惊讶，生活中其他约定俗成的事情很多。美国人搬家时经常会扔掉很多东西，只要放在路边且看到免费标志后就可拿走。有次某位华人把不用的真皮沙发放到路边，但忘记附加纸条标明免费。结果有辆车经过后又折回来，看了半天也不确定，默默地等了半小时却依然不见人影。然后那个美国人就挨家敲门，终于问到主人并证实了是免费的，感谢后兴高采烈地搬走了沙发。

3. 时有灵活。然而，貌似刻板制度下的人们有时候又是灵活的，常常让人忍俊不禁。美国人还是很在乎消费者权益的，比如有位访问学者去美国超市买东西，结账时发现扇贝的价格不是所标明的促销价，于是告知收银员，他们核实价格后就把扇贝免单给她。还有次她的网络维修费被多收了110美金，她锲而不舍地跟网络公司沟通，结果不但取消了收费，还额外补偿她20美金作为奖励。笔者有次租车，因为导航插口没电，还车时简单提及，租车公司就给减免40美金，远超预期。还有个朋友去吃牛排时，服务员问她是否满意吗，她随意说有点烤过了。服务员建议换一份，她说没关系不用换，结果最后餐馆说由于带给她的体验不好，所以给免单。

4. 法律体系。有次某中餐店的老板见到笔者是一群中国人就很热情地一起聊天。不小心点的菜饭太多，就跟她真诚地表示可以把多余的未动部分先拿回去，送给他们。结果那个老板回复说，美国规定所有食物一旦离开厨房，就不能再回收。一旦被举报，她会被罚款到倒闭，所以即使浪费也不能那样做。还有次去一家附近的店看冰球决赛，两个朋友忘带身份卡，服务员就一直坚持不能进去，还热心地告诉笔者哪个街道拐角的其他店不需要身份卡，建议去那儿看看。再比如在美国买各种酒，都有年龄要求。宾州规定21岁以上才可以，所以如果没有身份卡，是绝对没人敢卖酒的。美国本科生喜欢参加Party，但是政府对酒吧的规定是凌晨2点必须要闭门。酒吧一定会遵守时间，所以笔者经常会被2点参加完Party学生的吆喝声吵醒。美国法官在审理民事纠纷时常常会说："罚款的原则是要让人感觉到疼"，也就是说，要通过惩戒让人记住不可再犯。曾因交通违规或其他原因而受过罚的人，自然会吃一堑长一智，记住教训。

很多社会因素形成了美国的信用方式，比如完善的信息跟踪制度、诚信管理的法制化规范化、长期教育的熏陶、严厉的监督处罚系统等。作为全球征信行业发展最成熟的国家之一，从19世纪60年代美国第一家个人征信局成立到现在的一百多年间，美国形成了一套完整的征信运作、法律体系和监管机制。健全的法律法规是社会信用体系建设的重要保障，更是实施征信监管的必要依据。一套完整的征信运作体系使得市场主体遵循市场化机制、保护消费者权益。

二、我国企业诚信法律约束机制存在的问题

尽管我国已意识到企业诚信在经济发展中的重要性，并已相继出台了一系列的法律法规，但是我国民营企业诚信法律制度存在的问题并没有得到很好的解决，而且在某种程度上这些问题已严重影响并制约了经济的发展。以河北省为例，我们先从两个案例着手来具体分析其中存在的问题。

（一）河北省"三鹿奶粉"事件

事件起因是很多食用三鹿集团生产的婴幼儿奶粉的婴儿被发现患有肾结石，随后在其奶粉中发现化工原料三聚氰胺。根据我国官方公布的数字，截至2008年9月21日，因使用婴幼儿奶粉而接受门诊治疗咨询且已康复的婴幼儿累计39 965人，正在住院的有12 892人，此前已治愈出院1 579人，死亡4人，另截止到2008年9月25日，香港有5人、澳门有1人确诊患病。事件引起各国的高度关注和对乳制品安全的担忧。中国国家质检总局公布了对国内的乳制品厂家生产的婴幼儿奶粉的三聚氰胺检验报告后，事件迅速恶化，包括伊利、蒙牛、光明、圣元及雅士利在内的22个厂家69批次产品中都检出了三聚氰胺。该事件亦重创中国制造商品信

誉，多个国家禁止了中国乳制品进口。2008年9月24日，中国国家质检总局表示，牛奶事件已得到控制，2008年9月14日以后新生产的酸乳、巴氏杀菌乳、灭菌乳等主要品种的液态奶样本的三聚氰胺抽样检测中均未检出三聚氰胺。

（二）河北省公布首批失信企业黑名单

2015年7月10日上午，河北省社会信用体系建设领导小组办公室召开新闻发布会，公布了包括22家企业的首批失信企业黑名单。其中，环境违法失信企业9家，建筑领域拖欠农民工工资企业13家，针对这两类失信企业的联合惩戒措施也在会上同时发布。

2015年年初，省政府出台的《河北省社会信用体系建设规划（2014—2020年）》明确提出，要完善守信激励机制、严格失信惩戒机制。河北省把群众关心、反映强烈的领域作为突破口，率先在环境违法和拖欠农民工工资领域推行黑名单制度并实施联合惩戒，标志着我省"一处失信，处处受限"的社会信用体系建设迈出了实质性的一步。首批失信企业的选定，总体上以近期发生、事实清楚、依据充分、影响较大为原则，首批黑名单集中曝光了失信企业名称、企业身份登记信息、法人代表、注册地址、案由及处罚结果等具体内容。河北省对列入黑名单的企业实施动态管理，信息公布期限一般为1年。1年届满并经整改后，企业可向处罚机构申请，撤出黑名单。

在联合惩戒措施方面，河北省将对列入黑名单的环境违法失信企业，在"信用河北"官方平台上进行公开发布。之后，发展改革、环境保护、国土资源、工商、水利、电力等部门及银行、证券、保险等金融机构将同时依法采取惩戒措施，涉嫌构成环境污染犯罪的，由公安机关依法查处。具体惩戒措施有12项，除了行政处罚与行政强制外，未按要求通过能评、环评审查的项目，有关部门将不得审批或核准该项目，不得予以备案，不得供电、供水。金融机构不得提供任何形式的新增授信支持，严格限制环境违法企业贷款和上市融资。有关部门不得提供土地，不得批准开工建设，不得发放生产许可证、安全生产许可证、排污许可证、发电供电业务类许可证。环保部门会及时将企业环境信用评价结果通报有关部门，并向社会公开，有关部门依法采取惩戒措施。

对于列入拖欠农民工工资失信黑名单的企业，省住建厅将会同省人社厅、省工商局、人民银行石家庄中心支行、省总工会、省高级人民法院，对其实施8项联合惩戒措施，包括：通过河北省市场主体信用信息公示系统向社会公示；供金融机构对当事人融资授信参考时使用，并进行必要的限制；由省高级人民法院列入失信被执行人名单；记入河北省建筑业企业信用综合评价平台，并将评价结果应用到企业资质评定和建设项目招投标环节。停止其投标资格。清出河北建筑市场；依法吊销营业执照；在各类评先评优活动中，进行必要的限制或者禁止。

由以上两个案例不难看出当前河北省企业诚信法律制度存在的几个问题：

一是企业诚信法律体系尚不完善。目前，调整我国企业诚信法律关系的法律法规主要有《民法通则》《民事诉讼法》《公司法》等。这些涉及企业诚信法律关系的条文没有针对性，规定分散，缺乏条理性、科学性、系统性，可操作性差，对企业失信惩罚的规定并不具体明确。因此，当遵守诚实诚信原则成为企业的一项重大成本负担时，这种企业诚信法律的不规范约束，致使企业违法成本过低，间接放任了企业的失信行为。

二是有关诚信的法律规定仍有瑕疵。由于我国有关企业诚信的法律，是在市场经济的早期建立起来的，好多做法、内容还有计划经济的影子，对经济发展的走势、将会出现的新情况明显预计不足，在调整范围、权力和义务的规定、量刑标准、应用时机等方面还需要进一步修订、完善。如：《公司法》对于企业虚假失信行为的惩处力度、失信企业的资格剥夺、侵犯商业秘密和虚假宣传等失信行为的惩治规定等均已不适应时代需要。

三是企业诚信信息的管理制度还未成型。从政府组织的角度上看，我国还没有专门的征信管理部门。管理的弱化导致了各类诚信信息，尤其是企业诚信信息得不到有效的整合，更谈不上应用。从目前来看，我国的企业诚信信息，主要是以经营行为记录的形式分散在工商、税务、银行、海关、质监等不同监管部门中，尚未形成一个可以共享的信息平台。在上述部门中，唯一成型的管理制度是央行对银行信贷诚信记录的评级和管理，国内金融机构已意识到诚信评估对防范信贷风险的重大作用。此外，由于各部门之间的壁垒，还导致了企业诚信信息公开程度低，范围小，获取难。

四是对企业失信违法行为的执法力度不够。一方面，受执法大环境的影响，我国部分行政机关在开展执法行动时往往采取一阵风式、运动式的执法方式，哪个地方、哪个环节出了事，就一拥而上，开展严打，对企业经营过程中的失信行为也不例外。这种方式容易使失信者产生侥幸心理，躲过执法风头以后，从事违法活动往往更变本加厉，长此以往，更容易使失信违法企业对法律权威产生怀疑。另一方面，我国现有调整企业诚信关系的法律规定中，有关失信行为的刑事责任和行政责任多，而民事责任少。

三、中国的企业家精神与法律意识

郑雅心女士创作的《死去活来——我与世界级企业巨头的对话》一书中曾讲过，中国没有企业家，还提出了一个问题，即郭纳士在中国能否成功？也就是说书里的世界级的企业巨头们在中国能否成功？这涉及中国的企业家问题。应当这样说，在中国国有企业里，很难有真正的企业家。这是中国企业的体制问题。如果不进行企业体制改革，不可能出现很多优秀的企业家。国外的企业家到中国来也很难成功。中国需要改革，尤其是需要进行企业改革，要给企业家创造一些环境和条件，只有这样，才能出现真正的企业家，才能出现成功的企业家。从目前来看，中国很多企业家出现在民营企业、新兴的高技术企业，原因在于这些企业市场化程度高，机制比较灵活。现在我国有一些优秀的企业家，如张瑞敏、柳传志等，但像这样的优秀企业家非常之少。笔者认为，从总体上讲，中国企业家的素质不是很高。为什么国外企业有的百年不衰？在国外一个企业平均寿命为30年左右，而在中国，除了国有企业，有的民营企业是各领风骚三五年。抛开企业的体制不说，重要的原因在于企业家的素质不是很高。非常明显的一个例子就是天津大邱庄的禹作敏，他是不是企业家？肯定是企业家。但是为什么最后落到进监狱直至自杀的下场呢？因为他不是现代企业家，他是在原有基础上发展起来的，从他的思想、理念到管理方式，还是按照封建的一套办法来进行，不可能适应现代社会和现代企业发展的需要。笔者认为，中国企业的成功发展，原动力在于培养更多的、高素质的企业家。

笔者认为，要形成中国的企业家阶层，培育更多的真正企业家，要注意解决以下几个问题：

首先，必须解决中国企业的管理体制问题。中国企业尤其是国有企业改革的方向是建立现代企业制度，现代企业制度的核心是有一个完善的法人治理结构。中国的国有企业为什么搞不好？为什么很难出现真正的企业家？主要是因为中国的国有企业产权关系不清，导致政企不分，责权不明，缺乏激励和约束机制。企业家需要激励，也需要约束，没有激励和约束，有谁能完全依靠所谓的自觉性来支撑事业呢？褚时健的例子就比较典型。褚时健是云南玉溪卷烟厂的负责人，由于贪污受贿，被判了 17 年，导致家破人亡，妻离子散。而当时褚时健给国家做了多少贡献呢？他把一个小厂变成了国家上缴利润的大户，云南省财政收入的一半出自于他们厂。而褚时健得到了什么呢？他当时名义工资一个月只有 3 000 元，甚至给他奖金他都不要。但另一方面他又有很大的权力，他是烟草专卖局的局长，没有人能约束他，他可以靠批条子赚钱，他找到了所谓"堤内损失堤外补"的办法。中国还出现了所谓 59 岁现象，因为企业的领导者是干部，60 岁就要退休。辛辛苦苦干了一辈子，回过头来看觉得很吃亏。因此到了 58 岁、59 岁就开始大捞一把，因为有权不用，过期作废。所以一些人晚节不保，贪污腐化，堕落为犯罪分子。出现上述情况不能用个人品质来解释，追究根底是企业体制造成的，对企业家缺乏激励和约束机制所造成的。我们为什么不能搞年薪制？为什么不能搞股票期权制？企业激励和约束机制是一个必须研究的重点议题。实际上，不仅在国有企业，在民营企业、高新技术企业中，也存在产权关系不清，法人治理结构不健全，激励约束机制不到位的情况。原四通总裁段永基先生曾经说过一句话，老四通的财产谁都说不出说不清。这才出现了联想裂变，新四通重组等。因此，在中国企业管理中，要建立一个新的激励与约束机制。这个机制可以让企业家感到是为自己做事，让企业家有动力，有压力，有成功感和责任感，只有这样企业家才能脱颖而出，企业家才会考虑企业的长期发展问题。

其次，把企业经营者从干部队伍中脱离出来。企业家和干部是两种不同的职业。干部是国家公务员，他要为政府负责，为人民服务。企业家是以经营企业为天职的一批人，经营好企业是他们的职责。如果仍然把企业家当干部来看待和对待，就会使企业有短期行为。东北有一个厂的厂长，搞垮了四个企业，又被安排到第五个企业去当厂长，上级领导说他是一个处级干部，必须安排他。一个真正的企业家，搞好了一个企业，身价就高了，很多企业都会来聘你；如果你把企业搞垮了，就没有人来聘用你，你就会丢掉饭碗，就会被市场和企业所淘汰。企业领导者只有在竞争中兢兢业业、踏踏实实地办好企业，才能保住自己的名誉和地位。

第三，中国企业的发展，中国企业家的成功，必须注意企业文化的建设。企业文化实际上是一种企业的精神和企业的力量，包括思想、道德、理念和行为规范等。企业的发展不仅靠物质文明，也要有精神文明。厉以宁教授写了一本书叫作《超越政府与超越市场》，认为在政府和市场都缺乏调节的时候和地方，道德的调节力量非常强。一个企业能不能有很好的企业文化，是这个企业能不能成功的重要因素，也是一个企业能不能团结向上的重要标志。成功的企业都有很强的企业文化。中国企业处在新旧体制转轨过程中，出现了所谓"企业文化断层"的问题。我们过去有一套管理文化，有的管理文化很优秀，有些则是计划经济条件下形成的传统文化，已不适应市场经济的需要。在企业向市场经济转轨过程中，有些人还不知道什么是市场经济的文化，以为坑蒙拐骗就是市场经济的文化。实际上市场经济的文化核心是公正、公平、公开、诚信。为什么我们出现了那么多的坑蒙拐骗现象呢？为什么假冒伪劣产品屡禁不绝呢？从文化层次来看，就是适应市场经济的文化并没有真正形成。因此，一个企业的成功，一个企业家的成功，需要塑造真正适应市场经济的企业文化，这是我们的一项重要任务。

四、政府与企业在诚信法制化中的关系

美国经济学家布坎南在他的公共选择理论中提出政府的"经济人"角色。布坎南以西方政治、经济与文化为背景提出的公共选择理论，从经济市场的分析推演到政治市场中，将政治市场主体的行为动机也假定为追求自身利益的最大化。虽然布坎南最初提出政府的"经济人"角色主要针对的是西方政府，但是随着新时期我国市场经济的发展，一些政府也开始默认自身特殊的经济利益的存在，它们利用职权之便，与上级政府或者政府其他部门争管理权、审批权、收费权、罚款权等，通过实施这些权力，在提供公共服务的同时，追求自身利益的最大化。

据惠州市博罗县科时公司司机蓝国峰举报，2003 年 7 月，他驾驶公司的车外出，中途一人拦车并许以高价要求搭乘，然而行至惠阳区地段时，突然被这个区交通局的执法人员喝令停车，那人则在作证后扬长而去，蓝随即被以非法营运的名义罚款 5 000 元。据知情人透露，惠阳区交通局稽查大队经常派出"车托"到几十里乃至数百里外的路段，以高价搭车为饵引诱外地司机到惠阳区受罚。该例子中的惠阳区交通局稽查大队，为了追求自身的利益最大化，通过不法手段，滥用处罚权，以不合法的方式进行罚款，以获取不法经济收益。

从上述案例中可以看出，一些政府及其部门完全忽视了自身公共行政的角色，忽视了为公众提供公共服务的本质要求，而将追求自身的经济利益放在了首位。政府的"经济人"角色定位，使得政府机构利用公共行政权力，谋取自身经济利益的现象时常发生，导致政府的诚信度大打折扣。

2005 年 7 月，洛河市政府与广州市南强塑胶有限公司签订协议书，同意南强公司在洛河市投资办厂。协议条款约定为使南强公司降低成本提高效益，至 2008 年年底如南强公司所办塑胶公司及回收公司月总用电量达 700 万度、用工达 600 人、年交增值税达 2 000 万元、年产值达 6 亿元时，洛河市政府将洛河市电厂交付给南强公司无偿使用。合同签订后，南强公司积极履行协议，于当年投巨资在洛河建成"洛河华强塑胶有限公司"和"洛河华强废旧物资回收公司"，且生产规模不断扩大。截止到年 2008 年底，这两家公司的月总用电量达 1 000 多万度、用工达 10 000 余人、年交增值税达 3 800 多万元、年产值达 8.5 亿多元，全面超额实现了协议书规定的各项指标，达到了洛河市政府交付电厂的各项条件。当南强公司找洛河市政府交付电厂时，洛河市政府借故推诿，不予履行协议。南强公司多次交涉未果，于 2009 年 2 月，向河南省高级人民法院提起诉讼，要求判令洛河市政府履行投资办厂协议书，将洛河电厂经营权交付南强公司，或在其不能交付的情况下，由其赔偿南强公司各项损失总计 5 000 万元。河南省高院对此案极为重视，院长三次亲自主持调解，最终双方达成调解协议：第一，《南强塑胶有限责任公司投资办厂协议书》和《补充协议》中关于交付洛河市电厂经营权、所有权的条款不再履行。第二，洛河市人民政府因不再交付洛河市电厂，赔偿南强塑胶有限责任公司 3 800 万元，由洛河市人民政府用地方财政收入作为赔偿款支付。

在这个案例中洛阳市政府为了发展地方经济与南强公司签订协议，两者成为平等的契约双方，缔结了行政合同。当南强公司履行了协议内容后，洛阳市政府却单方面变更行政合同，不予履行，导致南强公司在经济利益上遭受损失。

通过上述案例分析可以看出，一些政府在参与市场活动时，并没有认识到自身与企业的平等地位。政府机构即使与企业缔结了行政合同，由于缺少规范政府市场行为的法律法规，政府在参与市场活动的过程中，为保护自身利益不受到损失，往往朝令夕改、言而无信，单方面破坏行政合同的履行，导致许多与政府进行市场活动的企业都遭受了严重的利益损失。面对缺乏诚信的政府，企业往往找不到应有的诉求渠道，久而久之企业对政府的信任度大大降低，严重影响市场的正常运作。

作为市场的主体之一，地方政府需要资金，无论从理论上还是从实际上，都必须通过合法合规的渠道来选择融资方式，长期以来，地方政府通过融资平台公司等渠道举借政府债务，对推动经济社会持续发展发挥了积极作用，但违规举债、变相举债的现象仍时有发生。一些地方政府违规举债，或为企业举债违规提供担保承诺等，有些金融机构还为地方政府违规举债提供资金支持，并要求政府进行担保。其中，"明股暗债"等的变相举债行为也时有发生。

地方政府违法违规举债担保，看起来似乎没有什么问题，即拿着政府的信用去融资、去做担保，但是要知道地方政府不是盈利机构、没有盈利来源，在市场经济的背景下政府并没有创造财富的价值，有的只是他们手中的权力。滥用手中的权力，对地方政府的公信力是一种侮辱，对地方的经济发展更是一种不负责任的态度，也成了腐败的温床，譬如很多地方政府借款到期后明确告知对方没钱还，只能在某些关键行政审批上为出借人送上"通行证"，这种行为成为经济发展的"蛀虫"。

另外，地方政府欠钱的企业、金融机构的数字越多，越意味着会对越来越多的企业造成资金方面的负担。虽然说欠债还钱天经地义，但地方政府的不当行为也让企业、金融机构有苦说不出，不愿意配合的企业很可能会被扣上不合规的莫须有帽子，然后被地方政府取消营业资格。敢怒不敢言的企业也只能默默忍受钱被不断拿走的痛苦。

市场经济条件下，政府和公民、企业应当成为市场的平等主体，三者之间互相依托、互相平等，政府不能利用自身的权力而改变其在市场中的地位。然而由于我国地域广阔、地区经济文化差别较大，规则、标准往往缺乏统一，法律、法规赋予政府行政机关自由裁量权以应对这样的差异。政府行政机关本应合理运用这种法律空间制定政策法规，稳定市场秩序，为公民、企业的利益最大化提供良好的环境。但现实中时有发生的是，政府行政机关决策不够科学，政策和措施的出台缺乏远见，导致政令频繁变动，严重影响了企业的经营，侵害了他们的利益。不但如此，政府在初始行为和改变自己的行为时，均以公共利益作为理由，不由得让企业与公民心生疑问。政府行为缺乏持续性、连续性、稳定性，使企业无法以政府行为作为指引，企业的正常经营活动经常受到无辜牵连，利益严重受损。

第六章　市场经济的"形"与"魂"

在市场经济的环境下诞生了一大批民营企业，它们成为市场经济的主体，担负着市场供给和劳动力就业的主要任务，有些企业成为行业的领导者，并走向国际，但是诚信问题日益成为制约市场经济发展，甚至民营企业成长的最大障碍。"三鹿事件""安国硫黄麻山药事件"等就是其中的典型事件，由于"三鹿"的失信行为所形成的连锁反应，给中国乳制品的产业链造成了毁灭性的打击，直到现在乳制品行业轰然倒塌的信用大厦尚未完全恢复，除了数以亿计的损失，更重要的是国民对乳制品行业重建信任需要更长时间，我们不尽要问："三鹿"这样的大企业为什么还要失信呢？更可悲的是失信已经成为整个行业的潜规则，放眼当今市场，食品安全、产品质量、各种金融诈骗等现象大有愈演愈烈的趋势，在市场经济高度发达的今天为什么会出现这种状况，为什么市场经济这列快车在中国飞奔了近40年却在此时迷失了方向？

一、市场经济的"形"与"魂"

我们生活在发达的市场经济社会，这是一个伟大的时代，每个人所需要的任何东西都可以通过交换得到，即便是精神的也可以交换。但同时这也是一个最卑鄙的时代，在利益面前人性受到空前的拷问，在暴利面前人类的弱点和丑恶暴露无遗，比如有人曾把华尔街比作是人性堕落的阴沟。身处于市场经济中的我们不禁要问：市场经济要解决什么问题？交换背后的本质是什么？如果把市场经济看作一个完整的人，商品交换只是市场经济的"形"，诚信和法制则是市场经济的"魂"。

（一）我国市场经济的构成——市场经济的"形"

谈到市场经济必须要提到亚当·斯密这位经济学的鼻祖，其在1776年出版的《国富论》中对市场进行了如下的描述（如图1所示）：

1. 经济学家对市场经济的描述

亚当·斯密认为由于人的能力差别，人类天生具有交换的倾向，这是人的本性，他说

> 每人都在力图应用他的资本，来使其生产品得到最大的价值。一般地说，他并不企图增进公共福利，也不知道他所增进的公共福利是多少。他所追求的仅仅是他个人的安乐，仅仅是他个人的利益。在这样做时，有一只看不见的手引导他去促进一种目标，而这种目标绝不是他所追求的东西。由于追逐他自己的利益，他经常促进了社会利益，其效果要比他真正想促进社会利益时所得到的效果更大。

图1　亚当·斯密

——《国富论》（1776年）

"从来没有一只狗叼一根骨头同另一只狗交换",交换导致社会分工,社会分工提供了劳动率,又促进了交换,"给我所要的吧,你也会得到你所需要的",这就是市场经济形象的雏形。那么市场经济到底要解决什么问题呢?萨缪尔森在其《经济学》中指出"任何社会都必然遇到三个基本的和相互有关的经济问题,生产什么产品和生产多少?如何生产物品和谁去生产?为谁生产物品和社会产品总量将如何分配?(如图2所示)"他说这三个问题是基本的,而且是一切经济制度所共有的,但是不同的经济制度却以不同的方式来解决这些问题。解决这些问题有四种形式"习惯、本能、命令和市场",市场经济不过是人类在现阶段选择的一种经济方式,萨缪尔森把市场描述为"市场经济是一架精巧的机构,通过一系列的价格和市场,无意地协调着人们的经济活动。它也是一具传达信息的机器,百万不同的人们的知识和行为汇合在一起。虽然不具有统一的智力,它却解决着一种当今最大的计算机无能为力、牵涉到上百万未知数和关系的问题。"这是从经济学的角度来理解市场经济,即我们所说的市场经济,是在资源稀缺的前提下起到基础的资源配置作用,以及为实现这种资源合理配置建立所要求的市场机制。

我们之所以能够进行买卖,主要有两个基础,一是分工,二是自由交换。而市场在宏观的层面让我们每个人的自私自利成为了对所有人都有利的事情,这就是市场的伟大之处。市场经济是生产社会化和商品经济发展到一定高度的产物,一般来讲,市场经济包括四种最基本的经济关系,即生产关系、分配关系、交换关系和消费关系,在经济关系中交换是基本关系之一,是连接生产和消费的纽带。亚当·斯密在《国富论》里进一步指出了这一运转的基础是每个人追求个人利益,也就是被后人称之为市场这一"看不见的手"。

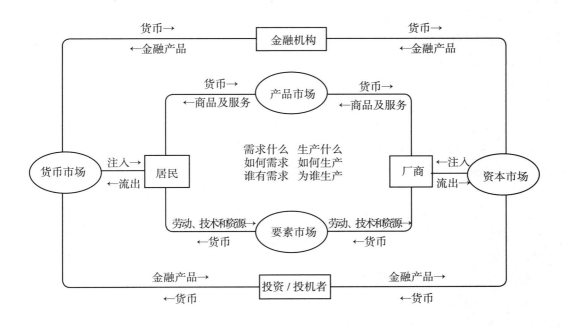

图2 萨缪尔森市场经济运行图

2. 我国市场经济的形成和发展过程

我国的市场经济从冲破思想束缚到正确认识再到改革实践的过程，主要分为三个阶段：

第一阶段，突破了完全排斥市场调节的大一统的计划经济概念，形成了"计划经济为主，市场经济为辅"的思想。20世纪80年代初，我国经济领域实行所谓的"双轨制"运行方式，即市场价格形成和政府定价同时存在，实质是在价格形成机制上尝试市场的作用，这一过程可以看作是我国对市场经济的初探，双轨制在经济活动中运行起来，并成为这一阶段改革最重要的特征。在实行双轨制的过程中，经济出现高速增长同时也出现了价格领域的混乱，进而涉及整个经济领域，出现了严重通货膨胀。在1987年中共十三大上，明确了经济体制改革的方向，当时小平同志提出要"加快建立和培育社会主义市场体系""逐步健全以间接管理为主的宏观经济调节体系""在公有制为主体的前提下继续发展多种所有制经济"。党的十三大提出了社会主义有计划商品经济的体制，是"计划与市场内在统一的体制"，运行机制是计划与市场并行的"国家调节市场，市场引导企业"的机制，这是在经济体制改革以市场为导向的思路渐趋明确的过程中，在由邓小平提出社会主义应当把计划经济和市场经济结合起来之后，确立我国市场经济的设想和尝试阶段。

第二阶段，80年代后期到90年代初期，党的十二届三中全会通过的《中共中央关于经济体制改革的决定》中首次提出"在公有制基础上有计划的商品经济"，确认"社会主义经济是公有制基础上有计划商品经济"的论断，突破长期以来把计划经济同商品经济对立起来的传统观念，重新解释了计划经济的内涵。

第三阶段，从根本上破除了把计划经济和市场经济看作属于社会基本制度范畴的思想束缚，确认建立了"社会主义市场经济体制"的改革目标。20世纪90年代初期到21世纪初期，1992年邓小平南行讲话中明确指出：计划将多一点还是市场多一点，不是社会主义与资本主义的区别。计划经济不等于社会主义，资本主义也有计划经济；市场经济不等于资本主义，社会主义也有市场。"党的十四大明确建立社会主义市场经济体制作为我国经济体制改革的目标，党的十四届三中全会通过的《中共中央关于建立社会主义市场经济体制若干问题的决定》，进一步明确了建立社会主义市场经济体制的基本框架。2003年，党的十六届三中全会做出的《中共中央关于完善社会主义市场经济体制若干问题的决定》，则进一步完善了社会主义市场经济体制，并提出了明确的目标和任务。2007年，党的十七大根据在新的历史时期要实现的经济发展目标，提出了在完善社会主义市场经济体制方面要取得重大进展的要求，市场经济体制初步建成。

十四大上决定建立社会主义市场经济，建立主要由市场形成价格的机制，逐步实现主要由市场供求关系形成商品价格的机制，是发挥市场对资源配置基础性作用的关键，是我国价格改革的目标。由市场决定价格的机制已经初步建立，今后，一方面继续放开某些竞争性商品和劳务的政府定价权，进一步扩大市场调节的范围；建立和完善政府价格调控制度的法规体系，制止乱收费，乱涨价；实施反垄断，反倾销，反暴利和打假措施，保持物价总水平的相对稳定。十六大报告关于市场体系的论述中指出，健全现代市场体系，加强和完善宏观调控，在更大程度上发挥市场在资源配置中的基础性作用；健全统一，开放，竞争，有序的现代市场体系，推进资本市场的改革开放和稳定发展，发展产权，土地，劳动力和技术等市场．创造各类市场主体平等使用生产要素的环境；深化流通体制改革，发展现代流通方式；整顿和规范市场经济秩序，健全现代市场经济的社会信用体系；打破行业垄断和地区封锁，促进商品和生产要素在全国市场自由流动。

从以上发展历程，不难梳理出市场经济转型发展的如下脉络：1992 年中共十四大正式宣布中国经济体制改革的目标是要在未来十年初步建立起"社会主义市场经济体制"。1993 年中共十四届三中全会通过《关于建立社会主义市场经济体制若干问题的决定》，这一决定为中国的经济体制改革制定了总体规划和行动纲领。1997 年在应对亚洲金融危机和通货紧缩的过程中推动了对市场经济的建设进程，从 90 年代中后期政府运用市场经济的手段调节经济以来，保持了我国经济近 20 年的持续快速增长。这表明中国已初步建立起由国家宏观调控的社会主义市场经济体制。2003 年中共十六届三中全会上正式提出要深化完善社会主义市场经济体制改革。

案例 1：我国多层次资本市场的结构框架

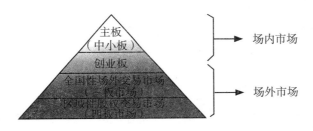

中国多层次资本市场架构图

图 3　中国资本市场结构

我国资本市场从 20 世纪 90 年代发展至今，由场内市场和场外市场两部分构成，其中场内市场的主板（含中小板），也称为一板市场，指传统意义上的证券市场（通常指股票市场），是一个国家或地区证券发行、上市及交易的主要场所。主板市场对发行人的营业期限、股本大小、盈利水平、最低市值等方面的要求标准较高，上市企业多为大型成熟企业，具有较大的资本规模以及稳定的盈利能力；创业板（俗称二板），2004 年 5 月，经国务院批准，中国证监会批复同意深圳证券交易所在主板市场内设立中小企业板块，在资本市场架构上也从属于一板市场，又称为创业板市场。创业板在上市门槛、监管制度、信息披露、交易者条件、投资风险等方面和主板市场有较大区别，其目的主要是扶持中小企业，尤其是高成长性企业，为风险投资和创投企业建立正常的退出机制，为创新提供融资平台，为多层次的资本市场体系建设添砖加瓦。2009 年 10 月 23 日，中国创业板举行开板启动仪式，首批上市的有 28 家创业板公司，2009 年 10 月 30 日，中国创业板正式上市。三板市场起源于 2001 年"股权代办转让系统"，最早承接两网公司和退市公司，称为"老三板"。2006 年，中关村科技园区非上市股份公司进入代办转让系统进行股份报价转让，称为"新三板"。老三板是为解决法人股流通而设立的一个交易平台，新三板在此基础上还有私募融资之功能；老三板挂牌交易的公司都是公众公司，而且都是经过合法的公开发行程序，并且符合我国证券发行资质的相关规定而挂牌的公司，而新三板的挂牌公司则是非公众公司，无须经过公开发行程序，只要符合新三板规定的挂牌条件即可；老三板的交易制度是按照主板的竞价系统进行配对成交，新三板的交易实行券商委托报价和配对成交，与美国纳斯达克场外交易市场模式类似；四板市场即区域性股权交易市场，是为特定区域内的企业提供股权、债券的转让和融资服务的私募市场，一般以省级为单位，由省级人民政府监管，是我国多层次资本市场的重要组成部分，亦是中国多层次资本市场建设中必不可少的部分。对于促进企业特别是中小微企业股权交易和融资，鼓励科技创新和激活民间资本，加强对实体经济薄弱环节的支持，具有积极作用，目前我国有许多地方初步建成具有一定规模的区域股权市场。随着新三板和四板市场的逐步完善，我国逐步形成由主板、创业板、场外柜台交易网络和产权市场在内的多层次资本市场体系（见图3）。经过近40年的实践探索，我国社会主义市场经济体制逐步确立，基本完善，市场构成要素诸如消费品市场、生产资料市场、资本市场、劳动力市场等基本形式并逐渐与国际接轨，实现了交换为主导的社会再生产循环，同时也只是市场经济的"形"，也就是在形制上具有了市场经济的特征，但这只是一个具有"形"而缺少"魂"的市场经济，缺少"魂"的市场经济只是一个躯壳，注定不会产生市场经济的效果，比较典型的就是资本市场，基本上是模仿了美国的市场结构，但我国的资本市场对经济的调节和推动作用与美国相比天壤之别，所以市场经济不能只有"形"，更重要的是要有"魂"。

（二）市场经济的"魂"

从理论上讲市场经济是在自由、平等和产权明晰下的交换，交换是人与人之间的交换，体现出人与人之间的关系，这种关系的背后是市场主体的诚信。人不只受利益的支配，同时人还受情感的支配，人是两者的平衡体。斯密在《国富论》中论述了市场经济产生的条件及存在的必要，这是在"经济人"假设的前提下实现的。然而在《国富论》中，斯密也探讨了交换与情感的问题，在出版《国富论》之前，1759年他出版了著名的《道德情操论》（如图4所示）。

亚当·斯密在交换中把人设想为本能的自私动物，这只是人的一面，人的另一面则是具有情感的动物，《道德情操论》要证明的是：具有利己主义本性的个人是如何在交换关系和社会关系中控

图4　道德情操论

制自己的感情和行为，尤其是自私的感情和行为，从而建立一个在规范的行为准则下的活动规律。然而身处急剧变革的市场经济大潮中的每个中国人面对着急剧拉大的贫富差距心理压力巨大，同时"毒奶粉""假品牌"等各种各样的市场信用问题层出不穷，人们身处其中又常常感到被自私、虚荣、妒忌、仇恨、贪婪和背信弃义等不道德的情感所包围，导致更多的人失去自我克制等人性的美德。这些不道德和道德、失信和守信的行为，正是200多年前现代经济学之父——亚当·斯密在撰写《国富论》之前，甚至在写完《国富论》之后一直不厌其烦反复思考的焦点——人在追求物质利益的同时，也要受到道德观念的约束，不要去伤害别人，至少是客

观"利他"的，这种"利他"的道德情操是人类永恒的追求，只不过在市场经济阶段被纯粹的"功利主义"所掩盖。而在市场经济中，每个人对这种人类朴素情感的保有和维持对整个市场经济的和谐运行，乃至社会经济的持续发展至关重要，因为交换毕竟是人的交换，交换的最终目的是为人服务的，不是为人类创造物质服务的，被异化的劳动是人性的扭曲。亚当·斯密在《国富论》中所建立的经济理论体系，就是以他《道德情操论》的这些论述为前提的，《道德情操论》和《国富论》不是亚当·斯密独立的两部著作，而是其整个写作计划和学术思想体系的两个有机组成部分。《道德情操论》所阐述的主要是伦理道德问题，《国富论》所阐述的主要是经济发展问题，是我们"聪明"的后人将其分开，归属于两门不同的学科，前者属于伦理学，后者属于经济学。亚当·斯密把《国富论》看作是自己在《道德情操论》论述思想的继续发挥，从斯密的两部著作中我们可以总结市场经济的全貌。首先，交换是人类的本质，交换的主体是独立、自由和平等的，在市场经济中，人是平等、自由决策的，是其经济行为的决定者，其所进行的经济活动是自由而自主的活动，交换是自由、平等的主体之间自愿发生的契约关系，并形成对双方都有制约作用的承诺与规范，这是市场经济的前提；第二，市场经济以承认个体价值和个体利益为基础，市场经济中的个体是以追求自身经济利益为其行为动机的，在经济活动中，交换主体主观是实现自身的经济价值，客观上同时可以实现社会价值，这是市场经济的"形"；第三，市场经济有其内含的精神，不是简单得像我们现在的网络购物一样，你买我卖，没有道德底线，只要有人买就有人卖，市场经济的交换有着严格的伦理规范要求和商业信仰，商业信仰是对商业本质的理解，是对商业最终目的的追求，是人的价值信仰的体现。作为人类文明的高级阶段，市场经济有其特有的价值观念，这些价值观念除了自由、平等以外，在追逐经济利益最大化的背后是以商业信仰为基础的契约精神和商业伦理，这就是市场经济的"魂"。

保定市有家理发馆叫"婷婷理发室"，理发馆只有十几平米，经营者是一位年逾五旬的女理发师，其专注理发三十余年，公众假期是她最忙的时候，她的观点是：人们在假期外出时都想有一个好的形象，我既然是一个职业理发师，让我顾客都满意的出门是我的职责，何况大部分都是我的老顾客。她很少按时用餐，只要有顾客等，她就先给顾客理发，她说尽量不让顾客等待。她的价格一直很固定，即使在春节期间也不像其他理发馆一样借机涨价，很多顾客要求她涨价，她说这是乘人之危，自己良心上过不去。这位理发师体现的就是一个职业商人的基本商业信仰和职业道德，她没有读过经济学，更没有上过所谓 MBA 之类的高级管理课程，而我们很多的所谓"企业家"在商业信仰上还不如一个理发师。

所谓契约精神，就是商品交换过程中必须建立的契约关系以及内在的原则，是一种自由、平等、守信的精神，交易双方自愿交易，各自承担属于自己范围之内的风险。市场经济是讲规则、讲道德的诚信经济，诚信经济指的是经济生活和经济活动的所有参与者包括经营者、消费者和管理者都要诚实信用，否则交换就不能正常进行。契约精神包含平等、自由和诚信，其中诚信是契约精神的内核，也是契约从行为上升为精神的文化基础，当诚实守信成为契约精神并以文化的形式存在，诚信才真正成为社会普遍遵循的道德规范。契约精神与法治精神具有内在共生性，首先，契约构成了现代法治社会的基石，并且体现于国家、社会生活的各个方面，法治社会实质上是现代社会规范的体现，是对普遍认同的行为规则的公共化。在法治之前人与人之的关系以血缘关系、地缘关系和神权关系为纽带，当人与人的关系超出了血缘、地缘和神权，就必然形成了契约关系，因此，不同的个人通过达成契约而连结在一起，超越了血缘关系、地缘关系和神权关系；其次，法律是公共规则，只有当多数人的行为具有共性的特征时，才有可能上升到法律，在社会层面，契约构成了人们交往的本质，是现代社会文明发展的基石，也是法治社会的构成要素之一。诚信守约是契约精神的体现，契约精神是一种代表了人类文明和进步的文化标记，是现商业文明赖以存在的基础，"诚信"是维系市场经济活动的内在道德精神，内化为契约精神。契约精神是保证交换过程中契约的订立和执行，是为了保证交易活动的有效性，这是超出血缘、地缘关系的一般人与人交换实现的保证，每一个交换过程中都包含着承诺和守信，都体现着权利和义务的辩证统一关系。随着市场经济体制的建立，传统的诚信秩序已被打破，却没有相应建立关于诚信建设的专门法规体系，只是在部门法中，像《合同法》《担保法》等下位法律中规定了诚信的条文，在上位法中还没有直接的专门诚信法规。市场经济发展与法治展精神与诚信观念有着极其密切的天然联系，西方的启蒙思想家以及资产阶级的经济学家们正是着眼于交换的这一本质，几乎一致地将市场经济的本质规定为"契约经济"或"信用经济"。《国富论》和《道德情操论》给西方世界所带来的深远影响，对处于市场经济初期的我国，乃至于对身处这场变革中的每个人，都应该更深层次地思考交换背后的本质。

回顾我国走过的市场经济的历程中，我国的市场经济不断创造着神话，股市、基金、房地产等，热点不断造成市场的大起大落，这本身就说明我国市场经济的不成熟，市场炒作也是在这种不成熟市场中的典型表现，主要是国人对市场的认识和误解造成的以及人们的"投机意识"作祟，改为市场经济就是贱买贵卖，这种"投机意识"衍生为"博傻理论"，也从一个侧面反映了我们对市场经济本质的不理解。以资本市场为例，在资本市场我们模仿了西方的所有制度，但是，中国的股市表现却并没有起到经济晴雨表的作用，与世界资本市场变化规律相悖，监管不力、三公缺失、重融资、轻回报等，这些看似体制、机制的问题，实质却是缺乏对市场经济的理解与信仰造成的。中国股市就是一个所谓的企业家"圈钱"的场所，没有对投资人的回报负责，同时投资人也没有希望从投资回报中获得收益，而是从买卖炒作中获利。因为中国股市的诞生就是为了解决国有企业的资金困难，而不是在市场经济中自然产生的，"国企"本身就是一个"政治单位"，不是真正的市场主体，由于机制落后、效益低下，国有企业不仅拖累了国家经济，同时也消耗着国家大量资金，浪费了大量资源。如何"救活"国企是我们股市建立的初衷和背景，因为从股市中筹集的资金，不需要偿还，也不用支付利息，因而各地争抢发行指标，把许多僵尸企业和特权企业包装上市，到中国老百姓的口袋里去直接掏钱，老百姓天量储蓄就这样被"转化"为资本金，流向了这些企业，从而挽救了大量大型国企和中国经济，这是造成目前中国A股市场的"原罪"，在此不想对中国资本市场做更多的延伸。目前我国大量最具活力和创新力的中小企业受尽煎熬，无法得到长足发展的主要原因是融资难、融资贵，大量资本流向了房地产行业和互联网行业，金融行业在自娱自乐，大量资本空转与实业脱钩，造成了我国现在其他工业凋零这个不争的事实。追其根本原因是我们对市场经济的理解还停留在西方重商主义阶段，认为财富就是在交换的贱买贵卖中产生的，所以就出现了市场经济中的各种炒作现象。造成市场经济虚假繁荣的背后是泡沫，一旦泡沫破裂带来的就是经济的灾难，这是一种"博傻心理"造成的，交换中的个人在利益面前失去理性，每个人都不认为自己是这一链条上最"傻"的，总相信还有比自己更"傻"的人，连自己都不相信的市场炒作的价格，也要去买，如一棵君子兰价值几十万，一只藏獒价值上百万，因为每个人都认为会有人以更高的价格在购买从中渔利，只要有市场经验的人都知道，价格没有只涨不落的，"价格泡沫"会在最"傻"的人那里破灭。中国的市场经济不是等价交换，而是通过交换占有他人的财富，通过交换手段实现财富转移，达到"一夜暴富"，从根本上违背了亚当·斯密交换思想的本质，是一种扭曲的市场经济。

案例2：疯狂的房地产

2008 年以后中国开始进入房地产的高速增长时期，这本也无可厚非，从历史看房地产是许多发达国家的支柱产业，但是中国房地产却逐渐走向了"炒作之路"。2015 年以后的楼市只能用"疯狂"一词来形容，在此笔者不对中国房地产疯狂的原因做过多的解释，只是想让读者思考炒房者的心态。面对购房者旺盛的购买力，尽管中央和地方政府多次限购，但是每次限购的结果就是又一轮推动房地产价格的上涨，反过来人们对楼市政策收紧的预期，也让整个市场充满了"火药味"，似乎房子成了最有价值的投资品，人们因此变得更加疯狂。

炒楼热的同时，房地产市场亦充满诸多乱象，购房者手中拿着开发商给的牌子在售楼处门口排起长长的队伍，"假离婚""假结婚"的购房者比比皆是。上海有一个人为买房结婚、离婚七次之多，30 岁的年轻人和七旬老妇结婚，这不是爱情的力量，这是房地产的力量，面对价值上千万的房产，购房者就像在菜市场买白菜一样随意。房地产这场盛宴何时结束？中国有句古话叫"天下没有不散的筵席"，疯狂过后的残局总是要付出代价的。房地产的炒作并不是中国的第一次，回想整个市场经济发展的历史，1984 年君子兰被命名为长春市市花之后，君子兰开始被人为炒作，价格一路飙涨，一度君子兰被称为"绿色金条"，珍品君子兰的市价超过万元甚至十万元，价格是长春人月收入的几倍，甚至几十倍，整个社会疯狂了，当时每天走进长春各君子兰市场的市民高达 40 万人次，占全市人口的五分之一，第二年政府采取行政手段抑制超高的花价，君子兰价格贬值约 100 倍，史称"君子兰事件"。可悲的是历史总是惊人的相似，这样的泡沫事件每过一段时间就会以不同的产品爆发出来，之后的"普洱茶""藏獒"，乃至现代的"互联网金融"，其本质是相同的。市场经济是通过交换实现人类的再生产，市场经济的规律排斥这种大起大落的价格变动，亚当·斯密在《国富论》中就否定了重商主义，而我们还在热衷于在贱买贵卖中牟利，这就是对是市场经济本质的不理解，必然使我们在市场经济的大潮中迷失方向，丢掉市场经济的"魂"。亚当·斯密说过，可能出错的事情和完全不可能出错的事情之间的主要区别在于，一旦完全不可能出错的事情最终出错了，这个错误往往无法挽回或者根本无法补救，尤其是房地产的炒作将贻笑大方，并且贻害无穷。

商业伦理研究的是商业活动中人与人的伦理关系及其规律，是确定商业主体之间、商业与社会之间的伦理秩序。诚信作为内在的精神必须外化为伦理秩序才能成为人们交换行为的规范，商业信仰作为内在修养回答的是"我（商业及商业主体）"是谁？"我"为什么存在？商业伦理回答的是"我"如何存在的问题。在商业伦理的秩序下，商业主体首先应该遵守商业行为的原则和规范，具有优良的商业精神和商业道德，在商业领域建立经济与正义，经济与社会相一致的秩序，由此不仅能促进经济实现良性循环和持续增长，而且能使商业起到激励和促进每个人自我完善，并使商业与社会协调发展相一致，这才是商业的本质。

市场经济是人类自己背负的十字架，没有哪个上帝能为人类解脱，这是人类文明的一部分，只有靠人力自己在前行中探索。发生在 2015 年中国资本市场的"宝万事件"，国民有各自的观点和看法，甚至针锋相对的意见和立场，人们的情感在商业中得到空前的宣泄，愤怒、嘲笑、谩骂、指责充斥网络，但是对此事件的深入思考却并不多见。资本没有善恶，但资本行为所产生的后果，会改变现有的商业秩序并产生一连串的社会连锁效应，这是需要深入思考的商业伦理问题。宝能系如此垂涎万科的另一重大原因，即是万科极高信用评级所带来的低融资成本。据资料显示，万科的发债票面利率不到4%，而宝能过去地产项目的融资利率成本都超过10%。宝能系采取"偷袭"式的资本入侵，不应该成为现代乃至于今后"市场经济"的主流模式，事件典型地说明了我国市场经济中商业伦理的缺乏。

二、诚信与非诚信的博弈——劣币驱逐良币的困惑

唯利性是市场经济的本性，但是市场主体对利益的追求应该受到市场约束机制的限制，否则对利益的无限追求会导致市场的无效，市场的唯利性与市场的约束机制是相互平衡的关系。由于失信成本小导致企业失信，失信者的成本外化，由社会承担失信者的成本，导致失信现象较多。这就产生了劣币驱逐良币的现象，失信企业越得不到惩罚，失信的企业就越多，愿意守信的企业也就越少。

当今中国市场充斥着各种失信行为，对眼前利益的追求在吞噬着企业的良知，荼毒着人们对市场的信任，市场的诚信就像公共绿地被肆意践踏，制假、售假的欺诈行为不但没有受到社会制裁付出应有的代价，反而迅速积累了原始资本，这笔滴血的原始资本凭借低成本迅速膨胀，成为奸诈者横行市场的利器，甚至是炫耀和贿赂的工具；相反守信的经营者面对大量市场失信行为的冲击茫然无助，甚至在死亡边缘挣扎，或是付出高昂的成本，更有甚者，技术企业诉诸法律即便获得胜诉，等来的也只是无法执行的无奈。

案例 3：定州小作坊生产有毒塑料拖鞋

2016 年 3 月有人爆出市场上充斥各种花色品种繁多，价格便宜的拖鞋，但有刺鼻气味，为此记者探访了定州小作坊生产有毒拖鞋的过程。调查中发现，"有毒"拖鞋都是使用旧料做的，正定县南牛村是远近闻名的拖鞋生产基地，村里有很多人家在从事拖鞋生产。记者在暗访中一家拖鞋厂时老板这样说："味大的就是旧料，所谓的旧料，就是从垃圾堆里捡来的破旧拖鞋，然后拿回来一粉碎，回头再接着做成新拖鞋"。

老板还说，由于旧料价格便宜，所以很多拖鞋厂家都会选择用旧料冒充新料生产拖鞋，尤其是男拖，基本上全是旧料做的，原因是成本低，一吨旧料只有 3 000 元左右，而一吨 PVC 是 6 000 多元一吨，旧料生产的有刺激气味的拖鞋依靠低价大量充斥市场，用 PVC 生产的正品受到严重冲击，生产商说："只要不出口，没什么严格的要求，都是内销。""自己不穿，别人穿，

能卖就行，没有人知晓国家标准"。由于"旧料"价格便宜，销路好，又催生了大批从事拖鞋废料生产的家庭作坊，他们直接将大量的废旧拖鞋粉碎，据作坊老板介绍，对于大厂家，他们只做第一道工序，在石家庄进行第二道工序，然后鞋厂再把这些原料做成鞋。"隐身"在荒野中的非法塑料企业没有任何审批手续，与执法者"打游击"，或是谎称不知道该类企业需要审批，也不认为生产过程会产生污染。此类情况还发生在用医疗垃圾制作一次性餐盒等诸多行业。

经济学对诚信的解释是市场主体之间的博弈，因为我们完全可以这样假设：企业是理性的人，理性人从利己主义出发所做出的策略选择必然是使自己的利益最大化。诚信其实就是一个主体之间的理性均衡，但这种均衡往往是不稳定的，会不断地演进，在市场机制完善的环境下交换，如果博弈是重复发生的，企业就会更倾向于诚信，失信者获得的是短期收益，必将失去长远的利益，而在市场机制不健全的市场中交换，就会出现"劣币驱逐良币"的现象，根源是失信者会获得更多的收益。企业作为"理性经济人"，"他"会追求自身利益最大化，只要"他"认为失信行为带来的额外收益远大于"失信成本"，就会做出失信行为。因为博弈理论认为博弈双方总是从自身的角度出发去寻找自己的最优策略。由于市场监督机制不健全，信息传递不畅，加之受经济利益驱使，企业会在持续的交易中失信，换句话说，失信行为被发现的可能性越低，交易方选择失信策略的可能性就越大。在当今的社会监管和严厉惩罚的前提下，大企业选择诚信的可能性较大，因为他们失信容易被监督和发现，如果像以上案例中大量的民营小企业的失信行为被发现的可能性越低，企业选择失信策略的可能性就越大，即使被发现所能承担的违约成本也很低，至多企业被查封，况且有的企业本身就没有合法身份。

在一次博弈中，为了获得最大收益或者为了避免获得最小收益，不诚信是双方的最优选择。这一结果与现实中的普遍商业欺诈情况吻合，在两个陌生的企业初次合作时，在没有彼此信任感的情况下，进行这样的"单次交换"，双方都认为讲诚信的风险很大，成本较高，于是双方均会采取不诚信的策略。在重复交易中，市场参与者可以不断观察对手的行为以保持或调整交易策略，这使得市场参与者可以据此建立起各自诚信的名声，想要合作的双方，总是希望对方能相信自己的诚信，建立起一定的信任关系。如果企业失信将招致报复，交易者会更倾向于选择"诚信"策略，是因为双方都想获得长远的经济利益，但这种情况只是在完全信息动态模型下的情况。如果从经济利益角度出发，企业为了追求短期收益最大化，没有理由采取诚信经营，而是会选择不诚信经营的策略，因此，单凭企业自身利益判断而做出的策略选择，很难实现自觉地诚信经营，真正的社会诚信博弈是企业群或产业链的博弈，同时也是企业与政府之间的博弈，是社会交易成本的问题，由于企业追求短期内的经济利益，采取不诚信的经营手段侵害了消费者的利益，采取欺诈、拖欠等手段获利，降低了整个社会的福利。政府是全体消费者利益的保护人，社会福利的维护者，因此对企业进行适当监管，对失信企业进行处罚是基本手段，但是，政府监管也是需要付出成本的，政府也必须在成本与社会利益之间进行选择。这就是企业和政府之间也要展开博弈。

政府首先要对所有企业进行长期监管，政府首先要发现哪些是诚信的企业，哪些是失信的企业，为了降低政府的监管成本，政府要设立预防和监督体系，如消费者举报制度等。如果政府发现企业是不诚信的，在政府的处罚整顿、媒体的宣传曝光之下，该企业或者关门倒闭，或者因为害怕再次被政府罚款而选择诚信经营。所以，企业与政府之间的博弈，与企业与消费者之间的长期博弈不同。在企业与企业的完全信息静态博弈模型中，同样理性的两个企业均会选择不诚信经营，以获得短期的最大收益或者避免受到最大损失，而且企业选择还与失信企业被发现的概率和处罚力度有关，如果失信被发现的概率小，被处罚的力度低于失信收益，不诚信成为唯一的选择。在企业与政府的完全信息静态博弈模型中，政府对企业经营进行监管，是企业选择诚信经营，必须满足两个前提：一是政府对失信企业的发现概率足以影响企业的选择，即企业不敢存在侥幸心理；二是政府对企业不诚信经营的罚金必须大于企业不诚信经营的收益总和。英国对价格欺诈的处罚是建立在合理推定基础上的，假如一件商品的价格欺诈是 5 单位，政府处罚是其 4 倍，处罚金额是：（当年库存 + 当年销售量）× 经营年限，计算出欺诈商品总量，再以每件欺诈 5 单位乘以 4 倍计算。而我国目前的市场监管尚不能满足上述两个条件，所以企业失信行为呈逐年上升趋势。

三、传统的诚信观与市场经济诚信观的错位

（一）传统宗法社会诚信与市场经济诚信的比较

诚信文化是中国传统文化的重要内容，中国传统宗法社会的诚信从属于伦理道德的范畴。中国传统宗法社会中诚信的内涵包括伦理诚信、自身诚信、商业诚信等内容。中国传统诚信产生于先秦时期，在《论语·学而》中子曰："君子不重，则不威，学则不固。主中信，无友不如己者。过，则勿惮改。""信"是伦理关系中平辈或朋友交往的一个重要原则，子曰："人而无信，不知其可也""与朋友交，言而有信"。"信"者，诚实，不欺之意。孔子在谈到"信"时往往与"忠""诚"相联系，"诚"在儒家思想中不仅是道德规范，而且是道德本体。"信"是自身的修养，是一种"自律"，而非"他律"。"信"的含义就是诚实不欺、恪守诺言，忠实地践行自己的许诺。可见，在中国宗法社会的文化里，诚信完全是对个人道德品性的要求，是对己德、言、行的规范，是一种纯粹的伦理观，没有任何经济意义和法律约束，主要靠个人自觉来保证的伦理规范。

现代诚信起源于古罗马，是在西方"市民"环境下形成的，它萌芽于古罗马时期繁荣的简单商品经济，发展于罗马帝国时期，扩张于现代社会，体现商品经济活动中的契约精神，作为市场经济的产物，是维持交换关系的基础。西方社会契约论学者将诚信解释为一个人对他人的承诺与履约的法律责任，西方诚信的本质是指法律诚信，即诚信是对法律、契约的信守与承诺，发展过程与人类交易行为密切相关，经济始终是其存在与发展的主线。因此，这是现代诚信与我国传统诚信的本质不同，现代诚信是经济意义上的，是将道德法律化、制度化；中国传统的诚信是把道义与物质利益截然对立起来，这种不重视利益的伦理本位的价值取向，使儒家"诚信"局限于伦理关系，进而推广到君臣关系、血缘关系，甚至是地缘关系。虽然中国传统诚信也延伸到交换领域，但是在中国两千多年的封建社会，交换毕竟不是社会的主要经济形态，即便是在商品交换中的"诚信"也归属于儒学的道德范畴，所以在中国古代提倡"儒商""道商"，"经商"只是"儒"的外化形式，是"道"的实现手段之一，所以不可能形成独立的经济伦理。发源于西方的现代诚信观，一方面在当事人之间及当事人与社会利益之间确立

了一个标准，随着社会发展而成为民事法律中的条款；另一方面作为民法的基本原则是以具体法律为载体的，使诚信由"道德"软性约束概念上升为"法律"的硬性约束，所以现代诚信的内涵是经济的、法律的、制度的。

由此可以看出，中国传统"诚信"适应于以自然经济为基础的宗法社会，不适应以交换为主的商品社会，传统诚信与现代诚信是错位的。

现代社会的诚信以商品经济为基础，以民法为保障，以社会中自然人和法人的自由选择为前提，体现的是公民和法人间的一种契约精神，是对契约、规则、法以及自身人格的忠诚和信誉的保证。在以市场为导向的现代社会中，经济主体之间的经济交往范围得到了最大限度的拓展，经济交往已不再局限于亲情、血缘、地缘，而是跨地域、跨文化进行，交易对象的流动性较大，因此，主体之间的信任关系必须由传统纯粹的伦理关系推及到超越血缘和地缘关系的社会人之间的信任关系。也就是说，在现代市场经济条件下，现代诚信所倡导的应该是普遍意义上的信任，而这个普遍意义上的信任的主要基础就是利益、平等和自由。也正是高度发达的重复交换和自由竞争，迫使人们不敢欺诈或不能欺诈。因此，现代意义上的诚信，其出发点是保证社会交换活动得以顺畅进行，保证利益双方都能获得自己应得的利益，从而达到一种双赢或多赢的目的。

（二）现代中国市场经济的文化基础

我国近现代虽然实现了市场交换，但只是在形式上运用了西方的生产方式，实质还是我国传统文化的延续，甚至变化为一种特殊形式的存在。中国历史上第一次大规模学习西方的城市方式就是"洋务运动"，它与真正的市场经济相距甚远，"洋务运动"是"官办"，至多是私人名义的"官办"，而真正的市场经济是以"私人"为市场主体的自由、平等、竞争的经济形式。

新中国建立后的现代阶段，我们建立的是以马克思理论为指导的意识形态，由于对马克思理解的偏差和受苏联的影响，中国奉行了三十年的计划经济，是以是以消灭市场经济为目的的。改革开放之后，我国社会主义市场经济体制建设取得了巨大进展，但在这短短三十年的时间里，是不可能建立完善的市场经济诚信体系的，所以在经济乃至于政治、文化等各个领域都存在着诚信缺失的问题，我们称之为转型期的诚信缺失。造成这种状况的原因是多方面的，其中之一就是传统诚信观念在很大程度上与市场经济错位，例如我国的社会诚信在很大程度上还是体现血缘、地缘和宗缘的人与人的关系，缺乏法律约束，无视契约精神，社会交往过程中诚信的践行主要靠主体的道德自觉，在传统诚信道德弱化与法制不健全的情况下，不少人便铤而走险，为一己之私、一时之利制假售假，追求短期利益，坑害他人牟取暴利，同时受传统诚信关系的不对称性的影响，有些政府或国企占据垄断地位，牟求暴利却不承担义务，例如政府的不作为、乱作为，银行的霸王条款，国企的违约等现象层出不穷。传统诚信观是排斥私人利益的，所以我国不少人认为市场经济就是为了利润无所不用其极的经济形式，于是有些人把讲诚信与赚钱对立起来，以为想赚钱就不能讲诚信，便不择手段地敛财致富。所以，对传统诚信观应有较全面的认识并实现超越，以适应我国市场经济的发展要求。

第七章 高杠杆环境下的诚信危机——失信环境

杠杆又称为债务杠杆，指以较低成本取得资金融通部分的投资，以提高投资报酬率的操作方式。据专业机构估算，到 2015 年底，我国非金融部门负债总额大约为 175 万亿元人民币，占 GDP 的比重接近 260%。这里的负债包括了银行的本外币贷款、国债、地方政府债券、企业债、信托、银行表外信贷及非金融企业和政府部门的外债（不包括理财产品）。截至 2016 年第一季度末，全国商业银行的不良贷款额达到 1.4 万亿，不良贷款率也达到了 1.75%。据银行内部报告数据显示，一些地方股份制商业银行的不良贷款率实际已达到了 8%—10%。风控压力测试显示如果全国银行不良贷款率达到 7.62%，则全部资本都会被坏账吃掉，这说明银行爆发系统性坏账概率的可能急剧增大。数据统计自 2013 年以来，有 40% 左右的新增信贷被完全用于偿还利息，如果银行一旦停止放贷，将会有许多人出现债务违约。令人担忧的是我国杠杆率攀升不仅速度惊人，而且也没有减缓的态势，国际经验表明，如果短期杠杆率上升过快，一旦出现金融问题，如资产贬值、汇率危机等，我国暴发大面积的违约将是不可避免的，更可怕的是会出现多米诺效应。目前信用债市场出现越来越多的违约迹象，也出现了国企甚至央企连续违约的势头；各类理财平台违约呈爆发趋势上升，理财平台背后的资产质量也令人担忧，很多潜在的风险也开始被市场关注，首先是债券市场普遍存在的杠杆问题，其次是大量资金通过"委托理财"的方式进入债券市场。

一、高杠杆环境是造成违约的土壤

2015 年被称为"杠杆年"，股票的杠杆在牛市后出现断崖式股灾，2016 年的房地产杠杆效应，都是高杠杆的结果，严重会导致系统性的金融风险，国家不得不救市，增加货币的流动性，保证金融市场的稳定。尽管央行已在强调，我国的杠杆率远高于大多数新兴市场经济体，但尚在可控范围之内，但是这种高杠杆环境却加大了违约风险和风险传递，高杠杆环境下的违约率明显上升，2008 年爆发的金融危机，根本原因也是由于次级贷衍伸出的高杠杆债务链条崩塌，影响全球经济至今。

运用杠杆融资手段进行企业收购这种并购方式在欧美等金融发达国家并不少见，并且有一套成熟的金融体系来完善运作。最常见的杠杆收购方式，是收购企业利用被收购目标企业资产的经营收入，来支付并购价款或作为此种支付的担保。换言之，收购企业不必拥有巨额资金，只需准备少量现金，加上以目标企业的资产及营运所得作为融资担保，即可并购任何规模的企业。这种方式也被称为高度负债的收购方式。

在我国债券市场政策放松和改革深化的背景下，2015 年我国债券市场规模稳步增长，债券发行主体持续扩容。由于我国经济持续面临较大的下行压力，产能过剩行业、强周期行业和抗风险能力较弱的中小企业的经营面临着严峻挑战，导致我国债券市场信用风险加速暴露，违约事件密集发生。2015 年，我国公募债券市场发生了首例国企债券违约事件，城投企业和上市公司也出现了债券违约，同时中小企业集合票据、集合债券和中小企业私募债券发生了发行人违约，担保人进行代偿的信用风险事件进一步增多，债券市场违约现象进一步趋于常态化。

在高杠杆环境下，企业缺乏对项目的可行性研究和商业化分析，盲目大量运用高成本融资，企业抗风险能力变弱，一旦项目出现问题企业违约是必然的。在企业融资过程中层层担保，长三角的一个企业担保体系涉及 70 余家其他企业，有的企业甚至不知道担保对象，一旦一个企业出现债务问题就会引起连锁反应。2015 年上半年的场外配资热和个别地方的交易所热，形成了高收益的场外巨量资金，一旦出现资产配置问题，就慌不择路地投入高收益、高杠杆、高风险投资品的怀抱。加上中国信用环境不良，一些部门监管滞后，风险即便不从股市爆发，也会从民间理财市场爆发。

从债券的信用等级调整情况也可以看出，虽然 2015 年我国债券市场发行人主体信用等级调整呈现出较为明显的调升趋势，但投机级评级数量有所上升，投资级别大跨度下调至投机级的数量大幅增加，我国债券市场的信用风险正逐渐暴露。2015 年，债券市场违约风险延伸，债券违约从私募发展到公募，从民企逐渐扩散到央企，从企业债扩散到短融。在行业分布方面，违约事件主要分布于产能过剩的钢铁、煤炭、有色金属、机械设备制造等强周期性行业，从地区分布上来说，违约发生地带主要集中于东部沿海省份和中西部的四川、重庆、内蒙古。综合债券、信托的违约事件——P2P 跑路潮及 O2O 倒闭潮，从行业来看，钢铁、煤炭、有色金属、制造业、房地产等为传统信用风险的高发领域，部分原因是行业下行趋势导致了产能过剩，除此之外，企业自身经营不善也是导致违约的重要原因。

二、互联网金融放大了杠杆作用，信用环境进一步恶化

随着互联网在中国的普及，互联网被神化，金融也借助互联网这一形式成为中国人一夜暴富的工具，应运而生的即是遍布大街小巷的互联网金融公司，主要有 P2P 借贷平台、众筹融资以及网络供应链融资等三种类型，信贷规模迅速增长，甚至出现了无视贷款偿还能力的"校园贷"，导致后期出现大量校园还贷问题，甚至演化为涉黄、涉暴的社会问题，P2P 网络信贷是当前我国互联网信贷的主要类型，据中国产业调研网《中国 P2P 行业现状调研分析及发展趋势预测报告》（2016 版）显示，截至 2014 年底，中国网贷行业历史累计成交量超过 3 829 亿元，2014 年网贷行业成交量以月均 10.99% 的速度增长，全年累计成交量高达 2 528 亿元，是 2013 年的 2.39 倍。2014 年下半年网贷行业成交量增速提高较为明显，年底网贷行业兑付压力较大，中小平台频频出现提现困难，资金倾向流向风投入股、银行、上市公司、国资国企背景的平台寻求"避风港"，12 月这些平台累计成交量占全国的 31.47%，较 11 月大幅提升。

中国产业调研网发布的中国 P2P 行业现状调研分析及发展趋势预测报告（2016 版）认为，目前，运营稳健平台一方面接受了各方资本洗礼，另一方面加速了创新力度，开发新产品、拓展新业务，行业巨头逐渐显现。而运营不规范的平台正在接受严峻考验，逐渐脱离竞争行列，

新一轮倒闭潮势必加速这一进程，优化网贷运营大环境。截至 2015 年 12 月 31 日，零壹研究院数据中心监测到的 P2P 借贷平台共 3 657 家，其中正常运营的有 1 924 家，较去年年底增长 74.1%；2015 年度，我国 P2P 借贷行业累计交易规模约为 9 750 亿元，是去年的 3 倍有余。2015 年参与人数首次突破千万。2015 年度，我国 P2P 借贷行业累计交易规模约为 9 750 亿元，是去年（3 000 亿元左右）的 3 倍有余。据网贷之家数据，截至 2016 年 1 月 13 日，全国共有 P2P 累计平台数量 3 858 个，累计问题平台数量 1 275 个，占比 33%，问题平台的数量仍然居高不下，且近期 e 租宝被查、大大集团被查、翼龙贷被曝涉嫌资金池违规操作、武汉盛世财富公司深陷资金危机等，也让处在风口浪尖上的 P2P 雪上加霜。针对问题平台事件高发，近期宁波、重庆先后叫停了相关广告，北上广也分别暂停了新增互联网金融公司的注册；另一方面，我国信贷配给行为普遍存在，导致互联网信贷存在规模庞大的真实需求。

现阶段我国互联网信贷具有四大创新特征。

（1）平台创新，互联网信贷是在传统信贷业务基础上进行的平台创新，资金供求双方依托互联网技术构建的借贷平台实现交易。它以虚拟的服务平台为基础向客户提供服务，不仅降低了平台的建设成本和维护成本，同时也降低了传统商业银行营业网点设置不足给消费者带来的不便。

（2）渠道创新。互联网信贷依托网络向资金供求双方提供信息，并促成交易双方达成交易，为借贷双方提供了一种全新的资金交易渠道，提高了其融资的便利性。

（3）范围创新。在规模经济的影响下，传统信贷机构对于市场参与者提出了较高的门槛要求，大量潜在的信贷服务需求无法得到满足。互联网信贷以较低的边际成本，为无法获得正规信贷金融服务的企业和个人创造了获得金融服务的机会。

（4）效率创新。主要表现在两方面，一方面是以简洁的服务流程，降低了资金供求双方的时间成本和资金成本，提升了服务效率；另一方面也为无法获得传统信贷服务的金融消费者提供了资金融通服务，提升了全社会的金融资源配置效率。与传统信贷机构相比，互联网信贷机构的信用风险管理方法、机制等都存在不足。纯线上平台由借款人自主提供资料，由线上平台在线识别借款人身份，至于贷中审查资金用途和贷后资金去向监管等重要环节的信用风险管理制度建设无法落地。线上和线下结合的互联网信贷平台的信用风险管理相对较强，但在信用风险制度建设、担保物质量控制、在线征信系统等方面与传统信贷机构有较大差距；互联网供应链融资依托账户管理、交易数据、资金流水等分析借款人潜在风险，这种模式要求贷款人必须具有巨大、真实且实时的交易数据资源，且对借款人账户具有一定控制能力。目前绝大多数互联网信贷机构都无法满足这一条件，因此尽管阿里小贷的资产不良率较低，但阿里成功的经验无法复制，而且阿里小贷的服务对象也仅限于支付宝、淘宝或者阿里巴巴等电子商务或支付平台用户，具有明显边界特征。与传统信贷机构相比，互联网信贷机构的信用风险管理方法、机制等都存在不足。

总体来看，互联网信贷机构在信用风险管理方面面临的问题主要有两个：一方面，缺少信用管理经验，难以对小微企业和个人的信用状况进行准确建模评估；另一方面，无法在线实时获得全面真实的征信数据，无法及时了解借款人的动态信用状况，对信贷违约行为难以及时掌握。一些 P2P 平台为了降低信贷违约风险，以线下手段管理借款审查、贷后管理、抵质押手续等信用风险管理核心流程，削弱了互联网在信用风险管理方面的规模经济性。我国互联网征信存在的问题主要是企业征信市场准入门槛低，从事企业征信的机构数量较多，征信服务供给较为充分；而个人征信涉及隐私保护等问题，监管较为严格。互联网信贷以个人和小微企业为授信对象，需要可靠的征信系统为其信贷决策提供服务，但互联网信贷的法律地位、互联网信贷机构对借款人的隐私保护以及机构数据管理质量等问题，都是征信中心向其提供在线接入服务的现实障碍。

除了以上几种互联网征信模式，一些互联网信贷企业也采取了其他方式，如陆金所依托平安集团征信系统、宜信与费埃哲联合开发信用评分等。这些解决方法虽然部分缓解了互联网信贷对征信服务的需求，但依然存在问题。互联网信贷机构无法联网接入全国统一的征信系统，使其无法获得可靠的征信服务。征信中心的企业和个人征信系统不能为互联网信贷机构提供实时在线服务，降低了互联网信贷机构贷款审批效率和贷后管理能力，同时，借款人线下自主提供征信报告也难以保证数据的真实性。

各信贷机构以及互联网征信机构之间信息不能共享。通过信息共享及时发现借款人的信用瑕疵，减少贷款损失，是征信系统的存在价值。当下，各种征信系统独立经营，不仅缺乏权威性和客观性，同时系统之间缺乏良好的兼容性，信息难以互联互通，降低了征信系统的存在价值。

现有的互联网信贷征信系统对活跃经济主体的覆盖面过低，影响其服务质量。目前 NFCS 和 MSP 两个系统尚处于起步阶段，阿里的交易数据资源短期内向外开放的可能性较低，各互联网信贷公司的征信系统对活跃人群的覆盖率较低，降低了征信系统的影响力。虽然我国互联网信贷征信服务模式较为多样，但都处于起步阶段，缺少历史数据支撑，且各信贷机构和征信机构之间彼此割裂，此外，由于种种原因，互联网信贷机构也无法获得全国统一的企业和个人征信系统实时服务，我国互联网信贷机构在信贷决策时缺少征信服务，严重降低了其信用风险管理能力。

案例 1：由互联网衍生的电子商务行业的失信——失信的传导效应

在互联网环境下电子商务模式不断创新，除前面提到的 P2P 外，还有许多诸如 P2C、O2O、B2C、B2B、C2C，每天看着这些常见又陌生的名词，2015 年又被称之为"O2O"年。

O2O 领域因互联网信息技术及创业资源的优势，O2O 电商主要集中在北上广等大中型城市，分布于与人们生活相关的各方面，如餐饮、出行、医疗、美业、家居、洗车、教育、零售、社区等，因准入门槛较低，项目扎堆出现，但因商业模式不成熟，盈利模式不清晰，项目存活率不高，资本寒冬的到来，反而加速了项目的夭折，部分企业选择合并作为风险退出的方式。统计表明，已经有超过 300 家涉及 16 个领域的中国互联网创业公司相继倒闭。O2O 是目前微信二维码营销的超火概念，即 Online To Offline，也即将线下商业的机会与互联网结合在了一起，让互联网成为线下交易的前台。这样线下服务就可以用线上来揽客，消费者可以通过线上来筛选服务，还有成交可以在线上结算，很快达到规模运营。该模式最主要的特点是：推广效果可查，每笔交易可跟踪。O2O 的优势在于把网上和网下的优势完美结合，通过网购导购机，把互联网与地面店完美对接，实现互联网落地。让消费者在享受线上优惠价格的同时，又可享受到线下贴心的服务。同时，O2O 模式还可实现不同商家的联盟。O2O 营销模式的核心在于：在线预付，它不仅是完成支付本身，是某次消费得以最终实现的唯一标志，更是消费数据唯一可靠的考核标准。其实对提供 online 服务的互联网专业公司而言，只有用户在线上完成支付，自身才可能从中获得效益。在此作者不详细对 O2O 给予评价，只是就其运用模式进行分析。

如果用一句话来形容中国互联网界的 O2O 创业，那就是一哄而上，不管什么项目，不论市场是否可行，都要扯一个 O2O 的概念，弄个 APP，然后宣传自己就是 O2O 的盈利前景，接下来就是什么颠覆啊，什么创新啊，整一大堆东西。其实真实的运营就是烧钱，而企业并没有如此多的资金，只能对公司进行包装，然后融资，融资之后烧钱，烧钱之后再融资，直到最后发现很多所谓的需求都是伪需求，并不是真正的需求。真需求是指需求本身客观存在，不需要持续地烧钱来培养用户，具有真正的商业价值，能够为公司带来收益。这种需求频次高，持续性强，能够为客户真正解决问题。真需求下的 O2O 创业更多的是资源的整合，环节的打通，效率的提高。烧钱更多的是催生用户支付的习惯，并非培养需求。比如打车需求，本身就是强需求，真需求，O2O 只是培养用户的移动支付习惯，真正起到了工具平台的作用，提高了打车效率，让线上线下资源实现真正对接。这就是真需求，烧钱烧得也物有所值。伪需求的标准就是烧钱过后看需求量增减情况。如果是真需求，烧钱过后依然会保持一个可观的需求量，伪需求就不同了，没了补贴立马下降，这就是伪需求。如果是这样的情况，面对伪需求还是不要做O2O，因为一时热闹过后是大量的违约，极易造成信用危机。

三、高杠杆环境形成的原因

为了应对 2008 年全球金融危机对我国经济的冲击，我国出台了大量刺激性政策，包括通过对基础设施的投资来拉动国内经济的增长，我国由此也进入了以高负债为主的加杠杆周期。基础设施投资的增加又带动了钢铁、水泥、化工项目的发展，其中政府及大型国有企业主要承担了这部分的投资，从而导致相关企业杠杆率不断增加。同时，房地产市场在此轮宽松的环境下也随之上涨，并导致房地产企业的杠杆率不断攀升。此外，地方政府通过地方融资平台等手段大量举债，以期进一步刺激当地经济，从而导致地方政府资金使用成本较高，效率低下，并助推了地方政府及相关企业杠杆率的增长。这种刺激性政策直接或间接地增加了我国总体的债务规模，使其不断增大。在 2008 年金融危机过后，主要发达经济体对其资产负债表进行修复，并开始了缓慢地去杠杆过程，由此带来了对我国商品需求的减少，表现为我国出口国规模的下降。此外，我国还面临着国内有效需求相对不足，相关行业存在产能过剩的现象，经济尚处于结构调整期，传统支柱产业受困，而新兴产业处于发展初期阶段，我国经济依然面临较大的下行压力。受国内外双方面的影响，我国企业财务成本不断增加，营业利润增速在下降，企业经营能力在恶化，造成企业偿债压力不断加大，投资边际收益迅速递减。因此，我国经济增速放缓，而总体债务规模增速提高，导致我国杠杆率不断增加。

不完善的资本市场是杠杆率高起的技术因素，由于我国资本市场尚不完善，致使我国股权融资发展严重滞后，也使得我国企业融资方式单一。到 2014 年底，我国非金融企业股权融资比例仅占社会融资规模的 2.64%，企业发展过度依赖于债权融资，而债权融资更偏好于国企和大型企业，这就导致大量资金流向国有企业，并推高了企业的杠杆率，特别是那些具有地方政府担保的企业。现有资本市场不能满足融资需求，还助推了我国影子银行的快速发展，由于影子银行存在信息不对称和融资成本高等特点，从而加大了金融系统风险的不确定性。此外，我国债券市场存在刚性兑付的特点，也有碍于债券市场化的进程，并从侧面进一步提高了企业的杠杆率。

非金融企业部门较高的杠杆率也会使债务违约风险不断增加，为了偿还债务，企业会面临出售资产的情况，当大量企业均面临此情况时，会造成资产价格地大幅下降，从而加剧了市场的动荡，情形严重时会导致资产价格的崩溃。而且，企业之间还存在联合担保或相互担保的情况，当担保链的某一环节出现问题时，整个担保链上的企业风险均会上升，严重时会加剧整个行业的风险，风险同时也会进一步向银行转移。由于我国企业主要通过间接融资的方式进行融资，且多数为抵押贷款，当资产价格大幅下跌时，会导致银行面临的违约损失概率大幅增加，银行的风险敞口将显著上升。同时，银行系统还直接或间接参与非银行金融机构的融资过程，因此银行系统所面临的风险将会由表外向表内不断扩大。随着风险在银行体系中不断积聚，银行资产质量将不断恶化，引起全球投资者对我国经济下行的预期，从而导致金融市场的大幅波动，而且存款刚性支付缺口问题凸显，极易引发银行等金融机构的支付风险向金融风险的转变，加剧了经济系统的脆弱性。

中国债务大都用来投资搞建设，可以积累资产，这些资产可以产生回报，用于偿还债务，但是过分的投资建设加剧了产能过剩，投资形成的资产是无效的。大量资产的累积是来自房地产增值，而非生产性资产的增加，而房地产的增值又并非因为租金回报率的支撑，或者是产能利用低下的产能过剩部门的资产增加，所以这些资产就可能不会产生回报，或者回报不足以偿还相应的利息或债务。然而近年来，大规模借债的投资越来越多流向了非生产性部门。全球金融危机以来，"非生产性"的房地产和建筑业的资产扩张速度远远快于工业部门，导致了更加快速累积起来的负债。

在这种情况下，投资产生的是无效资产、低回报的资产，不能支持未来的发展，未来增长只能依靠越来越多的债务。况且，即便新增债务全部用于能够产生长期回报的资产，如果投资远超储蓄（当然我们不是这种情况），或者投资回报周期较长，债务的快速攀升可能会导致流动性短缺、进而引发银行体系的流动性危机。

第八章 河北省民营企业的诚信问题及原因

一、河北省省民营企业的概况

2012 年，河北省民营企业单位数为 24.7 万家，规模以上中小企业比江苏、浙江少 5 万家，比山东少 3 万家，比辽宁少 9 000 多家，完成增加值 5 450 亿元，仅为山东、江苏、浙江的一半左右。虽然我省中小企业取得了一定程度的发展，但较其他省份，我省民营企业多属资源型、粗放型和劳动密集型企业，呈现出量大面广、总体不足、散小低弱、竞争力差的特点。2014 年，全省民营经济经过压减淘汰落后产能、综合治理大气环境等综合治理，加快调整产业结构，实施创新驱动，总体实现了平稳较快增长，总量比重超过全省经济的 2/3，完成增加值 19 894.4 亿元，占全省 GDP 比重为 67.6%；上缴税金 2 713.4 亿元，占全省全部财政收入的 72.1%；完成固定资产投资 15 400 亿元，占全省全社会固定资产投资的 58%。

虽然我省民营经济取得了一定成绩，但是还存在很多问题和困难，主要是融资难、用工难、用地难。河北民营经济是我省参与京津冀协同发展战略的市场主体和生力军，虽然经过近两年的发展实现了量的突破，但与京津相比还存在较大差距，首先是河北民营经济主体总量大，但规模小、实力弱、品牌效应差，尽管我省民营经济单位总数量占有绝对优势，但民营企业在民营经济单位总数中的占比远逊于京津，以小、微居多。截至 2014 年年底，河北民营经济市场主体数量 256.5 万户，北京将近 150 万户，天津 55.2 万户，可以说在数量上河北占有绝对优势，但就单个企业而言，河北仅有 31.2 万个，同期北京有近 70 万个，天津有 25.42 万个。

我省民营企业在国民经济总量中所占比远低于京津。河北民营经济的"三高"综合征，即高投资、高能耗、高污染与京津民营经济的健康"三高"即高科技、高产出、高利润形成鲜明的对比。河北民营经济以劳动密集型产业为主，产品科技含量和附加值不高，高度依赖低成本的生产要素，而北京的民营经济则呈现出三产比重逐步提升，经济高端化、集聚化、融合化的趋势。天津的科技型中小企业和小巨人企业中，近 90% 都是民营企业，战略性新兴产业、现代服务业领域也集聚了一大批民营企业，呈现出新"三高"的特点。2013 年我省民营经济增加值为 18 680.2 亿元，天津为 6 035.47 亿元。同期我省民营经济上缴税收 2 554.6 亿元，占我省民营经济增加值的 13.68%；天津的民营创业上缴税收 1 037.58 亿元，占天津市民营经济增加值的 7.19%。从某种程度上反映出我省民营经济产品科技含量较低的现实，高投入、低产出劣势明显；第三是产业结构单一，2014 年中国民营企业 500 强中，河北有 19 家，其中 14 家属于黑色或有色金属冶炼及压延加工业，北京有 10 家，主要分布在计算机、互联网、房地产、零售批发等行业。而近三年来，我省进入全国 500 强的民营企业中，按营业收入总额计算，黑色金属冶炼及压延加工业所占比重一直都是最高的，这就说明我省大型民营企业存在着较大的产业结构风险，亟须加快推进其他行业做大做强；四是转型升级压力大，北京基于首都的区位优势，产业结构多年来已经发展得较为合理，民营企业中第三产业比重超过90%，天津多年来重点发展科技型中小企业，他们的专利拥有量占企业总量的71%，生产总值占全部民营经济的40%。而河北多数企业还分布在传统产业或产业链条低端，劳动密集型、资源依赖型、能源消耗型企业仍占相当大的比重，面对近年来压减产能的硬性指标和生产要素成本地不断上升，使得很多缺乏创新力、竞争力的微型企业还没有来得及转型升级，就被迫停产、关闭，转型升级压力比京津两地大很多。

二、河北省民营企业诚信建设的发展

经过改革开放三十多年的发展，早期发展起来的原生性中小型民营企业已经逐步规模化、规范化。诚信状况也由最初的参差不齐、鱼目混珠，开始向注重企业形象方向发展。近年来，诚信问题越来越受到重视，很多中小型民营企业也从中受益，从而更加促进了企业诚信经营的势头，其诚信状况较创立初期时有所改变和提升。

（一）诚信意识有所提高

民营企业对于诚信的认识，已经突破了原有的道德规范的范畴，正逐渐成为企业发展战略的重要组成因素。企业诚信经营意识和诚信管理不断加强，大多数民营企业已经将诚信建设纳入到其发展战略之中。视诚信为企业的核心价值观，将诚信纳入到企业文化建设之中，是民营企业文化水平提高和实现可持续发展的重要因素之一。同时，现阶段信用评级、信用评估、社会责任报告等手段都不同程度地运用于民营企业诚信建设中。

（二）社会责任感有所增强

企业的社会责任感是指企业决策时和生产经营过程中，坚持什么，反对什么，从而确立基本的行为准则，履行好相应的社会责任。据调查，多数民营企业对员工都有明显的职业道德要求，并且能与企业的奖惩制度相挂钩。一些民营企业还建立了处理利益和道德问题的委员会，职业道德管理越来越受到重视。企业把诚信作为自己的社会责任，那么各项动作举措都会以诚信为标准。社会责任受到大多数民营企业的重视，并认为履行社会责任是经济发展和社会进步的内在要求，企业应该主动承担应有的责任，比如依法纳税、环境保护和公益事业等。为了进一步提升企业的社会责任感，监督企业履行社会责任，2012年3月17日，企事业单位、团体、专家学者等联合发起非营利性社团组织——河北省企业社会责任促进会，协助政府贯彻首个社会责任国际标准——ISO26000，从事全面宣传、规范社会责任行为的指导工作；每年评选河北省社会责任杰出企业，并于2013年成立了其分支结构——金融服务中心，用于帮扶企业解决融资难等问题。

（三）社会信用氛围逐渐形成

河北省民营企业外部环境也得到了很大程度的改善，社会征信服务体系不断发展。经过多年的探索和发展，于2006年下半年，经省有关领导批准，组建了"河北省诚信企业评选委员会"，并从2007年开始每年评选表彰一批"河北省诚信企业"，对我省企业诚信建设起到了推动作用，得到了社会各界的好评，产生了良好的社会影响；2009年河北省人民政府颁发了《河北省人民政府关于河北省社会信用体系建设的实施意见》（冀政 [2009]90 号），文件中再次提出要"开展诚信企业表彰活动，推动企业诚信建设""推广先进经验，树立诚信典型"；为了推动信用体系建设，打造信用河北品牌，提升企业诚信形象，维护企业合法权益，我省于 2014年 3 月 25 日成立"河北省企业信用促进会"，随后河北企业信用网上线，可以提供信用查询、信用评价、形象推介、品牌培养、上市培育等服务；此后以"倡导诚信 共建和谐"为宗旨的河北省诚信企业网也相继成立；针对诚信问题，相关行业也积极倡导诚信经营理念，如河北省食品药品网等。随着河北省中小企业信用担保服务中心的成立，我国也相继出台了《公司法》《信用评级管理指导意见》等法律法规，社会信用法制环境也逐渐形成，这为民营企业诚信建设提供了良好的外部环境。

（四）诚信建设水平得到提升

据调查，目前已经有许多民营企业在诚信建设和信用管理等方面开展了大量有益的探索，并取得了良好的成效。加强对民营企业诚信建设的引导工作，并使其转化为企业的竞争优势。自 2007 年开展"河北省诚信企业"评选活动以来，经企业申报、基层相关部门审查推荐、省相关主管部门复审、评审专家委员会审核评选、社会公示等程序，参评企业越来越多，"年度诚信企业"日益增多，这些企业在生产经营实践中，自觉践行"以诚实守信为荣，以见利忘义为耻"的社会主义荣辱观，努力加强诚信制度建设，积极创新诚信管理方法，建立健全内部信用培育体系，在构建诚信河北、和谐河北，促进全省经济平稳较快发展的过程中发挥了带头作用。另外，民营企业在实践中，积极探索企业诚信建设的新领域，尤其是分行业企业的诚信评价标准日益完善，企业诚信体系建设水平逐渐提高。在 2016 年，仅食品工业企业中就已有 34家企业通过了诚信体系评价并获得了证书，有 42 家企业开展了诚信体系建设及培训，一些民营企业甚至根据我国经济发展的特点，逐步探索出了将信用不断转化为生产力的现实途径。

三、我省民营企业发展面临的诚信问题

经过改革开放 30 多年市场经济的发展运行，我省按照"十二五"规划纲要提出诚信建设要求：大量推广和弘扬企业诚信文化，同时基本建立河北省企业诚信建设体系。特别是在"三鹿"事件后，我省加快了诚信监督机制建设，尤其是加强河北省食品工业企业诚信体系建设的工作取得了重大进展。2015 年河北省逐步拓展了食品工业企业诚信体系建设的领域和规模，在全省乳制品、肉制品、葡萄酒、饮料、调味品、罐头、方便面、发酵制品、植物油及油脂制品、冷冻食品、白酒、稻谷加工等行业全面推进诚信体系建设。截至目前，河北省已有 22 家企业通过了诚信体系评价并获得了证书，有 31 家企业开展了诚信体系建设及培训，累计培训企业 756 家次，葡萄酒和乳制品试点企业均完成了评价。为进一步推进全省食品工业企业诚信体系建设，加强对企业建设诚信体系的指导和推动工作，河北省工业和信息化厅会同省发改委、省监察厅、省农业厅、省商务厅、省卫生厅、人行石家庄中心支行、省工商局、省质监局、省出入境检验检疫局、省食药监局 11 个部门共同印发了《河北省食品工业企业诚信体系建设工作实施意见》，明确了河北省食品工业诚信体系建设的指导思想、主要目标、基本原则和主要任务，并提出了工作要求。然而，民营企业诚信体系建设是一项复杂的系统工程，目前

距离建立企业诚信体系管理机制，建设企业诚信管理平台和诚信披露查询系统，实现行业协会或第三方服务机构进行诚信评级，形成信用评价报告，制定诚信奖惩制度，建立对失信企业的失信曝光、分类监管、市场退出等惩戒制度等目标还有相当差距。

民营企业诚信缺失的主要特点有以下几个方面：

1. 诚信缺失越来越多元化

目前我国企业失信行为广泛存在于企业与职工、消费者、其他企业以及行政单位交往的过程中，在企业创业、发展、扩张的各个阶段也经常发生。主要包括假冒伪劣产品、价格欺诈、违约、拖欠款、侵权、虚假广告、偷税漏税、恶意拖欠银行贷款、拖欠工资、"真账假算"与"假账真算"等。我省民营企业数量多、规模小、实力弱、不聚焦，缺乏市场竞争力，处在初期发展阶段，所以受到各种因素的影响，民营企业的诚信建设仍是社会诚信体系建设的薄弱环节，特别是许多中小型民营企业的诚信问题尤为突出，诚信问题频发，且由于涉案企业数量庞大，涉及领域广泛，在这方面我国尚没有统计数字。然而，按照债券领域违约比例统计，80%以上的违约出现在民营企业。我省民营企业债券违约主要集中在钢铁、化工、纺织、光伏、煤炭、建材、建筑、房地产、餐饮、旅游等行业。历数近几年被曝光的各类失信事件，我们发现，涉案企业几乎涵盖了所以行业，其中食品、医疗、家具、房地产行业尤其突出。而在网络购物中，也大量存在着货不符实，不履行承诺，刷信用等失信行为。

2. 失信情节越来越恶劣

近年来，中国企业失信引发的重大事件呈现出多发趋势，而且被曝光的都是知名企业，"家喻户晓"的典型事件就有：冠生园陈馅饼事件、齐齐哈尔第二制造厂制假案、三鹿三聚氰胺奶粉事件、紫金矿业污染丑闻、双汇瘦肉精事件、达芬奇家具伪造原产地事件。黑心棉花、工业油盐、发霉米面、漂白蔬菜、纸壳"皮鞋"、夺命药物……似乎都或远或近跟民营企业有一些瓜葛，失去了基本的道德底线。知名企业、行业巨头、上市公司的失信行为危害更大，它使消费者消费信心严重受挫，行业形象发生巨大滑坡，"中国制造"的声誉也受到了极大损害。

3. 失信领域越来越广泛

第一，消费品市场诚信缺失。有些中小型民营企业为了追逐暴利，没有商业道德底线，制造销售假冒伪劣商品，不惜用民众的生命健康来换取这份黑心钱，违法添加剂、以次充好等侵害消费者权益的事件屡有发生，比较典型的就是目前我国高发的食品安全问题和产品安全问题。如河北昌黎的伪劣干红葡萄酒事件，霸州的伪劣电线事件，白洋淀旅游景区的宰客事件等，值得关注的是河北省拥有丰富的旅游资源，地理区位优势明显，但旅游业的发展由于缺乏组织和监管，宰客、欺客事件呈上升趋势。制假售假，是近年来我省小型民营企业诚信缺失的典型表现之一，诚信基础丧失致使消费者对中小型民营企业失去信任感，企业的生产、经营和服务逐渐萎缩，河北省民营企业的生命周期平均只有2.8年，低于全国平均值。

第二，企业营销诚信缺失，民营企业的诚信缺失还体现在营销诚信的缺失方面，虚假宣传屡禁不止，虚构价格，承诺不兑现，为了提高自身产品的销售量，一些民营企业不惜投放虚假广告，夸大功能误导消费者。民营企业的成长带有很强的机会主义色彩，一些民营企业出售的商品物非所值，其质量或数量达不到消费者的购买预期，不少企业利用各种虚假的"优惠价大甩卖"和"出口转内销价"欺骗消费者，推销其劣质产品。更为严重的是，部分民营企业假冒优质名牌产品，以次充好、以劣抵优，消费者难免上当受骗。尤其目前是处于经济转型的特殊历史时期，企业以"追求利润最大化"作为唯一的经营目标，所以民营企业经营者普遍存在营销目标短视行为，即忽视市场建设，只追求销量，只要能赚钱可以不择手段，出现了营销行为的短期化。虽然民营企业短期内可能是信营销失信的受益者，但是从长期看一定是营销诚信缺失的最大受害者。市场交换过程中，消费者在与厂家接触和沟通中的体验有两个阶段：一是通过媒体获得商品信息；二是通过消费过程中体验产品质量和企业的诚信，即使企业的欺诈宣传诱导消费者购买了企业产品，但是如果消费者在消费过程中获得的体验与宣传的不一致，消费者会对企业产品进行负面宣传，长此以往便造成了企业市场萎缩，与目前电子商务企业买流量，雇佣"枪手"属于同一性质。民营企业出于赢利的目的会采取恶意竞争，如一些民营企业无视道德和法律准则，不主动进行技术和产品创新，而是利用自己的现有技术和市场优势迅速进行模仿性生产，盗用别人的技术成果，仿冒别人的品牌，通过侵犯他人的知识产权，捏造、散布虚假信息，损害竞争对手的商业信誉，从而谋取非法利益，我国许多民营企业就是靠制假、售假起家的。

第三，企业内部诚信缺失。中小型民营企业缺乏公司治理，多以家族形式存在，在民营企业中普遍存在着"任人唯亲"的现象，公司结构属于"兄弟管生产，妹妹管营销，老婆管财务"的血缘关系组织，对其他人也一概不信任。其规范化的管理制度缺乏，管理结构混乱，企业缺乏制度制约，使得企业制度名不符其实，公司上下无章可循，生产效率低下。这种家族式企业在经营方式上往往使用家族自由资金，自己掌握进货和销售渠道，然而这类经营模式的危害在于家企不分，权责不清，没有制度或朝令夕改，由此出现了民营企业的"贼"文化：认为家族以外的人都是"贼"，处处设防，严重打击了企业非家族员工的工作热情和积极性，人才流失严重，不利于企业的长远发展，更为严重的拖欠工人工资，或"一跑了之"。

第四，企业商业信用缺失。大量民营企业，尤其是中小型民营企业法律意识淡薄，无视商业合同，不履行劳动合同，拖欠或者压低克扣员工工资，拖欠贷款的现象比比皆是，2015年劳动保障监察支队的数据显示，民营企业无故拖欠或拒付工资、非法收取员工抵押金、拖欠农民工工资成为主要的劳动纠纷。在资金借贷领域，一些中小型民营企业随意拖欠银行贷款，导致银行呆账、坏账增加，尤其是农商行系统（信用联社）的不良资产多来自于中小型民营企业。

第五，对政府诚信缺失。民营企业对政府的失信行为主要表现在财务信息造假上，偷税漏税在中小型民营企业中间普遍存在。税收是企业对国家和社会肩负的一种义务，也是一种责任形式，企业是国民经济的主体，也是国家的纳税主体，企业营业税、企业所得税、国内增值税就占到国家财政收入的50%以上。企业纳税是一种法律行为，但是在现实当中，有些中小型民营企业偷税漏税，不履行好自身的法律义务，甚至一些企业弄虚作假，制造虚假的财务信息，以达到逃税的目的。在企业的财务工作中，有的生产企业做两本账，一本是亏损账，用来给税务局看，以此来少缴税；另一本是盈利账，用来给银行看，以此来骗取贷款。在发达的市场经济中，民营企业的财务信息失真，已经成为社会诚信的主要问题。

第六，对社会失信。中小型民营企业对社会的诚信缺失体现在很多方面，目前在我国首先表现为对公共环境的污染，一些民营企业没有环保意识，无视法律法规，一些企业虽然口头承诺要保护环境、倡导环保，而实际行动却背道而驰——肆意排放污水、有毒化学物质以及空气污染物，违背了企业的承诺，使企业失信于社会。小炼油厂、小炼铁厂、小加工厂，各类污染企业直排给空气带来了严重污染，直接损害了当地群众的身心健康，一些地方污染企业偷排直排屡禁不止。2016 年 3 月份，环保部华北督查组在对河北钢铁的全面调查中发现，我省 60%的运行企业存在着环保问题，70% 除尘设施运行不正常，八成企业生产废水违规排放。其中与北京毗邻的廊坊文安县新钢钢铁公司、廊坊安次区洸远金属制品公司成为被处罚典型。2016 年年底，包括河北省省会石家庄市在内的邢台、唐山、保定、衡水、邯郸、廊坊市一起被列入了黑名单，这七个城市在一季度一起位居污染城市前十名，其中，河北氮氧化物、烟（粉）尘排放量居全国第一位，二氧化硫排放量居全国第二位。

4.国企民企交叉违约，形成违约的社会顽疾

由于全球经济的周期性，我国经济增速放缓，在下行压力和环境制约下，下游产业需求低迷，我省处于上游产业的煤炭、钢铁、有色、能源、光伏等多个行业产能过剩，企业盈利能力下降，而经营亏损又导致资产大幅缩水，债务规模大幅攀升，短期债务集中到期引起流动性风险快速积聚，这类违约企业的资产负债率普遍超过 70%，个别企业超过 90%，资产的偿债能力下降造成违约，最终导致发债主体自身偿债能力下降甚至资不抵债。这类企业既有民企也有央企和地方国企，由于市场经济中的主体交叉，造成国企民企交叉违约，尤其信用债券市场上这种违约情况尤为突出，而且违约现象逐步向评级高、股东背景强的企业传递。在统计的 1 100余家非金融企业中，短期债务与总债务之比超过 50% 的达 796 家，其中 132 家企业超过 90%。不单如此，发债企业的偿债能力总体上又显得比较脆弱。首先，相当一部分发债企业资产负债率过高，有 76 家发债企业的资产负债率超过 80%，9 家企业的资产负债率超过 90%；其次，货币资金与总债务、货币资金与短期债务之比都非常低，筹措偿债资金的压力较大；第三，近一半发债企业主营业务利润增长率为负；最后，信用债负面评级呈现逐年上升之势。

无论是宏观环境，还是发债企业自身的微观因素，中国债券市场正在经历从"刚兑"到"违约"的常态趋势，这是中国债券市场走向成熟过程中不得不经历的磨难。在经济新常态下，我国整体经济增速放缓，企业利润大幅下滑，资产负债率又较高，且发行人的短期债务比例较大，加之债券到期又迎来了高峰期，诸多因素的综合影响之下，今后一段时间我国债券市场信用风险将会继续释放，可以推断，即使在总体信贷政策平稳的背景下，随着产能过剩的行业逐渐出清，债务违约率也必将进一步上升，而实际的违约水平将依赖于银行的信贷政策和政府的债务处置态度和方式。由于中国第二大担保公司——河北融投担保集团有限公司（下称河北融投）丧失了担保能力，银行、信托、证券、基金甚至 P2P 等近 50 家金融机构面临着项目违约，500 亿债权因无人履行担保而面临险境。

案例 1：河北融投违约事件

作为河北省国资委下属全资子公司，河北融投担保集团有限公司注册资本 42 亿元，按最大 10 倍杠杆的上限规定，其最大担保能力约 420 亿元，是河北省最大、中国第二大担保

企业。近年来，河北融投通过旗下企业为河北省内，并辐射全国的各类企业提供融资担保服务，业务范围涉及担保、再担保、创业投资、私募股权基金、融资租赁等板块，并将融资触角伸向了京、沪、深、港等地，与河北融投合作的有信托、P2P、基金等机构。

河北融投建的事件发生后，这些平台难免会受到波及，一是本来与河北融投共同推进的联邦地产重组被迫中止，不得不重新寻找重组方；二是新募集资金要投向开发项目，但由于融投无法开具保函，致使资金无法给到开发商，德信已经被迫退掉了一笔募集资金；三是因河北融投暂时不予履行代偿义务，随着时间推移，受牵连的 30 多家金融机构，多数陷入了两难的境地。此前，根据有关媒体的报道显示，截至 2014 年末，河北融投在保额 339.4 亿元，在保笔数 1 172 笔，担保赔偿准备金余额 6.79 亿元，未到期责任准备金余额 9 817 万元。截至 2015年 5 月末，在保额 320.5 亿元，在保笔数 1 152 笔，担保赔偿准备金余额 4.8 亿元，目前提及代偿准备金合计 22.63 亿元。在 2015 年一季度，河北融投担保代偿了 15 笔，代偿金额 1.3 亿元。自 2012 年起河北融投在市场上做的业务很多，到了 2013 年其担保的产品种类繁多，到 2015年有些产品项目已由融投担保经不同机构融资了 3 次甚至 4 次。河北融投几乎用足了自身的杠杆，风险爆发是迟早的事。过去几年，河北融投进行极度业务扩张的状态已经引起了业内的警觉，但是并没有受到相关部门的高度重视。

自 2014 年下半年起，河北融投所担保的项目如海沧资本等开始爆出违约，同时河北融投并不履行代偿责任，这引发了部分金融机构的警觉，但更多的机构则将赌注压在了政府信用上。河北融投控股集团是河北省国资委全资子公司，注册金逾 12 亿元。一份基金计划募集书显示，截至 2013 年底，集团总资产为 107.32 亿元，净利润 5.81 亿元。该集团是省委、省政府为推动全省民营企业转型升级、支持科技型企业健康发展、破解中小微企业融资难题而成立的，除担保业务外，还有金融租赁、创投基金等。至 2015 年，河北融投的系统风险彻底暴露。多家金融机构都发现，一些较大的企业违约后，河北融投并不能代偿。同时，河北融投担保的企业也有互保现象，由此更加剧了违约风险。

四、民营企业诚信缺失的原因

（一）商业信仰的缺失——中国亟须一场商业思想新启蒙

大国崛起不仅是经济的增长和科技的创新，经过 30 年的市场经济运行，我国的经济总量位居世界第二，我们用 30 年走过了西方发达国家近百年的历程，但是这并不代表我们的市场经济已经完善、达到和赶上了西方发达国家的市场经济水平，完善的市场经济还需要确立市场经济的人文信仰、法治理念，法律对产权与契约的保护是商业伦理新秩序建立的基础，新制度学派的创始人、诺贝尔奖得主科思教授去世前曾对中国有十大忠告，其中就提到："中国经济面临着一个严重的缺陷，即缺乏思想市场，这是中国经济诸多弊端和险象丛生的根源。"中国亟须一场商业思想新启蒙。

尽管近代中国在明清和近代西方思想影响下出现了类似西方的思想启蒙过程，如最早睁眼看世界的严复、魏源为代表的启蒙学者与思想家提出了许多商业思想，但是近代启蒙思潮的重点是救亡、科学、民主，比如薛福成等人"以工为基，以商为用"的观点，虽然也传播了与工业化密切相关的重商主义思想，但是并不系统，在中国近代宗法制度和殖民统治下不可能成为思想主流。尽管发生了戊戌变法运动，但最终仍以失败告终，所以近代启蒙思潮并没有带来民主革命的成功，以重商思潮为标志的商业启蒙运动，并没有深入人心，没有冲破近代中国封建专制的束缚走向工业文明。

一系列充满误导性的商业流行思想使企业陷入了迷茫，纵观17、18世纪欧洲的启蒙运动，它是一场思想解放运动，以民主、自由、平等、人权、理性为核心，为资产阶级革命的兴起奠定了思想基础，标志着欧洲最终从中世纪走向近代。而近代中国由于陷入半封建半殖民地状态，虽然出现过短暂的戊戌变法，但最终仍以失败告终，所以并没有出现现代意义上的思想启蒙运动，近代中国的思想启蒙过程主要以抗击外来入侵，恢复中华统治为旗帜，虽然也传播了一些科学、民主的思想观念，但中国近代的思想启蒙运动至多是重商思潮下的"实业救国和科技救国"，对近代中国冲破封建专制的束缚，走向市场经济和工业社会起到了一定的推动作用，但是由于时代的羁绊，近代中国不可能建立真正意义上的现代市场经济思想体系，因为缺乏现代市场经济的主体——现代企业。近代的启蒙运动推动了中国经济走向"官商"，即洋务运动，其指导思想是"中学为体，西学为用"。洋务运动的目的是为了应付中国"数千年来未有之变局"，消除"内忧外患"的严重危机，其包含内容十分广泛，却始终围绕着一个核心。西学的大量引进和新式学堂的建立，不仅使中国出现了第一批科学技术等方面的专业人才，而且拓宽了中国人的眼界，国人传统的思想观念得到了一定程度的改变。洋务运动把西方近代文明成果呈现在茫然的国人面前，让人们开始亲身体会这些成果的先进之处，逐步消除了国人对"西学"的种种误解。国人盲目自大的心态日渐改变，越来越多的人开始客观地面对现实，承认西方进步的科技，不再反对"西学"入华。西方的思想启蒙直接为资产阶级革命和产业革命奠定了思想基础，乃至于成为市场经济的思想内核，资本主义制度也因此得以建立，生产关系得到调整，更带来了生产力的飞速发展。我国的洋务运动在近代中国开展了30多年后仍以失败告终，洋务运动实质上是一次失败的封建统治者的自救运动。资产阶级革命胜利后，建立了资本主义制度，崇尚自由、平等，在自由资本主义时期，国家的经济发展充分发挥了价值规律的作用，国家并不怎么介入经济生活，而是充分发挥市场主体的积极性、创造性，再加上产业革命的完成，自由资本主义制度促使社会经济的发展发生了前所未有、不可想象的巨大变化，极大地促进了社会经济的发展和社会财富的增加。

（二）政府"越位""缺位"和"失信"

"看得见的手"和"看不见的手"是市场的两大调节机制，政、商有效结合一直是市场机制的关键，我国"官商"历史悠久，中国的商业从诞生开始就伴随着政商交叉，在中国历史上是政治的附属，近代洋务运动是中国现代商业的起源，却也是以官商的形式出现。我国的传统政商关系造成了企业对政府的依赖很深，政府官员使用超越合法的权力干预企业经营活动，并最终实现个人利益，或是企业通过特殊渠道与政府官员建立特殊关系，绑架政府，实现企业谋求非正常利益的目的，这种政商关系必然造成政府对市场经济调控的"越位""缺位"和"定位不清"。"越位"是指有的地方政府或政府部门对具体的经济行为行政干预过多，政府与市场界限不清晰，使本来就不健全的市场竞争更加无序，"政商勾结"客观上庇护了失信者；"缺位"是指有的地方政府或政府部门对应该履行的市场监管职责不到位,在我国市场活动中,假冒伪劣、恶意欺诈等失信行为固然是企业受利益驱使的主观行为,这是市场经济的弊端,此时政府作为市场经济的监督者和裁定者本应该承担打击失信行为,维护市场秩序的责任,但一些地方政府为了维护所谓的"地方利益"充当了失信企业的保护伞,"打假"在一些地方变成了"假打";"定位不清"是政府找不准自身的位置,一是凌驾企业之上,对民营企业进行行政或决策干预;二是放任企业行为,遵循只要"有利"就是"有益"的"唯利原则"来处理政商关系,三是政府承担企业的职责,例如许多地方政府为企业担保,政府不是盈利组织,政府以什么承担担保责任?要实现企业追求个体的利益的同时也促进了社会利益,其效果要比他真正想促进社会利益时所得到的效果更大,这就需要政府这支"看得见的手"进行调节,这就需要政府在市场经济中"准确定位",政府应该成为市场规则的制定者,市场行为的监督者,市场秩序的维护者,市场主体的服务者。

严厉打击假冒伪劣、恶意欺诈等失信行为理应是政府的职责,由于我国统一的征信体系尚未建立,支撑现代信用制度体系的技术手段比较落后,信息资源不能共享,导致政府和行业监督机制失效,客观上为商业领域不诚信行为地大行其道提供了条件,在政府"缺位"的市场环境中只能靠企业自身维护市场秩序,老干妈就是这样的实例。

社会诚信由政府、企业和个人三部分构成,这三者的诚信状况相互依存、相互影响、相互促进。政府行为若不规范将造成地不良社会影响,目前,我国政府在诚信方面存在着体制机制的问题。例如:"政出多门,政策多变",政府政策的多变促使企业出现短期行为。再有就是政府本身的行为失信,没有为企业和个人做好诚信的榜样,致使其公信力大幅削减。政府的失信行为还会纵容失信企业以此为借口继续做有违诚信的事情。

案例 2:老干妈"打假"

良好的口碑传播是老干妈得以成功的关键,老干妈是这个行业第一个成规模的企业,多年来一枝独秀。"老干妈"产品配方并没有很高的技术门槛,全在于"老干妈"一直坚守自己的产品特点,让品牌深印在消费者心中。而巨额的市场销售和丰厚的回报,也招致了大量假冒伪劣商品的出现,直接损害了"老干妈"和消费者的切身利益,破坏了正常的市场经济秩序,无奈之下"老干妈"踏上了"看不见尽头"的维权之路,而老干妈食品有限责任公司董事长陶华碧的首要任务是"打假"。

从 1997 年后,假冒"老干妈"的产品多达五六十种,造假地遍及贵州、湖南、四川、陕西、甘肃等地,老干妈一度被逼到生死存亡的关头,公司派出了一批又一批打假人员。造假者四处隐藏,为了找到证据,半夜三更也要出去侦查。在所有的假冒者中,湖南华越食品公司生产的"老干妈"最为"霸气",因为他们有"合法"的注册商标,从 1996 年到 1998 年,"老干妈"多次向国家工商局商标局推出商标注册申请,可是,均被以老干妈用作商标缺乏"显著特征"为由驳回。而华越公司的产品诞生于老干妈之后,除了瓶"陶华碧"的头像被换成了"刘湘球"老太太的头像、生产商为华越公司外,其余包装装饰均原封不动照搬正品"老干妈"的设计,令人不解的是华越"老干妈"却在 1998 年第一次申请商标注册就获得成功,而此后贵州老干妈才获得了注册商标。两家"老干妈"马拉松一样的诉讼一直持续到 2001 年 3 月 20 日，北京市高级人民法院终于判决华越食品有限公司停止在风味豆豉产品上使用"老干妈"的商品名称，停止使用与贵阳"老干妈"公司生产的"老干妈"风味豆豉瓶贴相近似的瓶贴，赔偿贵阳"老干妈"公司经济损失 40 万元，在一家全国发行的报纸上向贵阳"老干妈"公司致歉。目前贵阳"老干妈"的打假工作依然在继续，每年花费在"打假"上的费用高达两三千万。

"越位"是政府超越自身的市场职能干预市场的行为。改革开放后，我国企业出现了大量制售假冒伪劣商品、欠账不还等失信行为，地方保护主义就是始作俑者之一。同时，一些地方政府官员由于禁不住经济利益的诱惑，就不择手段地利用自己种的权力获取更多的经济利益。他们要么在本地区不打假，要么千方百计地包庇本地企业的赖账、毁约行为，要么支持本地企业造假售假，要么当本地企业进入破产程序时，与企业合谋隐匿破产财产。这些地方政府官员可以说是失信企业的保护伞，他们的行为不仅对自己造成了不良的影响，而且使失信企业更加肆无忌惮地从事失信的勾当，从而违背了诚实守信的行业准则，助长了行业失信者的嚣张气焰。

对市场的监督与裁定本来是政府的职能，但这一重要的市场职能很多时候政府是缺位的，这与地方政府及有关部门的默认甚至于纵容是分不开的。甚至在一些地方，"地方保护主义"已经开始演变为"地方包庇主义"，就假冒"老干妈"商标的事件来说，为什么当地有关部门一直视而不见，而"老干妈"原产地的贵阳南明区工商分局从远道而来，在很短时间里就查获了制假窝点，个中原因恐怕大家都明白。假冒伪劣商品屡禁不绝，原因固然是多方面的，但其中一个最主要的原因就是政府的缺位，甚至为了一己之私包庇纵容。

我国经济体制从传统计划经济向市场经济转换，产权主体和产权结构部发生了很大的变化，传统的公有制被打破，政府不再是唯一的实际产权的代表，政府的职能和地位也相应发生了变化，但是许多地方政府还没有适应这种变化，仍然以计划经济时期产权主体的身份行使权力，缺乏科学的决策系统，政策缺乏长期性和连续性，于是出现了政策"朝令夕改"的现象。机制不透明，官员权力无约束，公权滥用等原因，所以出现了各种形式的政府违约，如公共产品的购买、对投资方的承诺等都存在政府违约现象。政府在社会管理中充当了最重要的管理者的角色，尤其是在中国的文化环境下，政府诚信是社会诚信体系的核心，对整个社会诚信建设具有导向作用。在现代市场经济环境中，政府为经济活动提供了法律和制度保障，承担了秩序裁判的职能，政府的失信有很强的示范效应和传播效应，这也是导致当下社会诚信危机的一个主要原因。

（三）河北省民营企业结构落后，主体缺乏诚信意识

我省民营企业多属资源型、粗放型和劳动密集型的低层次企业，呈现出量大面广、散小低弱、竞争力差的无品牌特点，公司治理长期不规范、家长制、一言堂的家族性企业占比较大。河北省因地域和历史原因形成了浓厚的保守氛围，民间缺乏创业经商的传统，打工的多、创业的少，民营企业开拓进取意识不强，求稳的多、创新的少，只满足于自己已有的成果，区域内缺乏协同发展。由于受到众多因素的影响，资本、技术、产权、人才、劳动力等生产要素的流动不顺畅，特别是在省市间的产业对接合作上，很多领域形成了竞争大于合作。中国民营企业联合会、中国管理科学研究院企业研究中心联合组织的《2015 中国民营 500 强企业榜单》（如

下图所示）中显示，河北省排名前三的企业分别是河北津西钢铁集团股份有限公司、新奥集团股份有限公司。

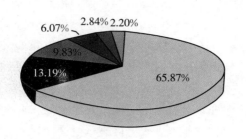

黑色金属冶炼和压延加工业

燃气生产和供应业

房屋建筑业

计算机、通信和其他电子设备制造业

有色金属冶炼和压延加工业

酒、饮料和精制茶制造业

2015 年河北省民营企业分行业营业收入总额占比

2015 年河北省民营企业排行榜

排名	企业名称	所属行业	营业收入总额（万元）
34	河北津西钢铁集团股份有限公司	黑色金属冶炼和压延加工业	6237 595
39	新奥集团股份有限公司	燃气生产和供应业	5790 400
71	冀南钢铁集团有限公司	黑色金属冶炼和压延加工业	4411 388
73	中太建设集团股份有限公司	房屋建筑业	4317 537
140	河北普阳钢铁有限公司	黑色金属冶炼和压延加工业	2944 826
142	武安市裕华钢铁有限公司	黑色金属冶炼和压延加工业	2926 625
161	晶龙实业集团有限公司	计算机、通信和其他电子设备制造业	2665 612
171	河北新金钢铁有限公司	黑色金属冶炼和压延加工业	2503 973
172	武安市明芳钢铁有限公司	黑色金属冶炼和压延加工业	2497 251
180	河北新武安钢铁集团烘熔钢铁有限公司	黑色金属冶炼和压延加工业	2401 853
220	河北新武安钢铁集团文安钢铁有限公司	黑色金属冶炼和压延加工业	2002 000
256	河北新武安钢铁集团鑫汇冶金有限公司	黑色金属冶炼和压延加工业	1726 185
369	邯郸市正大制管有限公司	黑色金属冶炼和压延加工业	1265 838
377	河北立中有色金属集团	有色金属冶炼和压延加工业	1245 103
496	河北养元智汇饮品股份有限公司	酒、饮料和精制茶制造业	965 764

数据来源：《2015 中国民营 500 强企业榜单》，中国产业信息网

由于河北省大部分民营企业，尤其是中小型民营企业处于传统产业价值链的低端，生产方式粗放，装备水平落后，专业人才短缺，品牌建设滞后，主要依靠低成本、低价格、低利润参与市场竞争，不能及时消化经营成本上涨等因素，无利润空间，在市场监管不力的环境下部分企业采取不正当手段，甚至是非法手段降低成本非法盈利。

案例3：安国药材市场的"硫黄菊花"

在河北药都安国的东方药城大街上，有个人人心知肚明的"隐痛"，就是国内的采购商都只要"便宜货"，优质的中药材都经出口经销商之手走出了国门。与质量相比，采购商更注重价格和卖相，2010年《中华人民共和国药典》标准修订，增加和提高了关于中药质量可控性和药品安全性的内容，按规定，菊花是不能用硫黄熏的，而实际上，市场上的菊花基本都是用硫黄熏出来的。内部人士介绍，菊花由于油性大，难以自然晾晒风干，如果使用脱水机和烘干机加工，成本会大大提高，所以用硫黄熏是"最经济实用"的办法，因此在加工厂一个耗资十几万的烘干机经常闲置。在安国中药材中心交易大厅的人参专营区，经销商陈某对此也颇有感触。在仓库里，整齐成团的优质产品无人问津，相反，质次价低的低等级产品却受到采购商们的青睐。他说，这些年来中药市场陷入了恶性循环的怪圈，货越来越差，大家都比着喊低价，根本就不管质量了。某采购商说他来自哈尔滨的一家制药企业，长期驻扎在安国，采购高丽参、党参、西洋参、黄连、金银花、鸡内金等中材料，他认为，我国中成药价格普遍偏低，尤其经发改委多次调控压价之后，中成药以低价拼市场成为唯一的生存法则。

民营企业主体诚信意识淡薄，人无信不立，企业无信则衰，没有哪个企业不明白诚信对于立企、兴企的重要性，但在具体实践中表现差异却很大。我国大量企业还是把追求利润最大化作为目标，容易关注眼前利益，产生短期行为，紧张抓生产、抓营销、抓规模，却不能在理念、模式和机制上保持并发展自己的诚信。从企业主体来看，企业的信用问题是由于企业对市场经济的片面理解造成的。我国的企业主体将市场经济片面地理解为单纯的交换关系，而不是道德经济和信用经济，在追求经济利益的同时放松了职业道德的遵守，从而使我国的部分民营企业出现了只追求经济利益而不注重道德自律的现象，也使得无良商家可以言而无信地生存着。其次，市场经济本身有局限，市场经济优胜劣汰、追求利润，在缺乏外部约束的环境下，企业主体无底线追逐利益，甚至通过假、冒、骗等不道德的行为获取经济利益，从而助长了诚信道德缺失的不良之风。

（四）利己思想下的教育及社会文化

从表象上看当今中国是一个诚信度非常低的社会，很多人归罪于功利主义，实则不然。"功利主义"是西方道德伦理的一种观点，并非价值判断的观点。功利主义的基本观点是：合乎道德的行为或制度应当能够促进"最大多数人的最大幸福"，这一点与自然法学派的天启神赋相对应，是西方哲学界基于经验主义理论批判的自然法则和天赋人权等抽象的假设。而我国社会失信的深层次原因是社会文化和教育的问题，大学扩招之后，为了解决就业问题，我国过于注重功利化的人格教育，而忽视了教育的社会性，不是以提升国民素质为教育的本质，而是以主体个人利益为第一目的，必然导致整个社会诚信教育的失当和诚信道德素养的缺失，这是当前商业诚信道德乃至社会诚信水准的下降的根本原因。在当今的教育中引导组织或个人以物质利益作为思想和行为的最高准则，把多元的价值判断约化为单一的利益向度，抽象掉人的社会性和组织的作用，当教育组织以收益作为行为指向时，将多维度的社会结构和复杂的社会事实还原为物质利益，把人与自我、人与自然和人与社会的关系简单化为交易关系，上学的目的就是为了挣钱，就业的标准就是工资水平的高低，这几乎构成了当代大学生的思维范式，这种范式不但降低了大学生对"本体"的理解，同时也收缩了主体观察客体的视域。当代大学生对知识的判断是"有利即有用"，在大学普遍存在"有利则取，无利则弃；有用则学，无用则舍"的思想，在"形上"的本性被利益限制后，本体的追求只注重利益，以预期的货币衡量知识的意义，只有对"我"有利才去思考。在经济利益推动下的选择不是探索知识与客观世界的内在联系和对世界的终极解释，而是以功利为标准割裂知识的内在联系。在"专业等于就业"的专业选择标准下，大学生对专业的理解就是就业，就业就等于收入，只要选择一个好专业，学好几门专业课程就可以享用终身。导致这样结构的原因是大学教育从精英走向大众，从封闭走向开放，在市场经济的背景下不论组织还是个人，都会受到来自市场价值标准的影响，我国正处在市场经济的初期阶段，只有市场经济的"形"，没有市场经济的"魂"，社会的各种思潮、观念及文化都在不同层面上向大学渗透，影响着大学的功能、定位、边界，甚至培养目标，利己倾向的曼延导致了主体行为的短期化，内聚为对利益的追求，为了利益目标得以实现，也不再思考实现的途径、手段和价值，甚至会演化成"只要目的正确可以不择手段"的逻辑。

说到教育就必须谈到教师这一"精英"群体，我们这个时代是一个"制造精英"的社会，一些所谓著名的"学者"，成功的"企业家"，社会"名人"都被贴上了一个"精英"标签。正是这些"精英"们影响着社会文化和中国教育，这些人把自己打造成中国的精英阶层，是体制和社会的宠儿，为了体现他们的"高贵"身份，绞尽脑汁与政治上层扯上关系，教育者则从学术关注转向利益关注，为权力代言，为利益助威，用别人来抬高自己，以自己结交的圈子和财富来标榜自己是成功者。在当代中国社会，他们将成功的标准被定义成财富和权力，即不择手段获取财富是中国年轻人追求的目标。真正的精英不光意味着拥有财富和社会地位，还在于具有高尚的学术造诣、良好的素质修养和引领社会的道德价值，主宰着社会道德文化的主流，对于一个国家和社会而言，精英价值的最大意义，就在于他们凭借自身使命，承担社会责任，参与及促进社会进步。倘若按照这个标准，中国社会显然不存在这样的精英群体和价值理念，这就是我国商业诚信缺失的深层次原因。

第九章　诚信缺失对民营企业的影响

诚信是民营企业健康成长的"长寿基因"，它是一般外部力量所无法替代的。而民营企业的竞争力又主要来自于民营企业的信誉。诚信是提高民营企业竞争力的重要条件，诚信能使民营企业赢得广阔市场，在激烈的市场竞争中胜出，并获得持续发展；诚信能增强民营企业的融资能力，从而增强民营企业的竞争力。诚信是民营企业的一种销售力，诚信是民营企业间发展战略联盟的需要。激烈的全球竞争、快速的技术变化和新产品开发周期的缩短使得民营企业只有结成战略联盟，才能降低成本，规避风险，为民营企业获得新的市场、获得新技术和发展规模。诚信是民营企业增强国际竞争能力，保持和增加市场份额，融入全球经济的保证。

一、河北省民营企业成长速度缓慢

截止到 2013 年河北省民营企业总量为 259.67 万家，比毗邻的山东少 49.6 万家，河北省民营企业的平均寿命为 2.5 年，低于全国平均水平，年营业收入 10 亿元以上的民营企业 252 家，比山东少约 500 家。这些指标说明河北省民营企业的成长速度慢，市场竞争力弱，上升空间小，其中主要原因之一就是企业注重短期利益并以此为目标，无品牌质量意识和售后服务意识，产品停留在原始阶段，甚至为达到目标不惜制假造假，以诚信换取短期利益。

（一）中小民营企业"做不大，寿命短"

据美国《财富》杂志报道，美国约有 62% 的企业寿命不超过 5 年，其中中小企业平均寿命不到 7 年，大企业平均寿命不足 40 年。美国每年倒闭的企业约 10 万家，而中国是 100 万家，是美国的 10 倍。根据全国工商联推出的第一部《中国民营企业发展报告》中公布的调研数据，国内中小企业的平均寿命只有 2.9 年，集团企业的平均寿命仅 7—8 年。本次抽样调查中，河北省中小民营企业平均寿命为 2.5 年，这一结果可能让很多关心中小企业发展的人士感到难以接受。那么，到底是什么原因，导致了中小企业的平均寿命如此之短呢？有关分析表明，大部分小企业是在成立后半年到一年的时间内夭折的，而相当部分的中小企业是在规模扩大之后不久失败的，走不出"做大就死"的魔咒，企业的生命周期短暂，能做强做大的企业更是寥寥无几。企业做不长、做不大的根源当然很多，但核心根源却只有一个——缺乏诚信，这是企业无法做强做大的根本因素。

（二）河北省品牌建设缓慢

经过多年培育，我省工商和市场监管部门着力提升河北品牌的综合竞争力，河北省民营企业品牌建设工作取得了长足进步，有了较大改观，主要体现在以特色产业为依托的区域品牌得到了长足发展。据不完全统计，在全省产业集群中，获得"国字号"称谓的和获得"省字号"称谓的品牌中涌现出了一批国内国际知名品牌，但与先进地区相比仍有较大差距，截至2016年10月底，我省有效注册商标已达293 811件，其中，中国驰名商标275件，省著名商标3 579件，远低于东北等发达省份。对于民营企业发展中面临的问题，品牌作为企业转型升级和提升核心竞争力的重要途径，越来越受到关注，深刻理解品牌的内涵和重要作用，对于推进企业转型升级、实现企业健康快速发展具有十分重要的意义。河北省民营企业品牌建设的滞后主要体现在以下几个方面：首先，品牌意识差。民营企业内部存在品牌意识差、商标意识不强、认识不到位、投入不足等问题，缺乏积极性、主动性，认识不到品牌的重要性和必要性；其次，品牌数量少、档次低。河北名牌拥有量少，特别是全国驰名商标数量不多，相比之下，江苏省获中国名牌产品150个，而河北只有38个，福建省单一个晋江市就拥有国家级区域品牌11个，中国名牌产品18个。第三，以家族文化为主导。以血缘为纽带的企业结构，是民营企业的主要弊端之一，我国的社会组织一直是以家庭为中心的组织，家族及家庭利益远远高于其他社会组织，家庭里的血缘性人际关系是最重要的关系。浓厚的家族观念导致民营企业对亲属有较高的信任和对外部人才的较强排斥，企业内的权力集中于亲属，优秀人才难以涉足管理层，企业治理结构不规范，产权不明晰，往往会导致民营企业采取短期行为而产生失信。产权制度是民营企业守信的必要条件，在产权制度不健全的企业，企业决策和企业行为往往以个人意志为准，只有对家族成员的诚信，缺乏对员工的诚信和对社会的诚信，最终导致普遍性的诚信缺失。

品牌建设是民营企业通往成熟的必经之路，也是走向国际市场的通行证，它已经成为企业之间乃至国家之间争夺的焦点，一个国家的经济是否强大取决于民族品牌的多少，我国虽然是世界第二经济大国，但是在品牌建设上却远不如日本。一个企业能否在市场上拥有竞争力，也是看企业的品牌地位，否则只能拼成本、价格。然而品牌建设是一项投入高、时间长、风险大的过程，特别是在功利思想主导下的经营环境中，很少有企业愿意苦练内功，扎实进行品牌建设，最终结果不是被淘汰，就是贴牌，或是冒牌。河北省高阳县曾是鞋业的集中产地之一，却由于没有品牌导致了绝大部分企业倒闭。

二、河北省民营企业产业结构的升级换代步伐迟滞

伴随着我国社会主义市场经济的逐步完善和市场化程度的逐渐加深，民营企业在国民经济中所占的比重越来越大，地位也越来越重要。民营企业在经历了20世纪80年代的初创和90年代的扩张性发展之后，当前民营经济正面临着以科技创新为主要特征的艰难的"二次创业"。20世纪90年代末到21世纪，民营经济发展的社会环境发生了巨大变化，国内市场由原来的卖方市场转变为买方市场，企业经营进入微利时代，以扩张为特征的数量型经济遇到了前所未有的困难。另外，市场全球化趋势也使传统民营企业面临着更大的冲击和挑战，因而走科技创新和品牌建设之路成为了民营企业"二次创业"的必然选择，就像联想、华为等一大批民营科技企业的兴起。技术创新受到了空前的重视，产品的技术含量成为民营企业争夺市场空间和份额的新手段。科技创新，具有高风险、高投入、高回报、研发周期长等特点，其对资金投入、企业经营的市场环境、人才以及国家和社会公众对科技创新的认识程度等都要求非常高。民营经

济由于其自身的特点和性质，与国有经济相比，在科技创新的社会环境方面天然地处于弱势地位。所以民营企业在科技创新过程中，特别需要有国家法律的保障诚信体系与诚信环境，需要建立健全保障民营企业科技创新的各项法律法规，创造一个公平竞争的发展环境，严格执法，打击侵犯民营企业知识产权的非法行为，维护民营企业的合法权益。只有这样，才能充分发挥民营企业机制灵活，创新意识强的特点，从而不断涌现科技型民营企业，进而推动我国经济整体素质的不断提高。

2015年河北省共接待海内外游客3.72亿人次，实现旅游总收入3 433.97亿元，同期北京旅游收入4 607亿元，旅游业增加值占GDP比重达到7.5%。河北省旅游接待人数超过北京，但是其旅游收入在京津冀三地中的处于末位，诚信缺失是造成我省旅游产业滞后的主要原因。北京在三地中旅游收入一直处于领先地位，发挥了其经济增长极的作用。

失信等同于诈骗，是在荼毒人类善良的天性，小型企业失信案例尤其触目惊心：不纯净的纯净水、不卫生的卫生餐具、不绿色的绿色的食品等，企业造假似乎成为了人尽皆知的"潜规则"。中小企业的种种不诚信行为，严重侵害了消费者的权益和健康，也造成了消费者在心理上滋生出中小企业不讲诚信的潜意识，而这种意识一旦形成，将会给中小企业在消费者心中的形象和信誉造成极大的影响，直接影响到中小型企业的发展；这种意识一旦形成，就会长期影响消费者的选择，危害中小型民营企业的发展。长期看民营企业的失信行为直接破坏了市场规则，扰乱了市场秩序，成为制约市场机制发挥基础性资源配置作用的障碍，甚至可能成为风险孕育和爆发的罪魁祸首，加剧市场失灵的程度，对我国的经济改革和经济发展造成不可低估的负面影响。

三、融资成本上升，融资渠道变窄

近年来，中小型民营企业不讲信誉，不履行合同，随意拖欠银行贷款时有发生，企业老板跑路是企业逃避债务的主要表现形式，企业开办人或经营者在纠纷没有发生前就出走，其资金流向无法掌握，企业开办人不完全出资或虚报或抽逃注册资金逃避债务。企业不讲信用的行为使银行遭受了巨大损失，导致银行呆账、坏账增加，增加了资产风险，因此在没有可靠担保的情况下，现在部分银行都严格控制对小企业的放贷。银行对中小型民营企业缺乏信任，后期贷款困难，进入恶性循环，企业规模无法扩大，无法实现规模效益，导致一些有技术、前景好、讲诚信的企业也无法通过正常融资来扩大发展。

（一）中小民营企业财务管理混乱

尤其是中小民营企业财务报告落后，信息缺乏透明度，信息基本上是内部化的，很多企业只是"流水账"，还有些企业为了偷税漏税搞"账外账"，这增加了金融系统了解企业财务的难度，甚至企业在借款时有意隐瞒负面信息而夸大或虚构有利信息，使得银行难以在借款前对其信息进行有效甄别，借款后难以对其进行有效监控，加之为中小民营企业贷款成本高于国有企业，更有甚者有些企业在借款时就没想要还，所以得到融资后，会违背借款合同，将资金用于高风险的投资活动，使得银行贷款遭受损失，于是银行不得不把风险评估得高一些，从而在审查环节就加强了风险防范，此举不但增加了审查成本，也使银行进一步对中小企业敬而远之，进而形成了银行对大企业"锦上好添花"，没有对中小企业"雪中难送炭"的状况。企业恶意拖欠和逃避银行债务造成的企业与金融机构之间的信用危机，使我国金融系统每年因为逃避债务造成的直接损失约 1 800 亿元。

（二）企业融资渠除了通过金融机构贷款的方式外，还可以通过资本市场发行股票、债券的方式来筹措发展资金

由于民营企业资信情况较低，尤其是中小企业除了难以得到金融机构的融资外，也提高了其他融资成本，在我国，由于长期以来资本市场门槛较高，中小企业难以通过发行股票、债券的方式直接融资。目前的多层次资本市场虽然降低了企业融资的门槛，但是由于企业的商业信用缺乏，企业所处的环境是普遍缺乏信用征集、信用调查、信用评估、信用担保、信用管理等完善的信用制度体系的环境，造成了融资环境差，导致企业融资困难。

债券违约不仅影响到债券市场本身，还会加大金融市场的风险，甚至对整体经济也产生负面冲击。首先债市违约拖累一级市场，影响债券市场的融资功能。2016 年的前 4 个月，因违约而推迟或取消发行的债券大幅增加，而推迟或取消债券发行，使得企业现金流下降，可能进一步加剧违约风险。不仅如此，由于违约提高了债券的风险溢价，使得债券发行利率水涨船高，提升了融资成本并进而推高企业成本。例如，2016 年前半年企业债券的平均发行利率提高了 1 个百分点，而且采用高效率融资手段的企业呈上升之势。由于到期债务积压，加之实体经济投资机会不多，很多企业募集资金的主要目的是偿还银行借款或者缓解流动资金紧张，导致了债务发行短期化趋势越来越明显。据统计，1 年以内品种占比已由 2011 年的 17.26% 提高到了 2016 年 3 月末的 24.68%，债券发行期限的短期化，意味着未来更大的短期偿债压力。总体看，债券市场的信用风险上升，导致收益率水平上升，债券市场的流动性因此下降，流动性下降会反过来又导致了流动性溢价上升和债券价格下跌，进一步加大了信用风险。由于信用违约使得许多违约债券交易停止，导致了债券成交量的萎缩，流动性下降，并由此影响债务资本的流动。债券市场的动荡导致社会对信用的定价出现混乱，使得金融市场系统性风险偏好下降，由于不完全信息的影响，债券价格就可能对企业资信做出错误的反应，进而又传递到实体企业。违约不仅影响了债务市场的总体收益率水平，还会通过金融加速器机制对宏观经济造成严重冲击。大面积的债券违约会恶化金融市场的信息不对称问题，使得企业外部融资的风险溢价相应大幅上升，会给企业投资带来较大打击，从而使宏观经济对违约率和风险溢价的变化做出非线性的反应。这就是债务违约严重拖累宏观经济的重要原因和反应机制。当然，债务违约导致的风险溢价上升并不局限于债券市场本身，违约高发最终将使得所有金融资产的风险溢价上升，冲击传染至其他金融市场，如股票与外汇市场。因此，违约率大幅攀升往往会同时伴随着股票市场大幅下挫、汇率贬值等金融市场的多重过度反应。

（三）在信贷总量控制的情况下，国有商业银行放贷向大项目、大企业倾斜，对中小企业的信贷资金有"挤出"的情况，中小企业的融资难度较大

中小企业生产经营运行监测平台对全国 31 个省市 4 665 家中小企业经营状况的调查显示：有70.93% 的企业流动资金不足，在流动资金严重不足的企业中，融资需求得不到满足的企业占到73.04%。目前中小企业融资的主要渠道有：43% 选择自筹资金，19% 民间借贷，38% 通过银行贷款融资。由于中小企业规模偏小，缺少抵押物、质押物，财务制度欠规范，企业信用状况难以得到金融机构认可等客观因素，中小企业从银行获得资金非常困难。同时，一些商业银行贷款手续繁杂，时间长，且关联费用较高，致使一些中小企业望而却步。

中小企业融资难题是已存在多年的顽疾，轻纺、涉农等民生类行业以及现代服务业由于利润率较低，或者是缺少资产抵押担保，除了极少数上市公司和地方扶持的骨干企业，大部分企业贷款很难。部分企业在资金紧张时，主要靠私人借贷，大幅提高了融资成本。而国际金融危机又把贸易型、出口加工型企业纳入了贷款难行列。河北省中小企业资金融通困难的根本原因，是我国金融市场不健全，企业融资渠道单一，主要依靠银行的间接融资。另外，制约中小企业融资难的一个非常重要的因素是担保问题。虽然目前许多地方政府支持成立了多种形式的担保公司，对接企业和银行两个商业主体，为银行向中小企业贷款进行担保，但目前政府主要通过行政支持手段让具有官方背景的担保公司做中介桥梁，可以想象，背负着扶持中小企业的官方使命，担保公司将难以完全按市场化规律选择中小企业给予担保，这对企业、银行和担保公司三方来说均难言是最佳结果，这也是中小企业依然觉得融资难的原因所在。

四、企业经营成本上升，资金链脆弱

（一）履约率低成本上升

1. 据商务部统计，目前我国每年签订合同约 90 亿份，而履约率仅约 50%，每年因逃避债务造成的经济损失，因假冒伪劣造成的经济损失，因三角债和现金交易增加的财务费用高达上万亿元。企业间诚信缺失已成为制约民营经济发展的瓶颈。同时也存在着大量讲诚信的企业，它们诚实守法、按章办事，严格履行合同，但是却受到了失信企业的影响，为防止受骗，一些企业在市场交易中甚至倒退到"一手交钱，一手交货"的原始状态，此举降低了企业资金运营效率，推高了企业的经营成本。这种现象不断发生在中小民营企业，同样出现在上市公司，2015 年的国内宏观数据显示，被视为经济活力风向标的 PMI（采购经理指数）返回 50% 上方，然而，另一组数据则打压了这样的上升势头，中国上市公司的应收账款总额增长了 23%，达到 5 900 亿美元，一家典型的中国企业收回销售款项需要约 83 天，时长接近新兴市场同业公司的 2 倍，更可怕的是，3 年以上应收账款占比超过 30%。上市公司尚且如此，各类民营中小企业面对的应收账款问题只会更加严重。

2. 商业信用是企业诚信的主要内容，是不同企业之间由于赊销而产生的信用关系，其本质是卖方企业对买方企业的短期融资。为节约成本，扩大销售，企业之间不可避免地要通过信用合同、协议、授权、承诺等方式进行信用交易。而中小企业信用缺失首先表现在商业信用中，在交易过程中，由于企业不讲信用，拖欠货款的数额越来越大，时间越来越长，使正常的信用观念遭破坏，企业间赊销、预付难以进行，逾期的应收账款发生率越来越高。目前国内企业之间的交易大多倚重现金交易，基本相互不授予信用，使商业信用陷入恶性循环。

3. 企业与企业之间作的交易如果普遍存在诚信缺失，首先会造成生产商供给客户质量不合要求的产品，直接造成企业产品的一系列后续问题，或直接影响企业生产流程的正常节拍；其次交易一方蓄意隐瞒企业经营状况、财务状况，拖欠应付款，甚至进行欺诈性交易，在对交易对象的诚信状况一无所知的基础上进行交易，结果势必是守信企业的经营面临严重危机，甚至导致企业破产。据统计，我国每年由于合同欺诈造成的直接经济损失约 55 亿元。

（二）企业为失信所付出的成本有两个，一个是显性成本，一个是隐性成本

通常我们探讨的是企业违约的显性成本，但是没有看到企业违约的隐性成本，企业违约的隐性成本就是企业的生存环境受到的打压和限制，造成企业经营环境恶化。更为严重的是，债券市场违约风险的集中暴露又会进一步降低投资者的风险偏好，引发市场恐慌情绪，这又会使得企业信用债券的发行成本提升，增加企业的财务成本，进而影响企业的持续经营；另一方面，一旦这些因素影响到短期融资等债务融资工具的滚动发行，则会造成企业资金流动性紧张，降低相关行业企业的再融资能力，则这些企业的资金链就有可能断裂，企业有可能大面积破产。

如果一个地区的企业长期违约，企业失信的隐性成本则包括四个部分：一是行业内普遍的失信使其失去更多的交易机会，导致企业的机会成本增加，市场交易选择的机会越来越少，从而失信企业无法从以后的交易中获得收益；二是来自政府的罚款和限制交易成本，使失信企业受到直接的利益损失；三是其他行业会与失信企业或失信区域的企业建立起心理屏障，因此会产生相应的心理成本；四是生态成本，从个别企业失信到区域企业失信，会使区域的产业链陷入困境，在高度分工的后工业时代，企业的成长不能独立实现，越来越依赖区域的经济生态群，就像自然界的生态环境一样，一种生态失去平衡，会造成整个区域的生态恶化，一个企业的失信会造成一个区域的经济生态恶化，失信就像曾经在中国南方疯长的紫茎泽兰，这就是生态成本。

比如因为骗税、逃债现象严重，我国广东省的潮汕地区已经成为失信的重灾区，外省企业不愿意和该地区的企业有业务往来。由于不讲诚信，一些企业为了得到一些短期利益，却给当地经济的后续发展带来了难以复原的后果，诚信大厦一旦倒塌就需要很长的时间才能恢复，石家庄"三鹿事件"就是典型案例，其称直接导致了国人到目前为止对中国奶制品行业都没有信心。

（三）由于失信企业得不到应有的惩罚，导致失信者的成本外化，由社会来承担失信者的成本，于是失信的企业就越多，愿意守信的企业就越少

以上市公司为例，2015 年中国企业遭遇了前所未有的资金流动效率的问题。2014 年和 2010 年，中国公司的应收账款周转天数分别为 79 天和 55 天，但 2015 年上升到了 83 天。这个数字在世界前 20 大经济体中仅次于意大利。MSCI 新兴市场指数中的中值仅为 44 天，工业公司的天数为 131 天，技术公司为 120 天，通信技术公司为 118 天，一般认为 100 天是一个警戒线。资金周转问题从工业蔓延到技术业及消费品行业，中国上市公司的应收账款在过去两年增加了 23%，达到 5 900 亿美元。

（四）企业的内部失信

一方面企业对员工的失信会直接降低企业的生产效率。企业不遵守劳动合同，对员工封锁信息，背弃对员工的承诺，导致员工对生产过程缺乏应有的了解，影响了生产的顺利进行及产品的质量，使员工对工作缺乏积极性，对企业缺乏归属感，严重者出现了与企业对抗，甚至酿成了社会恶性事件。另一方面企业对股东的失信，发布虚假财务数据及其他虚假经营信息，损害股东利益，牺牲中小股东的利益等行为，导致其失去了股东的支持，股东的选择唯有抛售转让股票或撤资，导致企业失去存在的基础。

五、国企民企交叉违约导致民营企业成长环境恶化

近年来，债务违约再次成为焦点，东北特钢债务违约引发了诸多风波。此外，山东钢铁集团 30 亿元的债券也取消发行。新京报记者统计发现，2015 年以来，国内债券市场违约金额已达到 240 亿元，其中，地方国企与央企违约金额占比接近 6 成。

（一）国企的违约直接导致民企发展缓慢

1. 我国市场经济中国有企业在资源、政策、人员等方面享有比民营企业更大的优势，甚至是处于垄断地位，从民营企业的角度看，国有企业诚信的缺失对民营企业的生存发展造成了不良影响。国企主要提供基础性产品，在我国市场经济中起到了稳定价格的作用，国企违约首先推高了基础产品的价格，进而导致整个社会的产品成本上升，推高了其经营成本，如我国的钢铁、电力、煤炭、铁路、成品油等市场的价格波动都直接构成了民营企业的生产成本。国企对民企的债务或债权违约会直接导致民营企业的死亡，因为民营企业经营初期规模小、资金少、技术落后，处于市场竞争的底端，承担风险的能力低。

2. 国企在我国还起到了维护市场秩序的作用，国企违约扰乱了整个市场秩序，增加了民营企业的经营管理成本。国有企业和民营企业都是市场竞争的主体，在市场竞争中的地位应该是平等的，都应该享受到公正的国民待遇。但由于国有企业与政府之间的特殊关系，使得国有企业通过不诚信的手段为权力的寻租提供了机会，造成了国有企业与民营企业事实上的不平等。为此，不少民营企业选择采取假冒伪劣等不正当手段交易，以维护自身的市场地位和利益。

（二）国企违约压缩了民营企业上升的空间

我省鼓励发展混合所有制经济，支持有条件的民营企业在现代装备制造、能源、信息技术、海洋等战略性新兴产业，通过资产收购、产权转让、参股控股、合资合作等方式进行兼并、收购、整合，发展民营资本控股的混合所有制企业。民营企业充分利用我省产业结构调整、转型升级的机遇，参与国有企业的改组、重组。在国有企业利用产权交易市场实施产权转让和利用存量资产引进外部资本时，支持民营企业平等竞争，混合所有制经济作为国家战略，为民营企业的发展提供了更大空间。国企违约增加了民营企业并购国有企业的风险，阻碍了混合所有制的发展，国有企业对参股或收购的民营企业隐瞒企业信息，如财务、职工、资产、债务等，正是国有企业缺乏诚信导致民营企业参股或收购后，给民营企业造成了诸多不稳定因素，使民营企业的管理成本直线上升，经济效益迟迟不能实现。

（三）国企诚信缺失导致市场治理成本上升，市场经济建设进程放缓

在市场经济条件下的诚信已经远远超过了文化、道德的范畴，是一个具有明显经济利益色彩的竞争基础，是企业竞争优势的重要内容之一。诚信缺失的一个重要影响是造成市场竞争秩序的破坏，严重威胁到市场交易的健康、可持续地发展。作为提供强制性制度的政府部门，对于企业诚信行为的监督和管理已经不能完全依靠社会道德、个人修养等非强制性制度的软约束手段，必须从政策、法律、法规的角度对企业的不诚信行为进行强制性约束和惩罚，这无疑加大了政府的管理成本、调控成本、时间成本和其他相关的交易成本，放缓了市场经济建设的进程。

　　同时国企民企交叉违约也增加了国有资产流失的风险。在失信的市场环境中，国企民企合谋，有不少民营企业打着并购国有企业的幌子，用非诚信的手段，购买国有企业部分或全部产权后，却不按照原合同履行相应的义务，肆意对国有企业的信誉、商标等无形资产和机器设备等有形资产侵占、挪用和转移，造成国有企业资产流失现象严重，从国企民企融合变成合谋，民营企业的非法获利助长了民营企业的失信行为，形成了诚信建设的恶性循环。

第十章　经济转型时期民营企业的选择

一、中国经济进入转型期给民营企业带来的挑战

在我们认为民营企业的春天已经到来的同时，也应清醒地看到当前民营企业发展中面临的压力和挑战。随着市场需求降温、产能普遍过剩和生产要素成本提高，企业转型、产业结构调整和发展方式转变已成为客观发展的必然趋势，中国经济已进入新旧动能转换、经济转型升级的关键时期。

经过 20 多年的超常规发展，当前我国企业发展环境发生的重大改变主要表现在以下几个方面：

第一，国内以住、行为主的消费结构的升级活动进入到调整期。随着大城市特别是特大城市发展空间的约束增强，以城市住、行为主的消费结构的升级活动进入了调整期。2002—2010年，我国轿车产量年均增长 31.2%，2011 年降低到 5.8%，2012 年 1—8 月同比增长 8.4%。受城市汽车保有量承受能力的限制，预计轿车进入家庭的步伐将放缓。2002—2009 年，城镇商品房销售面积年均增长 19.8%，2010—2011 年年均增长降低到 7.7%，2012 年 1—8 月同比下降 4.1%。受城市特别是大城市、特大城市发展空间和土地供给潜力的限制，预计城镇居民居住水平提高的速度也将减慢。综合看，住房、汽车市场的扩展速度降低，对相关产业的带动作用减弱。

第二，国内投资增速降低。受城市发展空间、地下设施配套能力、地方政府资金能力的限制，以城镇建设为主的投资扩张能力减弱；受产能过剩问题的制约，企业和产业的投资活动也趋缓。这些都是导致投资增速下降的重要因素。

第三，生产要素成本水平明显提高。2002—2011 年，城镇单位就业人员的平均货币工资由 12 373 元 / 年增加到 41 799 元 / 年，增长了 237%；工业生产者的购进价格指数上涨了 70%，建筑安装工程价格指数上涨了 52%，固定资产投资价格指数上涨了 35.8%。劳动力、土地、资金、资源等生产要素价格持续上涨，使企业生产成本大幅提高。

第四，外贸出口市场扩张速度减慢，竞争越来越激烈。国际金融危机之后，国内企业在国

际市场的扩张速度明显减慢，2001—2007 年，世界货物贸易进口额年均增长 14.1%，2008—2011 年降低到 3.8%。另一方面，经过持续快速扩张，中国出口产业已经形成相当大的规模。2002—2011 年，工业企业出口交货值由 19 916 亿元扩大到 101 946 亿元。与此同时，新兴发展中国家劳动密集型制造业规模持续较快扩大，美国近年来也开始启动"再制造业化"的活动。所有这些都表明，国际市场的竞争越来越激烈。

综合以上情况可以发现，我国消费、投资、出口等三大需求的增速都出现了阶段性降低，生产要素成本明显提高，低水平数量扩张的发展模式非改不可。我国经济正在向形态更高级、分工更复杂、结构更合理的阶段演化，经济发展进入新常态，正从高速增长转向中高速增长，经济发展方式正从规模速度型粗放增长转向质量效率型集约增长，经济结构正从增量扩能为主转向调整存量、做优增量并存的深度调整，经济发展动力正从传统增长点转向新的增长点，企业和经济的发展条件已发生重大改变。

二、转型期民营企业的诚信缺失问题成为制约民营企业发展的瓶颈

在中国经济转型的大背景下，民营企业因其活力成为国民经济发展的生力军。当前民营企业自身也正处于转型关键时期，由于诚信缺失导致的信任危机已经成为影响民营企业成功转型、快速发展的重要障碍。国家发改委财经司司长田锦尘曾经指出，目前我国社会上存在着商业欺诈、制假售假、偷逃骗税、食品安全事故等大量不诚信问题，中国企业每年因信用缺失导致的损失达 6 000 亿元。在征信成本太高，而失信又几乎没什么成本的情况下，违约、造假、欺诈的事件数不胜数。当前，我国民营企业诚信缺失主要表现在如下几个方面：

（一）产品诚信问题

近年来，我国市场上出现了许多的假冒伪劣产品，且涉及的领域越来越广泛，伪劣产品已经渗透到了各行各业，特别是企业根据消费者追求名牌的心理，生产了很多冒牌商品。消费市场存在着"假、冒、伪、劣、坑、蒙"等现象，如食品、医药等日用消费品行业中存在着大量假冒商品，不仅侵犯了消费者的正当权益，而且直接威胁到消费者的生命安全，可见制假售假的规模之大，影响面之广，危害之深，已经达到了无法容忍的地步。"达芬奇事件"就是一个活生生的例子，其利用消费者对进口产品的盲目崇拜以及不求最好只求最贵、追求名牌的心理，将一堆由复合材料或树脂拼出来的"垃圾"贴上洋品牌的标签后，以几十万甚至上百万元的天价卖出。

（二）广告和虚假促销现象严重

企业为了提高公司的销售量以及产品的知名度，运用广告推广的销售手段，这也是无可厚非的，但某些企业没有严格地遵守广告销售的原则，制作一些虚假的、不符合事实的广告，努力吹捧、夸大产品的功能、效用，怂恿消费者购买，欺骗消费者。以民营企业"达芬奇家具"为例，其公司在广告中对消费者声称，该公司所代理的木质意大利产品都是由意大利厂家对珍贵木材加工而成的，绝对原装进口，但实际上却不是这样。除此之外，该公司在网站上也频繁使用与实际情况不符合、相违背的广告用语，如"最高档的家具""国际顶级品牌"等等，这一系列的行为都对消费者的购买产生了误导。虚假广告主要发生在医疗服务、药品、保健食

品、房地产等产品或服务类广告中。虚假广告、信息失真的广告往往夸大失实、语意模糊、令人误解，宣传的内容与所提供的商品或者服务的实际质量不符，故意误导消费者。国家工商行政管理总局对虚假广告的主要形式进行了分类，主要有假冒性虚假、夸大性虚假、误导性虚假等。虚假广告误导消费者和使用者，给消费者造成了人身或财产的损害。

企业有时出于自身利益考虑，不愿披露与产品操作、使用有关的危险，比如产品在生产过程中给员工带来身心伤害或给社会造成环境污染，并危及居民的正常生活，以及产品在使用过程中给消费者带来人身和财产安全方面的危害，以及产品废弃物对环境造成的污染，这属于严重侵害消费者的知情权。另外，虚假广告和促销还包括：促销期间制订不公正的免责条款，消费者即使知道自身权益受损也不可能利用法律来维护自己的合法权益；欺骗性、误导性的广告宣传和市场推广；在人员促销中推销伪劣产品和滞销产品，诱惑消费者购买不需要的产品或不想买的产品。

（三）价格欺骗

企业为了得到最大的利益，往往在价格上欺骗消费者。比如提高商品价格，还向消费者谎称是低价出售，或者通过各种价格手段赚取利益，比如商场中最常见的打折、优惠、买多少送多少等等，这些都是企业在市场营销中为了使其利益最大化而采用的最常见的手段。当然，也有不常见的手段，如"达芬奇公司"为了使消费者对其产品材质的真实性不产生怀疑，进而从未对其产品进行过打折优惠等，此做法是在价格上采取的另一种欺骗手段。

（四）售后服务不兑现

现在的企业在销售产品时，都会提供一些售后服务，会信誓旦旦地向消费者承诺在一段时期内包换或提供终身免费维修等服务，但当消费者要求兑现时，企业就会以各种理由来推脱承诺，严重地欺骗消费者。在"达芬奇事件"中，该公司事前承诺"假一赔十"，可在事后却以各种理由借口推脱，不予履行。

（五）企业之间相互拖欠严重

一些日子不好过的企业甚至将拖欠、欺诈等不守信用的行为视为摆脱困境的一种方式，企业之间尤其是民营企业之间相互拖欠货款，造成逾期应收账款居高不下，已成为经济运行中的一大顽疾。我国"三角"或"多角"债务发生比率高达50%以上，"三角债"造成了经济信息混乱，由于互相拖欠，流动资金更显不足，在短期信用拆借市场与投资市场上，资金价格易受黑市操纵，即使经济效益好的企业也面临着被拖欠的问题，其利润也难以实现。拖欠税款、拖欠贷款、恶性逃避债务的现象屡见不鲜，使民营企业之间存在着大量且长期不能缓解的"三角债"，这种情况不仅严重影响到企业的正常生产经营活动，增加了流动资金的占用量，提高交易成本，扰乱市场秩序，降低了企业的市场竞争力，而且大大地增加了整个社会经济的运作成本，对民营经济的发展贻害无穷。

（六）企业恶意逃废银行债务

理论和实践证明，金融信用的缺失会引起经济的动荡，甚至导致一国经济的崩溃，企业逃废债花招百出。例如，企业借破产逃废金融债务；启用下属企业睡眠账户，逃废银行债务；异地开户逃废银行债务；以个人名义开户逃废债务；经营前景不乐观的企业，成立子公司做好逃债的准备；有的借企业分离或合并时，将债务留在原企业，悬空旧债。企业逃废债屡禁不止和恶性蔓延，破坏了以偿还为条件的银行信用，扰乱了金融秩序，危及了金融资产的安全，损害了社会信用，同时积累了大量信用风险，使中资银行的国际竞争力由此削弱。企业逃废银行债务本质上产是一种欺诈行为，严重者已经构成了犯罪。企业逃废银行债务的行为扰乱了社会经济秩序，破坏了社会信用制度，影响了国民经济的正常运行，损害了金融机构与企业之间正常的信用关系，给社会造成了极坏的影响，加大了社会经济交易成本，也造成了国有资产大量流失。这种行为如果任其发展，必将导致金融信用的全面崩溃。因此，严厉打击和防范企业逃废银行债务的行为已刻不容缓。

（七）财务失真现象严重

主要表现在财务制度不规范、数据虚假失真。民营企业往往做三本账：一本给税务局，用虚减利润的方式偷税漏税；一本给银行，以虚增利润的办法取得贷款；再留一本自己用，形成了税务信用、贷款信用、财务信用缺失的不良状况。目前民营企业披露虚假财务数据、统计数据造假等现象屡见不鲜，这与部分民营企业家素质不高、企业利益观念走偏有一定的关系。大量假账未对外界披露，造成了企业经营风险被掩盖，金融机构贷款风险增加，整个社会诚信度下降，导致对国民经济的研究产生了误导。长此以往，将会严重损害民营企业的整体形象。

（八）撕毁合同事件时有发生

据统计，目前我国每年订立的合同大约有40亿份左右，但合同履约率仅有60%左右，导致民营企业在交往过程中提心吊胆，交易成本大大增加，有的民营企业一方面欺诈别人，另一方面也被别人欺诈，既是害人者也是受害人。

（九）民营企业间的不正当竞争也是其信用缺失的一种表现

民营企业间的不正当竞争表现为：以不诚信的方式获得竞争对手的知识产权和商业秘密，如为了投机获利抢注商标；产品交易过程中，为赢得客户舞弊、行贿、给予高回扣；开展恶性竞争，企业间相互攻击、诽谤、制造谣言、诋毁竞争对手的企业形象和产品形象；利用"权力营销"，既污染社会环境又为各种腐败现象提供了温床，同时也给企业正当经营造成了冲击。假冒他人的注册商标，捏造、散布虚假事实，损害竞争对手的商业信誉，为了排挤竞争对手搞低价倾销等手段，导致了广大消费者对民营企业整体的不信任感。

以上各种因企业缺失诚信而导致的行业乱象，呈现出当今企业失信现象多元化与复杂化的趋势，各行各业都存在着不同程度的失信现象，令人民财产与生命安全受损，令国家政府形象受损。加强对公民的诚信教育，营造社会诚信氛围，完善企业诚信的法律体系建设，加大惩罚和监管力度显得刻不容缓。

诚信缺失更导致了信任危机的产生。各行为主体对民营企业的不信任占了多数，具体体现在：（1）政府与民营企业之间，民营企业常本着"上有政策，下有对策"的心理应对来自各方面的行政管理。政府被比喻成了猫，成了婆婆，成了乱吃唐僧肉的群魔，民营企业与政府处在彼此互不信任的两端。为了应对来自各方面的行政管理，而不是市场导向管理，民营企业为此增加了经营管理费用。（2）民营企业与民营企业之间，怀疑合作方的信用，彼此不信任。主要体现在倒退回到大宗现货交易，票据使用增长停滞，甚至萎缩等方面。目前，规范化的商业信用不能得到有效利用，如商业票据在我国的使用就十分有限。（3）消费者对民营企业不信任的表现是丧失信心，不敢轻易购买民营企业的产品，害怕购买到假冒伪劣产品。客户对民营企业的不信任表现在取消合作或以最保险但成本最高的方式合作。（4）员工对民营企业不信任的表现是：一方面担心干活到底能不能拿到工资，另一方面担心老板不信任，会不会随时遭到解聘。员工心理上不踏实，也影响到民营企业发展的稳定性。诚信不仅关系到我国社会主义市场经济能否健康发展，而且与广大人民群众的切身利益息息相关，它是我们中华民族综合素质的体现，关系到整个国家的利益。

在2015年，涉及企业诚信缺失、商业欺诈、制假售假、偷税漏税等现象比比皆是，重特大生产安全事故、食品药品事故也偶有发生，这些企业的诚信缺失成为我国经济社会健康发展的绊脚石。据政府有关部门的数据统计，我国企业每年因企业诚信缺失导致的经济损失高达上千亿元。

三、经济转型期要求企业家要牢固树立诚信理念，注重诚信自律

作为一个企业的领导者和代言人，企业家自身的诚信理念，对企业整体的诚信建设起着决定性作用。他们的诚信理念和诚信行为在企业中具有示范性和导向性，在企业管理中会渗透到企业的每一个部门和每一个工作环节，直接影响到企业的诚信建设，也决定着企业未来的发展。作为掌舵者的民营企业家首先应注重自律垂范，确立自己的诚信理念，进而正确处理企业与社会、与利益相关方的关系，增强社会责任感和使命感，树立企业长远经营的理念。诚信作为我国传统道德中最重要的规范之一，是人们立身处世之本，是道德修养之必备要义，也是社会交往、企业生存和国家治理的基本准则。"人无信不立，政无信不威，商无信不富"。企业作为基本的经济组织形态，是市场经济的基本细胞，市场经济是建立在交易的基础上，而交易的基础是诚信，诚信是市场交往主体之间的联系纽带，是市场经济的神经，可以说市场经济就是诚信经济。诚信不仅是一种个人修养，而且是商业社会与他人相处的基本原则，更是企业经营走向成功的大道。古人云："君子爱财，取之有道"。"道"就是"信"，讲道就是讲诚信，中国古代的商人之所以能够开辟丝绸之路，贸易四通八达；近代山西的晋商之所以可以开钱庄、办票号、汇通天下都源于诚信。海尔集团董事长张瑞敏曾说："一个企业要经营，首先要得到社会的承认，用户的承认。企业对用户真诚到永远，才会有用户、社会对企业的回报，才能保证企业向前发展。"正是凭借诚信经营的理念，海尔集团在董事长张瑞敏的带领下，发展成为家电行业的领军企业。国家将2002年定为诚信年，更体现了国家重视诚信，讲究道德水准，把诚信提到了一个新的高度。

全社会企业诚信经营理念的实现，是通过一个个企业来完成的。作为市场主体的民营企业只有内部建立起诚信经营的自律机制，才能充分发挥市场主体参与者自我管理、相互约束的自控作用。首先，民营企业应树立起自己的诚信经营观念，重视产品质量，树立自己的品牌及正当的竞争意识。其次，民营企业家应注重自律垂范，确立自己的诚信理念。对民营企业而言，要认真制定诚信经营准则，通过制定明确的诚信经营准则，使民营企业明确自己的社会责任和社会使命，并且企业家群体应率先执行企业诚信经营准则，以带动自己的职工积极遵守。再次，要善待自己的员工，信守对职工工资、待遇的诺言，激发他们的积极性，为企业的发展奉

献才智。最后，民营企业自身要建立起良好的诚信记录。无论是在国有银行、民营银行还是外资银行，拥有良好诚信记录的民营企业，融资都要容易得多，而融资对企业的发展起着重要的作用。如果不讲诚信，再融资就会有很大的难度。

在买方市场经济条件下，企业与顾客、社会是事业和命运共同体，企业作为一个社会组织，在社会中存在的前提是必须满足顾客的需求，企业在满足顾客不断变化的需求，寻找与利益相关者利益的均衡，追求企业与利益相关者的整体协同最优的过程中，追求企业利润最大化，利润只是企业经营过程的结果。企业要做到这点，必须对员工、顾客和利益相关者都要讲诚信，只有秉承诚信原则的企业，其员工才能认识到诚信的重要性，才能生产出顾客需要的产品，并与利益相关者发展长期共赢的互助合作关系。讲诚信的企业才能使自己在发展中回报员工、回报顾客、回报社会，并在回报的过程中获得长期利润甚至超额利润。商誉反映了顾客对企业在商业活动中的表现的满意程度和信赖程度，商业信誉是企业诚信的重要标志，是企业生死攸关的生命线，良好的商业信誉有助于加强企业与顾客之间在精神上和物质上的交流与联系，增强企业对顾客的吸引力与亲和力；商誉是企业生产和经营的重要保障，是企业不可或缺、无法替代的无形资产和宝贵财富，也是企业参与市场竞争的有效手段。那种见利忘义，只图短期利润而置诚信于不顾的企业，注定是要失败的，如南京冠生园制售陈馅月饼导致百年老字号品牌毁于一旦的教训，所有企业应引以为戒。因此，在市场经济条件下，不断提高企业诚信是企业长期稳定发展的根本保证，诚信是做人之本，更是企业立足之本。

四、经济转型时期，民营企业必然要走诚信营销之路

在市场经济条件下，企业应严格按照诚信营销的根本准则进行销售活动。诚信营销就是指企业将诚信原则贯彻到营销活动的各个环节中，坚持诚信理念，在整个营销过程中顾及社会、企业、消费者以及内部员工的利益，诚实守信，注重长远。诚信营销主要有两层含义，一是企业和消费者应始终坚持信息对称的原则，保证营销活动的公开、公平和公正，没有欺诈等行为的发生；二是企业营销行为应遵守国家法规，符合社会道德规范，不能违背社会公德等。

（一）企业开展诚信营销具有必然性

社会的进步要求企业必须诚信营销。随着社会的不断发展，人们不仅在商品质量、外观等方面的要求更高，而且更多地重视销售商在销售产品时的态度，以及销售商的信誉程度，消费者在购买时更喜欢有诚意的商家。因此，企业为了长期、持续发展，不得不跟上时代的脚步，坚持诚信营销，维护消费者的切身利益，使其在激烈的市场竞争中取得最终胜利。

诚信营销，是企业可持续发展的必然要求。企业为了能够长期的发展，就要坚持可持续发展的战略方针，而要实现可持续发展就必然要求企业展开诚信营销，一切为消费者的身心健康着想，减少环境污染，节约资源，使企业和社会得以和谐、健康发展。

诚信营销，是提高企业市场占有率的有效途径。随着市场经济的发展，企业市场竞争越来越激烈，如何提高市场占有率就成了企业的重要工作，而诚实守信又是营销中最重要的法则。因此，企业应坚持诚信营销，提高企业的信誉度，让消费者对其进行优先选择，进而达到提高企业市场占有率的目的。

诚信营销，是广大消费者对销售商的必然要求。现今，市场上出现了太多的欺诈、不诚信的营销行为，消费者为了不受到欺骗，迫切地希望商家不要有不诚信的营销行为。

因此，我们的销售商在销售商品的过程当中应当尽量满足消费者的需求，并且做到对消费者的身心健康以及安全负责，以此来维护销售商的诚信形象，建立起良好的信誉，达到留住顾客、盈利于顾客的目的。对于目前企业营销市场上出现的众多不诚信营销的现象，我们必须立即采取有效的措施来控制其频频出现，保障广大消费者的根本利益，维护市场经营地有序进行，营造一个诚信、健康、规则、有序的市场营销环境，让消费者放心消费。

（二）企业开展诚信营销具有重大的经济价值

诚信营销可以提高顾客的满意度，培育忠诚顾客。企业的营销目标不再局限于选择营销适销对路的产品，而是更注重于维护消费者的利益，搞好服务，提高顾客满意度，培育忠诚的顾客，而在这个过程中，诚信就起到了非常重要的作用。有研究表明：一个满意的顾客会将满意的信息传递给5~8个顾客，而将不满意的信息传递给11个以上的顾客。在当前市场竞争异常激烈的情况下，消费者有更多的选择空间，随着消费者越来越理性、成熟，加上家庭收入和消费水平的不断提高，选择信誉好、讲诚信的经营者及产品必将成为一种趋势。因此，讲诚信的企业必将获得消费者的青睐，培育出一大批忠诚的顾客。

诚信营销可以使企业创造出更多利润。诚信是营销的前提和基本原则，确立诚信原则是实现营销目标的要求。事实上，企业在营销的过程中除了介绍产品的品质外，只有让每一位顾客都感受到他们的诚信，顾客才会对他们的营销与产品本身产生信赖。企业一旦用诚信吸引了这一部分消费者，他们就会间接成为企业的义务推销员，从而使产品具有了口碑效应，提高了产品的美誉度，提高了市场的销量。企业的诚信培养了顾客的忠诚度，忠诚的顾客会给企业带来丰厚的利润。根据20/80的原则，企业的80%的利润是由20%忠诚顾客的购买量创造的。无数事实证明，以诚信去聚集财富，财源就会越开拓越广阔，违背诚信赚钱，最终将使财源枯竭。

诚信营销可以提升企业的竞争力。西方将信用管理称之为"最能使企业产生直接效益的管理措施"。俗话说"诚招天下客、誉从信中来""有诚才有信、有信才有客"，可见诚信是塑造企业形象和赢得企业信誉、提升企业竞争力的基石。诚信作为企业的一笔宝贵的精神财富和价值资源，不仅能提高顾客的满意度，而且能使企业赢得长久不衰的市场认同、品牌价值和丰厚利润，使企业在竞争中立于不败之地。让诚信成为竞争力，就要让诚信无处不在：一是企业无论对社会、对经销商和供应商、对银行、对税务部门，还是对企业员工，都必须讲诚信；二是企业中每一位个体都要讲诚信，领导与员工之间，上级与下级之间，员工与员工之间，都必须讲诚信，这样才能有效地提高企业的诚信形象。

诚信营销可以建立共赢的供应商关系。随着技术进步和经济全球化发展，合作竞争逐渐成为当今市场的主导竞争模式。企业之间通过合作所得到的回报比单纯的竞争会更多。企业与顾客、供应商、同行企业等加强合作。通过合作关系的建立，获得优化资源配置，以及低的成本，创造出更高的生产力，更高的市场价值和利润。双方合作的基础必须诚实、公平、互利、互惠，彼此信任，才能成为新型的合作伙伴，才能共同创造未来的辉煌。

诚信是市场的黄金规则，市场经济愈发达愈要讲求诚信，这是市场经济的内在要求，也是文明的基石和标志。因此，企业经营者为了消费者和的长远利益，也为了企业自身的生存和发展，实施诚信营销是一种明智的选择。

（三）当前条件下，企业可从以下几个方面进行诚信营销工作

1. 产品诚信

从产品的广义角度看，产品包括有形的实体和无形的服务两大类，而产品的质量是企业的生命，因此就要求产品的性能、寿命、安全等指数都必须符合国家的技术标准或行业标准。产品质量诚信是企业合法参与市场竞争、树立企业和产品形象的基本要求。企业应严格控制产品质量，做到质量诚信，产品质量好坏关系到消费者的切身利益，质量不过关的产品严重时甚至会危害到消费者的生命。因此，企业应在生产产品时从质量上把好关，坚决杜绝为了降低生产成本、加快产品上市速度就偷工减料，或者生产假冒伪劣产品现象的出现。国内一些先进企业已经通过了 ISO9000、ISO14000 及 SA8000 的质量认证，有的甚至拿到了美国、德国、加拿大等国的产品质量认证，这些认证有效地保证了产品的合格性。

2. 价格诚信

价格是企业赢得市场的有效武器，也是一把双刃剑，运用得好，可以促进企业的发展，运用得不好，会使企业迅速陷入困境。在市场竞争激烈的当下，不少企业利用各种虚假的优惠价、折扣价、处理价、甩卖价、出口转内销价欺骗消费者。但欺得了一时，欺不了一世。因此，企业在定价及报价中应遵循诚信原则，避免利用价格欺骗消费者。企业产品定价应公开、公平，坚守透明化原则。在激烈的市场竞争形势下，特别是每逢年过节时，竞争便更加激烈，企业这时会推出一些优惠活动，以优惠价、折扣价、处理价等促销形式来提高销售量。因此，要严格地控制价格，符合产品的价值。防止价格过低或过高，违背市场价格规律。

3. 分销诚信

在分销上，诚信分销在产品的销售过程中，流通企业即经销商所起的作用不可忽视，生产企业只有与经销商建立起良好、和谐的关系，才能确保将产品顺利地分销到各个地方。然而，大部分企业在产品的分销过程中只对如何使自己的利润最大化进行考量，完全不顾分销商的感受，损害了分销商的利益。例如：生产企业经常私自推迟交货时间、撕毁相关供货合同等，这些行为都严重影响到产品的销售。因此，在产品的分销过程中，各方应尽量追求产品利润的均衡，以期达到双赢的效果。产品在流转的过程中，生产企业要与流通企业（经销商）建立起长期良好的伙伴合作关系，这种关系的建立需要依靠诚信来维持。只有讲诚信的企业才能赢得更多的支持者（渠道成员），才能把产品分销到全国各地，再传递到用户手中。然而，很多企业在分销中以自我为中心，只考虑自己的利润最大化，损害了渠道成员的利益。因此，在分销过程中，双方或多方应追求渠道中的利润均衡，否则，就不可能达到双赢的目的。如娃哈哈在营销中总是将经销商的利益摆在非常重要的地位，每一步行动之前都要考虑经销商的利润空间。在销售区域的选择上，应避免窜货现象发生，从而与经销商形成利益共同体。

4. 促销诚信

促销是企业树立形象，扩大知名度的有效途径。但在实际促销中，许多企业采用了虚假的促销方式，如制作虚假广告，以欺骗手段诱导消费者购买；以回扣的方式贿赂消费者，贬低竞

争对手的产品，甚至侮辱对方的人格，混淆商品和服务的来源等。因此，企业在促销过程中应尽量避免使用极端的手法，应采取实事求是的态度，运用好促销组合策略。促销员一定不要用太绝对的语言对消费者进行商品的介绍与推销，不能以弄虚作假的方式诱导消费者对商品进行购买，应当做到公正、客观、实事求是。

5. 服务诚信

企业进行售后服务，一定要诚信。表面上看来，售后服务态度的好坏并不能影响消费者当次购买的意愿，但实际上，售后服务的优劣对其潜在客户的影响巨大，若企业不重视售后服务，则会给企业的了持续发展带来困难。因此，企业应规范其相关的规章制度，落实售后服务工作，使产品质量得到保障。现在已经进入到一个服务制胜的时代，由于产品同质化现象越来越严重，服务已成为一个重要的策略。如海尔的"五星级服务"，小天鹅的"阳光工程"等，赢得了消费者的青睐，获得了市场份额。服务一般包括售前、售中、售后服务三方面，其中应该特别加售后服务环节中的诚信，如为客服提供维修、保养、上门安装等服务。

6. 人员诚信

人员诚信是指企业的员工，包括企业的高层，都要按照诚信的要求做事，参与到企业的诚信建设中来。企业的领导和全体员工都要牢固树立诚信的思想，并把诚信思想转化为具体的行为：一是要提供诚信产品和服务，对企业不符合诚信的行为进行坚决抵制，并积极进行上报，不生产、销售劣质产品，不污染环境，不提供虚假证明等。二是对于本企业的产品、服务等都要亲自购买、亲自使用，特别是企业的管理层，要先将自己塑造成企业的忠诚客户。如联想集团的柳传志总是喜欢用自己企业产生的联想品牌电脑。企业员工购买产品能够实现企业员工与产品的高度融合，充分发挥其知名度、美誉度、信誉度的互促作用。这种效果比请明星、影星做广告还要好。顾客往往担心自己的意见和要求难以反映到企业高层，而企业员工本身就是企业的顾客，则能够更容易地站在顾客的角度思考，保证产品质量不断改进，服务得到不断的提高。

五、做"守合同、重信用"企业，走诚实履约之路

"合同"是当事人之间为实现一定的目的，明确相互权利义务关系的协议，是商品交换发展到一定历史阶段的产物。市场经济的一个显著特征就是以契约为基础的信用经济。"人无信不立，事无信不成"，一个企业也是如此，因此，任何一个企业必须树立"守合同，重信用"的理念，才能在日趋开放、日益竞争的全球市场经济中立稳脚跟。民营企业必须立足长远，将"诚信"作为一个理念，贯彻到公司的各项工作当中，使公司在残酷的市场竞争中由小变大，由弱变强。

（一）企业守合同重信用的必要性

1. 守合同重信用，是发展社会主义市场经济的内在要求。企业之间通过签订合同进行交易是市场经济中最主要、最普遍的经济行为，现代社会人流、物流、资金流、信息流交往日益频繁，这些依靠现代化的手段瞬间完成的交流，完全是依靠高度的诚信作为支撑。经济越发达，就越要求经济主体——企业诚实守信。不言而喻，诚信缺失，社会交往就会失序，经济和社会的发展就会处于交易风险加剧，代价增大加大的状态之中。企业在生产领域中当事人之间的购

销、建设工程承包、加工承揽、货物运输、供用电、仓储保管、财产租赁、借款、财产保险、承包经营、租赁经营、联营等活动都需要以合同的形式加以明确。因此，在生产经营活动过程中，企业守合同重信用是发展社会主义市场经济的内在要求，它已成为社会主义经济建设中不可缺少的行为规则之一。

2. 守合同重信用，有利于提高企业的良好形象。当前，我国社会中存在着很多诸如制假、造假、商业欺骗、走私逃税、拖欠账款不守信行为，已对经济发展环境、经济社会的和谐发展造成了一些负面影响，严重影响着我国社会主义市场经济的健康发展。《中华人民共和国民法通则》中规定：依法成立的合同受到法律保护。《中华人民共和国经济合同法》第六条规定：经济合同依法成立，即具有法律约束力。当事人必须全面履行合同规定的义务，任何一方不得擅自变更或解除合同。合同是双方当事人做出的承诺，遵守合同，全面履行合同的各项条款是守合同重信用的具体表现，同时也对树立企业良好形象发挥着决定性的作用。

3. 守合同重信用，有利于提高企业的经济效益。在社会主义经济市场这个波澜壮阔的大潮中，不能绝对说所有经营者都是君子。事实告诉我们，商海中确有极少数违法乱纪、奸刁势利的为利势图者。他们乘利用经济体制转换期间，人们还不熟悉市场经济各项规则的可乘之机，致使好多企业单位和真人君子由于缺乏经验而深受其害。所以，在市场经济条件下，企业在生产经营过程中，不但要通过合同的形式来明确双方或者多方之间的权利义务关系，而且合同内容的文字结构、标点符号的运用也要认真适当。因为这方面的教训已经相当深刻。

（二）已经必须加强对合同的管理

合同的管理从宏观上讲，是指具有合同管理职能的国家行政机构和经济组织按照国家授权范围通过指导、组织、监督检查等方式促使合同当事人依法签订、履行、变更、解除合同和承担违约责任，制止和查处利用合同的违法活动，以保障合同法律制度的贯彻、实施。从微观上讲，合同的管理是企业在生产、经营过程中，对合同的订立、履行等情况的管理，它是企业经营管理的重要组成部分。企业内部实行合同管理制度，是提高企业经济效益，树立企业形象的必要途径，也是企业守合同重信用的具体措施和手段。在当前建立和完善市场经济新体制的条件下，企业加强内部的合同管理就显得更为重要。企业内部实行合同管理的内容和基本要求归纳起来有以下几个方面：

1. 学习和普及合同法律知识

企业应组织所属成员认真学习有关合同的法律、法规，普及合同的基本知识。尤其是企业的法定代表人和业务负责人，必须掌握基本的合同法律、法规知识，这样才能依法签订和履行合同，及时解决合同履行过程中出现的问题，为企业创造经济效益。

2. 建立、健全企业内部合同管理机构和合同管理制度

这是从组织上和制度上保证合同管理的两大措施。从组织上讲，企业可根据需要设立专门的合同管理机构，或指定专人负责；从制度上讲，企业应建立一套适合本企业实际情况的比较完善的合同管理制度，一般应包括合同订立审批制度、法人委托书制度、合同专用章启用制度，以及合同签约率和履约率考核制度和合同的台账档案制度等。

3. 聘请或配备法律顾问

目前，我国不少企业都聘请律师担任企业的常年法律顾问，一些企业还自己培训法律人才，成立法律顾问室等职能部门。企业在聘请或配备法律顾问，可以帮助企业起草有关的法律事务文书，审查合同，参加签订各类合同的谈判，还要帮助企业建立、健全各类合同的管理制度，接受委托参加合同纠纷调解、仲裁和诉讼活动等。

总而言之，"守合同，重信用"，对于民营企业树立良好形象，提高企业的经济效益，都发挥着十分重要的作用，是企业的立身之本。

国家工商总局"守合同重信用"企业信用标准体系的具体内容包括：

（一）企业和品牌具有社会影响力。产品（服务）的销售区域较广，企业管理水平较高，信息化程度高，知识产权保护意识强，企业规模及管理达到了行业领先水平。

（二）合同信用管理体系健全。合同信用管理制度完善，合同信用管理机构健全，合同信用管理机制健全。

（三）合同行为规范。合同签订规范、审查严密、台账完整，积极使用合同示范文本，合同格式条款合法，合同风险防范机制健全，合同争议解决与处理制度完善。

（四）合同履约状况好。按照约定履行合同义务，无恶意违约行为，合同应收款及应付款管理控制水平较高，合同实际履约率高，合同未履行率、合同解除率、合同争议率、合同撤销率、合同违约率低。

（五）经营效益达到了较高水平。营业收入增长率、利润率、净资产收益率、资产负债率等方面均达到了行业较高水平。

（六）社会信誉好。企业履行社会责任，获得了相关社会荣誉，对各类举报投诉积极处理。

六、构建以诚信为核心的企业文化，"以信立企"

企业文化是指从事经济活动的组织内部的一种文化，在组织的各个层次得到体现和传播，涵盖了企业和人员的一切思想和行为，是企业经营管理、战略目标在价值理念上的体现。实践证明，优秀的企业文化，是现代企业管理的灵魂，它在传统企业管理理论的基础上，更加注重人的因素，不仅对企业经营业绩具有重要意义，而且对企业的长期可持续发展具有强大的推动作用。每一个获得持续发展的企业，都拥有一套清晰的价值理念，并作为其每一步发展进程中共同遵守的精神指引。

企业文化的关键是企业的核心价值体系，回答的是企业是什么、将是什么、应该是什么的根本性问题。民营企业应利用转型的有利契机，推动企业文化再造，树立诚信负责任的企业新形象。应当把诚信经营的核心文化理念制定出制度，融入组织架构，形成经营准则，变为企业的行为模式，并最终体现为提供优质的产品和服务，同时铸就优秀的品牌。

在现代经济社会中，诚信在一定程度上甚至比物质资源和人力资源更为重要。管理学大师彼得·德鲁克指出："大量而广泛的实践证明，在企业的不同发展阶段，企业文化再造是推动企业前进的原动力，而且企业诚信作为企业核心价值观是万古长存的，它是企业文化与企业核心竞争力的基石"。企业诚信，作为企业文化的重要组成部分，它孕育于企业文化，扎根于企业文化，渗透于企业文化，是企业文化不可或缺的重要组成部分。通用电气公司在给其股东的一封信中首先讲的就是企业诚信问题，"诚信是我们价值观中最重要的一点。诚信意味着永远遵循法律的精神。但是，诚信也不仅仅只是个法律问题，它是我们一切关系的核心。"塑造和坚持企业诚信作为企业文化的核心价值观，对形成支撑企业健康发展的独特文化特征，推动着企业从优秀迈向卓越发挥着巨大的促进作用。

建设诚信文化，必须培育诚信理念和诚信精神。企业精神文化是企业广大员工在长期的生产经营活动实践中逐步形成的，以企业价值为实质，企业精神为核心，以企业精神现象为载体的经济文化。企业精神文化是形成制度文化、行为文化和物质文化的基础，是企业文化的核心，是企业优秀传统的集中体现。建设企业诚信文化就要从培养诚信精神、诚信意识入手，以忠于企业的团队精神为重点，以敬业、务实、创新、奉献等为内容，规范企业和职工的行为，形成共同的价值取向和信念基础，激励广大干部职工为企业的振兴而攀登、奋斗。培养企业诚信理念和诚信精神，关键是要树立正确的诚信观。首先，要在企业内部确立诚信的共同价值观，这是企业诚信的前提；其次，还要在企业内部实施诚信教育，把思想道德教育、法制教育和诚信教育结合起来，坚持正确的价值和道德导向，结合营销、专卖、配送一线的工作实际，培养和强化企业员工的诚信服务意识，提高他们的诚信服务水平，在企业上下牢固树立"守信光荣，失信可耻"的理念，使诚信意识真正深入人心，融入日常工作规范当中，变成自觉的行为与行动习惯，从而让每个员工都认识到，企业诚信文化是企业最宝贵的无形资产，是个人和企业成长过程中必不可少的精神财富。

建设诚信文化，要在制度层面建立保障诚信行为的规范。制度是企业员工在共同的生产经营活动中应当遵守的行为准则，是企业正常运转必不可少的因素之一。制度经济学认为，资源配置总是通过各类经济主体之间，也就是人与人之间的关系来实现；而制度能够有效协调人际交往，减少人际世界的复杂性，鼓励人与人之间的信任和信赖，使人们认识到诚实守信、服从制度可以实现双赢，从而自觉地遵守规则，避免人们在交往过程当中的不可预见行为和机会主义，使复杂的人际交往过程变得更易理解和更可预见，防止和化解冲突，提高企业人力资源配置的效率。因此，制度应当带有一定的强制性，对企业诚信文化的形成、巩固和加强能够起到强化作用。诚信应当纳入企业的规章制度，贯穿于企业的生产、经营、宣传和销售之中，成为企业全体员工共同遵守的行为规范，并最终转化为全体员工的自觉遵守，使诚信行为普遍化。另外，在建立诚信制度的过程中，还应建立公平、公正、公开的诚信奖惩制度，加强约束和激励机制，形成相应的考核评价体系，对诚信者进行表彰和奖励，对失信者进行批评和处罚。使企业给人以责任感、认同感和归属感，从而提高员工诚信服务意识和诚信服务水平，使员工将个人成长与企业兴衰有机结合起来，在企业内外部形成倡导诚信、推广诚信、实践诚信的价值体系。

建设诚信文化，可以从品牌建设入手。品牌是企业在公众心目中的知名度、美誉度和信任度的集中体现。中国大多数的民营企业缺少自己的品牌，正因为如此，民营企业比较容易忽视诚信文化的构建。我们知道，品牌的价值是巨大的，民营企业需从创建自己的品牌入手，来构建企业诚信文化。品牌的创建可推动企业诚信的进一步发展，因为企业的品牌是企业优质文化的表现，是传达企业诚信的一种方式；同时，企业品牌的生命力以及在消费者中的感召力在很大程度上是由企业诚信来支撑。民营企业通过实施品牌战略，可促使企业诚信；反过来，民营企业通过构建自己的诚信，可增强产品的品牌效应。也就是说，诚信与品牌之间是相互联系、相辅相成的。纵观中外的品牌企业，如德国的西门子、日本的丰田、中国的长虹、美国的IBM，他们的成功无一不是以品牌促诚信，以诚信提升品牌影响力的。海尔的创世界级品牌战略和它"真诚到永远"的诚信理念的完美结合使全世界都知道中国有个海尔；以诚信作为企业文化，使海尔在同行业中树立了楷模。海尔与诚信，就此画上等号。

关于品牌企业的诚信文化建设问题，北京的民营企业家曾总结提出了64字《诚信宣言》：

> 京华民企，远怀四方。
> 文明为魂，诚信至上。
> 砥砺奋进，守法为纲。
> 远邦近邻，互补短长。
> 宝斋致和，东来瑞祥。
> 聚客以德，同仁设堂。
> 首善千载，垂范八方。
> 光大品牌，共铸辉煌。

在我国经济转型时期的大背景下，民营企业必须顺应"转变经济发展方式"的潮流。转型时期的民营企业面临着人工成本上升、社保及税费负担过重、行业产能过剩、领导权力新老交替、外需不足、融资困难、创新乏力等诸多问题的困扰。一个其中由于诚信缺失导致的信任危机既是一个伴随民营企业成长的老问题，又是延续到转型时期的一个新问题。转型要求新的市场、新的产品、新的技术模式、新的治理结构和发生实质性变化的企业家思想。一方面转型压力下民营企业受制于内外部问题更易发生失信行为，一方面民营企业也可以利用转型机遇重塑企业形象，关键在于能否准确认识影响民营企业诚信行为的制约因素，进而建立有针对性的民营企业诚信培育和建设机制，引导民营企业"以信立企"成功转型，做大做强，做久做优。

第十一章 互联网时代的诚信建设

一、互联网已经与经济社会各领域深度融合，广大消费者对互联网的依赖度越来越高

当今社会，越来越多的企业借助甚至依赖互联网开展业务，消费者从互联网上获取新闻、搜索资讯、收发邮件、QQ 短信、游戏聊天、看在线影院、走入网上课堂、网上购物、网上支付……互联网打开了人类有限的视线，进入了无限精彩的"视界"。截至 2016 年 6 月，我国网民规模达 7.1 亿，互联网普及率达到 51.7%，超过全球平均水平 3.1%，网民数量连续 9 年位居全球首位。2015 年电子商务交易额达 20.8 万亿元，其中网络零售额达 3.88 万亿元，互联网支付交易总额达 2 000 多万亿元。

随着移动通信网络环境的不断改善以及智能手机的进一步普及，移动互联网应用向网民生活进行了深入渗透，促进手机上网使用率增长，网民上网设备进一步向移动端集中。2016 年我国手机网民规模达 6.56 亿人，网民中使用手机上网的人群占比由 2015 年底 90.1% 提升至 92.5%，仅通过手机上网的网民占比达 24.5%。报告显示，截至 2016 年 6 月，我国网民以 10~39 岁群体为主，占整体的 74.7%，其中 20~29 岁年龄段的网民占比最高，达 30.4%。手机即时通信（包括微信和 qq 等）的用户规模最大，达 6.03 亿人，使用率高达 91.9%，紧随其后的是手机网络新闻（用户规模 5.18 亿、使用率 78.9%）。

"互联网 +"行动计划更表明互联网的发展前景广阔、潜力无限。互联网是民营经济的加速器，网络已经成为民营企业市场营销的一个新战场。企业应该充分发挥网络经济的激活作用，助推民营经济的发展。同时，我们也必须看到，由于我国整体诚信环境的原因，互联网领域的失信问题亦十分突出。网络诈骗、网络赌博、网络贩毒等行为已严重侵害了人民群众的生命财产安全，损害了国家、社会发展的整体利益，引起了全社会的忧虑和关注。

二、互联网的虚拟性、开放性、自由性更容易导致诚信缺失的问题

由于互联网的虚拟性，让互联网金融从诞生的那一刻起，就潜藏着高风险。伪 P2P 网贷平台"失联""跑路"等失信行为，给真正的 P2P 平台的发展带来了极大的影响，所以互联网行业诚信建设显得尤为重要，关系着今后整个行业的健康发展。网络的虚拟性是网络与其他媒体最大的区别。网络的虚拟性给人们带来了另外一个崭新世界，但同时也给人们造成了一定的伤害。虚假新闻引发的诉讼案件层出不穷，诈骗钱财更是屡见不鲜……在社会信息化的建设进程中，网络成为人们工作生活中不可缺少的平台。然而，目前我国的网络法制建设善不够完善、安全系数偏低等问题成为制约互联网经济发展的"瓶颈"。网络虚拟的特性决定了网络失信的隐匿性，也正是由于这一特性，以至于不少不法行为有了滋生的"土壤"。虚假信息、小道消息和不负责任的言论有了散播的渠道；赌博、淫秽色情等低俗内容找到了藏身之地；违规的"增值服务"让消费者频频陷入被骗的"泥淖"；网络暴力、网上"恶搞"、人肉搜索等情绪化和非理性行为侵犯了他人权益；网络仿冒、网络钓鱼等欺诈行为肆意破坏着电子交易规则，危害了网上交易安全；虚假商业宣传误导了公众消费心理；运行包含色情、暴力等不健康内容的网络游戏，采取不恰当手段吸引玩家，导致出现青少年沉溺网游等不良后果；垃圾邮件满天飞，严重影响到网络的有效应用，已成为网络公害；传播网络病毒，恶意进行网络攻击，威胁互联网技术安全。

互联网的虚拟性，往往能将诚信缺失的问题放大。诚信缺失问题并不仅仅是电子商务企业所独有，在现实生活中照样存在，比如菜市场缺斤少两问题。由于客户与商家均以虚拟的身份，依靠网络交易而非面对面交流，使得商家更不愿意约束自己，也让消费者更难进行甄别、防范。有志于依托互联网提供商品交易服务的企业必须正视互联网的这个特性，积极主动地对欺诈问题进行防范与干预。

互联网的虚拟性给企业的网络营销诚信值打了一个折扣。相对于传统营销而言，互联网营销自然有其特殊性。在网络营销活动中，有太多的要素处于一种难以捉摸的虚拟状态中，作为营销主体的企业只是一个虚拟的店铺，营销的产品和服务无人知道是不是海市蜃楼。再加上网上商业活动具有明显的距离性、风险性、不确定性，人们对它的信任值不可能不打上一个大大的折扣。显然，诚信营销应该成为网络营销的出发点和立足点。

互联网的开放性和自由性也制约了人们对网络营销活动的充分信任。互联网的飞速发展得益于它的开放性和自由性，但它由此而产生的弊端也日渐显露出来，它存在的安全漏洞也容易被一些别有居心的人所利用，加上目前还缺乏完备的法律体系和有效的制约手段来对互联网上的商务活动进行规范，消费者自然担心自己的权益未必能够得到应有的保障。由于网络本身是个开放的环境，特别是网络诞生的时间还不长，只有十几年时间，所以网络管理的技术问题还有待完善，尤其是网站管理人员的法律意识问题，有些网站重视经济利益，漠视社会利益，罔顾法律法规的存在，对自身网站的不诚信行为听之任之。另外，由于网络互动的特性，网络不诚信也有网民自身的原因，一些网民自我约束不够，法律意识淡薄，从一定程度上助推了网络不诚信现象的泛滥，这也要求网络营销者能够营造出安全可信、真实可靠的商务环境。网上失信问题既有互联网开放性、隐匿性等技术特性的客观因素，这些有待于科技研发的逐步深入并逐个解决，也还有不少主观上的原因不容回避，即一些网站在利益的驱动下，不顾法规制约、不顾社会道德。因此建立信息共享制度，形成失信行为联合惩戒机制，真正使失信者"一处失信、寸步难行"，倡导"诚信为本、守信光荣"的良好网络风尚已是刻不容缓。在这样的大背景下，中国互联网行业企业信用评价体系应运而生，这无疑是一个区分良莠的有效举措，让守法企业高举"诚信"的大旗，名正言顺地获得宝贵的无形资产，步入又好又快的发展通道；同时也令失信企业曝光于天下，无处遁身；使网民握有甄别互联网企业诚信度的"试金石"，及时、健康、合法地掌握各类资讯。

面对互联网时代的虚假身份、恶意欺诈、钓鱼网站等日益突出的诚信风险和木马、病毒、隐私窃取等多元化的安全威胁，互联网网站和电子商务正面临着"诚信"和"信任"的两大挑战，如何确保网站经营者的诚信和如何获得网民的信任，已经成为互联网从业人员必须要解决的两大迫切问题。很长时间以来，人们很难将诚信与网络联系在一起。原因也很简单，网络上种种不诚信的现象时有所见，久而久之，在人们的印象中诚信与网络似乎成了水火不相容的关系。

三、互联网时代企业经营诚信缺失的表现

近年来，我国的电子商务蓬勃发展，尤其是网络购物交易额增长率一直保持快速增长势头。特别是以阿里巴巴为首的电商集团更是发展迅速，2016年天猫"双十一"购物节当天支付宝成交额就达到千亿元，令人咋舌，由此更是让人们看到了我国网络零售市场发展的巨大潜力，电子商务正在成为拉动国民经济保持快速可持续增长的重要动力和引擎。然而与此同时，网络购物的飞速发展也带来了诸多问题，比如居高不下的退货率及投诉，相当批次的假冒伪劣产品被放到了网上销售，产生了一些问题。网络购物的产品质量良莠不齐，大量次品鱼龙混杂，消费者在网上也无法辨其真伪，就算买到假货也只能忍气吞声，难以维护自身的合法权益，反而更加助长了不正之风。一些不法经营者利用网上销售的价格优势，吸引消费者购买，将假冒伪劣商品销售给消费者。消费者一旦发现产品与样品不符、以次充好、收款后不发货、受虚假信息影响上当受骗后，往往很难找到经营者。即使找到了，经营者也会以各种理由搪塞推脱。这些诚信缺失的问题极大地打击了消费者对企业网络营销的信心，不利于网络营销的进一步发展。具体说来，网络营销的诚信问题主要表现在以下几个方面：

（一）产品诚信缺失

近年来，随着互联网的普及和网上购物的兴起，涉网络售假的案件呈上升趋势。根据东莞市第三人民法院日前发布的分析报告显示，由于监管缺位等因素，互联网已成为销售假冒伪劣商品的重要途径，且呈现出愈演愈烈的态势。产品诚信的缺失是企业网络营销中最常见、最主要，也是给消费者带来损失最大的诚信缺失内容。产品诚信缺失表现在以下几个方面：

1. 以假借或盗用其他企业产品品牌、商标为手段，牟取更高利润。企业产品品牌、商标是企业的无形资产，而在网络营销的过程中，它们又是很容易被侵害的，而且企业在这方面的保护意识也有待进一步增强。

2. 网上样品与实际销售产品不一致。网络的虚拟性使得顾客可以突破时间和空间的局限，实现远程购物，但这也使购买者在购买前无法看到或亲自试用产品。这样，有些缺失诚信的企业为了促进销售，在网上产品介绍中添加了一些超出产品本身属性的介绍，侵害消费者的利益。餐饮O2O平台频现"黑作坊"，食品安全无保障。迄今为止，媒体已多次曝光饿了么、淘点点、美团等餐饮订餐平台的商户存在着"黑作坊"问题。近两年来，因网络订餐引起的食物中毒事故也屡见报端。

3. 售后服务得不到保证。在网络营销中，对于客户来说，提供满意的售前、售中、售后服务与质量保证是同等非常重要的。但往往很少有企业提供售后服务或者即使有售后服务也无法满足消费者的需求。在这方面，企业存在的诚信问题主要表现在两方面：一是在售前和售中服务过程中，就有意模糊相关信息，不注明售后服务的内容；二是在售后服务过程中，违背承诺，不上门安装、维修、保养等。

（二）网络广告存在欺骗性

网络广告的欺骗性表现在制作并发布虚假网络广告，以欺骗手段诱导消费者购买。网络广告是一个新兴的领域，是社会信息化发展的产物。近几年来，我国网络广告年经营额以每年超过200%的速度增长。由于网络信息流通没有国家和地域的限制，因此目前网络广告还处在一个缺乏控制的状态，利用网络广告进行诈骗的事件也时有发生，网上大量充斥着各种各样的不实广告，已成为困扰网民的"网络牛皮癣"。由于互联网广告存在着诸多不同于传统广告的特性，监管中遇到了许多特殊问题和困难，监管的乏力让网络成为虚假违法广告的重灾区。2016年8月，国家工商总局广告监管司司长张国华曾指出，部分网站金融广告违法率超过50%。

医疗类互联网广告违法率也非常之高。这些广告片面地夸大某产品的功效、安全性、治愈率、有效率等，无形中会误导消费者，使其遭受不该遭受的损失或伤害。网上销售药品，专盯疑难杂症。一些商家打着医学研究机构、权威专家等旗号，宣称所推销的药品是最新科技成果、专门治疗疑难杂症，还不忘做出无效退款的承诺。有的为增强说服力，邀请所谓的患者现身说法，极具诱惑力，一些有类似病患的消费者很容易上当受骗。

在线交易充斥虚假信息，投诉率居高不下。由于58同城、赶集网等网络平台虚假诈骗信息高发，深圳警方约谈了以上企业的负责人，要求其清理虚假诈骗信息。数据显示，2015年上半年，深圳市消委会就收到了有关58同城网的投诉64宗，与去年同期的46宗相比，增长了近40%。

随着网络广告的发展，如何提升网络广告效果，也成为网络媒体与广告主们关注的焦点。近年来，广告点击器、网页刷屏机等不良操作手法，常被曝光于报端，这些灰色营销行为给网络广告带来了危机。笔者发现，无数的企业广告主为了拓宽市场渠道，开始购买国内一些搜索引擎的竞价排名关键词广告，他们平均每个月需要为此支出万余元的广告费用。然而，关键词广告存在的点击欺诈行为，也让他们心里感到忐忑不安。据有关业内人士分析，点击欺诈背后主要隐藏着两种人，一种是只要点击广告就能赚钱的人；一种是广告主的竞争对手。第一种人包括给客户做广告的人、搜索引擎公司本身，还有搜索引擎广告代理公司、搜索引擎的联盟网站。据某咨询公司的一份调查报告显示，百度的平均点击欺诈率高达30%以上。因为缺乏诚信，导致广告主与网络媒体之间互不信任，这对互联网广告的发展是非常不利的。

习近平总书记在网络安全和信息化工作座谈会上指出："办网站的不能一味追求点击率，开网店的要防范假冒伪劣，做社交平台的不能成为谣言扩散器，做搜索的不能仅以给钱的多少作为排位的标准。希望广大互联网企业坚持经济效益和社会效益统一，在自身发展的同时，饮水思源，回报社会，造福人民。"2016年，"魏则西事件"使以百度为首的搜索引擎正在经历一场前所未有的信任危机。魏则西生前在西安电子科技大学读大二。两年前，他查出自己患了滑膜肉瘤晚期。魏则西和家人用百度搜索滑膜肉瘤的治疗方法，排在搜索结果首位的就是武警二院的"生物免疫疗法"。魏则西的父母马上和武警二院联系，一个姓李的主任称："这个技术是美国斯坦福研发出来的，有效率达到百分之八九十"，并告诉其父母"保20年没问题"。一家人还专门了解了一下这名医生，发现他"上过好几次CCTV10"。2014年9月至2015年底，魏则西在武警二院先后做了四次生物免疫疗法的治疗，共花了二十多万元医疗费。"结果没几个月就转移到肺了，医生说恐怕撑不了一两个月了"。魏则西的家人去武警二院找李主任，

"他的话变成了都是概率，说从来没有向任何人做过保证。"4月29日之后，《医疗竞价排名，一种邪恶的广告模式》《一个死在百度和部队医院之手的年轻人》等文章开始在网络上热传。

2016年5月9日，由国家网络信息管理办公室、国家工商总局、国家卫生计生委联合成立的调查组，正式公布了"魏则西事件"的调查结果，对百度提出三大类、多项整改要求，要求百度改变竞价排名机制，实行以信誉度为主要权重的排名算法，对商业推广信息逐条加注醒目标识，并予以风险提示。说到底，竞价排名是百度推出的一种按效果付费的网络推广服务，商家预付的推广费越多，其推广信息在百度搜索的位置就越靠前，被用户搜索点击的机会就越大，给商家带来的利润也会越多，商家也就愿意向百度投入更多的推广费。换言之，只要出高价，排名自然就高。在巨大利润的诱惑下，尽管是没有经过甄别的公司，百度公司也可以为没有加V的企业做推广，将商业伦理弃之不顾。而这种行径却给正规企业造成了极其负面的影响。

（三）网络刷单制造虚假数据，破坏市场诚信，扰乱市场秩序

很多人都有这样的网购心得：一看信誉，二看销量，三看好评。销售多证明卖得火，有人气；皇冠店、评价好证明质量可靠。可这样的经验之谈真的可靠吗？随着网购的快速发展，在淘宝网以及其他网络交易平台上，出现了大量"刷单军团"，经过他们的"点击"，虚构出来的高销量和"好评"出现在一些网店的网页上，吸引了很多顾客光顾。网络"刷单"，简单来说，就是当托儿，制造虚假繁荣，营造诚信交易的假象。即便在现实生活中，这种行为也不多见。可是在网络中，由于互联网交易距离远，存在商品信息不对称、不透明等问题，当托儿的"网络水军"就迅速找到了市场，导致互联网虚假营销蔚然成风。

2016年央视3·15晚会揭露了"四通一达"（申通快递、圆通速递、中通快递、百世汇通、韵达快递）的103家网点明码标价参与刷单，让人看到了刷单产业链惊人的黑幕。2016年10月河南省工商管理局打掉的一个刷单团伙，其规模令人咋舌，该团伙在两年多的时间里虚构交易笔数近500万笔，流水超17亿元，这是目前全国发现的最大的网络刷单团伙。虽然国家有关方面采取了一些治理措施，但刷单炒信等行为并未得到有效遏制。

刷单过程中的发货或者收货，实际上并未发生实质性货物流转，流转的只是快递单号。卖家向快递公司支付快递单发送费用，获得快递单的物流中转信息，俗称发"空包"。对于入驻平台的商家而言，只有自己所售商品能优先呈现到消费者面前，才有竞争优势。许多电商平台在同类商品的呈现方式上，将销量和好评列为排序条件，销量高和好评多的商品能够被消费者搜索到的机会更多。卖家为了让自己的商品在几百万商品中引起消费者的关注，具有主动迎合电商平台的排序设计，提高销量和好评的动力。刷单可以让卖家在短时间内取得销量和好评，采取这一方式提升店铺评级的速度比正常经营的店铺至少快10倍。

对于电商平台而言，短期来看，卖家雇人刷单从总体上会提高平台的人气，能吸引更多的卖家入驻平台开店，也能吸引消费者选择该平台购物。而正处于吸引投资阶段的平台，对刷单行为更是睁一只眼闭一只眼。更有甚者，一些平台高管迫于内部绩效考核的压力，会暗示商家实施刷单行为。从一定程度上看，电商平台对卖家及商品标准判断的单一性，让刷单行为有了可乘之机。

对于刷手而言，他们大部分是挣外快的大学生和家庭妇女及部分白领。刷手从事刷单行为投入低，只需要一台电脑或一部智能手机，剩下的就是时间。刷手每刷一单的佣金在 3 元到 8 元之间，月收入可达 1 000 元～5 000 元不等。据相关报道，90 后杨某利用"傻推网"等炒信平台，从 2014 年 9 月至 2016 年 4 月共获利 40 余万元，数名刷手合计获利 173.5 万元。刷单过程简单易学，工作时间灵活、利润可观。据不完全统计，活跃在网上从事兼职刷单的刷客数量近 100 万人。

对于快递公司而言，虽然空单寄送费用低，但数量大，快递公司无须过多的人力投入，即可获得可观收入，因此，许多快递公司参与了递"空包"。网上存在着大量的"空包网"，有些网站在首页上明码标价，不同的快递公司，每送一单价格从 1.2 元到 3.5 元不等。

刷单行业规模庞大，不创造任何正面价值，破坏了商业诚信体系，大幅推高了社会交易成本，严重扰乱了市场经济秩序。用户评价体系是电商平台的一个了不起的发明，正是靠着它才解决了信息不对称的问题，推动了电商行业的快速发展，但如果信用体系虚假不可靠，就会导致交易成本上升，阻碍行业的进一步发展。再者，大量网民甚至很多年轻在校学生参与了刷单而毫无羞愧感，甚至把刷单当成"正当"的赚钱手段，它混淆了是非，击穿了社会道德底线。此外，刷单具有病毒的传播特点，哪怕是只存在少量的低成本刷单行为，也会形成"劣币驱逐良币"的效应，诱惑甚至倒逼一些诚信经营商家也跟着"下水"，进而形成恶性循环，导致全社会商业环境难以清朗起来。

（四）网上支付的诚信问题

网络支付是指电子交易的当事人，包括消费者、厂商和金融机构，使用安全电子支付手段，通过网络进行的货币支付或资金流转。主要包括电子货币类、电子信用卡类、电子支票类。网络支付采用先进的技术通过数字流转来完成信息传输，其各种支付方式都是采用数字化的方式进行的；而传统的支付方式则是通过现金的流转、票据的转让及银行的汇兑等物理实体的流转来完成款项支付的。

近年来网络支付用户越来越多，2015 年用户上涨至 46.9%，随着网络支付的迅猛发展，安全隐患也在增加。2015 年，国内最大的第三方网络安全数据共享平台"安全联盟"共受理网民举报 180 万人次，涉及各类与支付诈骗相关的钓鱼网站、假冒网站、木马病毒、欺诈电话等。

利用淘宝网进行网络支付诈骗的事例非常之多。一些买家在淘宝等网购平台上拍下商品后，伪装成卖家的不法分子会借口修改价格，通过聊天窗口发给买家一个看似与真实支付页面几乎一样而实际却是钓鱼网站的链接，让买家直接付款，然后通过买家在钓鱼网站页面上操作记录下的账号密码登录买家的账户，转走钱款或购买他物。还有些不法分子先冒充客户，将事先做好的虚假"未支付成功的订单号"发送给淘宝商家，再冒充淘宝客服，以升级支付权限为由，将新型木马病毒发给淘宝商家安装，商家一旦听信安装，病毒就会植入支付链接页面，造成支付成功的假象，骗子继而蒙骗淘宝商家并成功套现。

微信红包也被一些不法分子利用。不法分子用"二维码生成器"将病毒程序生成二维码，再通过微信进行散播，称扫描该二维码即可加入红包微信群抢红包。但当用户扫描二维码后，就会弹出一个是否允许进行授权的提示。一旦点击允许，该病毒程序将读取手机内的个人信息、银行卡号、密码等，导致信息被窃、资金被转移。

有些犯罪分子会在一些购物中心、休闲场所建立免费的虚假 WIFI，不明真相的用户一旦与其连接，个人信息就有泄露的风险。如果用户在连接该网络时还进行了移动支付、网银转账等敏感操作，不法分子就会通过后台程序记录的上网者的手机 IP 地址和信息，盗取用户的银行卡号和密码。

网上支付的核心问题是交易的安全问题；网民最大的担忧仍然是交易安全得不到保障。在电子支付活动中，由于网络黑客猖獗，支付数据的伪造、变造、更改与注销问题越来越突出，带来了极大的社会问题，严重地损害了消费者的合法利益。

四、"互联网 +"，诚信是首选项

进入网络时代，诚信的重要性非但没有减弱，反而变得比以往任何时候都更突出，也更重要。"互联网 +"作为一种互联网在生产要素配置中发挥优化、集成和创新作用的新经济形态、新生活方式，必须以诚信为其基本法则，或者说首选项。比如"互联网 + 零售"要走得远，就必须拒绝假货和欺骗；"互联网 + 社交"要保持人气，平台用户的发言和分享必须合法、真实、诚实，拒绝造谣、信谣、传谣。总之，没有诚信就没有"互联网 +"，就没有充满活力而有序的网络生活。

"互联网 +"将传统产业从线下搬到线上，打破了地域限制，在资源整合、信息共享方面逐渐发挥着重要作用，但由于发展及盈利模式不清晰，市场监管滞后，行业整体信用风险较高，繁荣之象的背后也出现了不少的问题。

靠鼠标成交的时代，信任成为最稀缺的资源。正是因为如此，近年来网络诚信建设不断提速。从社会信用体系建设规划纲要的顶层设计，到网络信息保护、关于网络信息犯罪的法律法规的完善，再到以网络诚信为主题的宣传和引导，折射出在全面依法治国的新形势下，依靠法治手段、法治方式去建设网络诚信，日益成为主流趋势。众所周知，市场经济是诚信经济，诚信在市场秩序的构建中发挥着至关重要的作用。电子商务和分享经济尽管主要依托"虚拟"的互联网空间生存和发展，但提供给消费者的商品和服务却是"现实"的。也就是说，依托互联网产生和发展的电子商务、分享经济仍然属于市场经济的范畴，仍然适用于构筑在诚信基石上的市场秩序，而诚信基石一旦遭到破坏，电子商务、分享经济赖以生存的市场秩序将受到严重威胁。而信用的重要作用，从事电子商务和分享经济的商家也心知肚明，一些商家的刷单炒信行为则从反面说明，他们是渴望赢得良好市场"信用"的。但他们这种获取"信用"的手段，反而是一种更加严重的失信行为。

刷单炒信、杜撰虚假信用的行为，实质是用失信行为来杜撰虚假的"信用"，是一种更高程度的失信。它最大的特点是打着诚信的幌子欺骗消费者，谋取私利。这种行为和手段看似"高明"，实则愚蠢。群众的眼睛是雪亮的，消费者的心中有杆"秤"。当人们购买到某种不良的商品或服务后，即便商家通过刷单炒信获得的"口碑"再好，也挡不住人们心中的谩骂与"差评"。而且吃亏上当的人越多，这种"差评"就越会广泛地传播开来，而刷单炒信获得的假"口碑"很快也会被戳穿。靠刷单炒信、杜撰虚假信用获得短时间内的"繁荣"，会让商家沉迷于虚假繁荣的表面，不思进取、不从源头上改善产品质量、提升服务水平，最终让自己经营的行当在激烈的市场竞争中败下阵来。从这个角度看，刷单炒信颇有"搬起石头砸自己脚"的意思。

2015年1月28日，国家工商总局首度披露了2014年《关于对阿里巴巴集团进行行政指导工作情况的白皮书》，指出阿里系网络交易平台存在着主体准入把关不严、对商品信息审查不力、销售行为管理混乱、信用评价存有缺陷、内部工作人员管控不严等五大突出问题，并对阿里巴巴集团提出相关的工作要求。

互联网是互联互通、共享共治的命运共同体，网络诚信建设既需要法律制度的健全和刚性执行，需要建设和完善信用体系，也需要社会每个成员从自身做起，凝聚全社会的合力。网站应坚持诚信办网，做到诚信办网责任要实，抵制网络失信行为要实，宣传诚信要实；网民坚持诚信上网，主动维护网上诚信记录，主动加强网上诚信自律，主动防范和举报网络失信行为。网络诚信，人人有责、个个受益，每个人都尽一份力，共同营造文明诚信的网络空间，那么信息技术的创造活力就得以极大释放，以诚信为帆的"互联网+"将会带给人们更多的惊喜与精彩。

互联网经济越是火热，就越是要讲究诚信经营，在诚信一事上，千变万变不离其宗，不分线上还是线下，诚信是所有企业都要遵守的铁律。不诚信的行为必然带来不公平的竞争，这对那些踏实做业务，注重产品品质的企业来说，当然是不公平的。因为那时它们只有两条路可选，一条是吃着亏默默缓行或者破产，另一条则是不甘吃亏，也跟着突破下线。随着走第二条路的企业越来越多，整个社会的诚信下线也随之被全面突破。然而，"不诚信"真的能使企业从此兴旺发达吗？事实证明，它们最终只能落得个"占小便宜吃大亏"的结局。当不诚信者居多，骗子太多以至傻子不够用的时候，社会就会陷入不诚信者之间的内耗，导致整个交易成本的全面上升，使所有人都深受其害而无人再能够获利。

互联网的前途在于诚信，互联网的健康发展依赖于诚信，互联网的各种有效应用都必须建立在诚信的基础之上。

五、完善互联网诚信法律体系，通过法律手段，保护网络信用，打击失信行为

由于"互联网+"属新生事物，适应市场发展趋势，但许多领域的法律监管仍属空白，市场准入门槛相对较低又促使大量资本涌入，故造成了行业相对混乱的发展状态。P2P于2007年在中国市场已经出现，自2013年后进入快速发展时期，我国《关于互联网金融健康发展的指导意见》（以下简称《指导意见》）于2015年7月18日发布，P2P从进入中国市场到《指导意见》发布间隔长达8年之久，而且截至目前，针对P2P行业的监管细则尚未公布，法律的监管滞后于市场的发展。《指导意见》发布之前，截至2015年6月，问题平台仍然是高增长的状态，问题平台数量为786家，当月新增问题平台增长率高达111.86%，而《指导意见》发布之后，新增问题平台增长率瞬间下降，7、8、9月份的新增问题平台增长率分别为-12.80%、-25.69%、-32.10%，前后的鲜明对比体现出监管的重要性。

互联网医疗方面法律法规及配套政策滞后，互联网医疗中医师执业缺乏规范，互联网医疗服务与互联网信息咨询没有明确界定，另外，管辖地和责任归属没有明确界定。卫生计生、人社、财政、物价等多方的配套法规也不健全，医保、物价等政策与互联网医疗尚不能接轨。现阶段，我国网上交易纠纷的解决主要依据《民法通则》《合同法》《消费者权益保护法》

《产品质量法》等法律法规，目前在电子商务方面还没有一部健全有效的全国性法律规范，所以导致网络刷单炒信现象屡禁不止的一个重要原因是，刷单成本低，违法成本更低。对于刷单者，目前还没有明确的法律处理依据，大多是依据《反不正当竞争法》予以1万元至20万元的行政处罚，威慑力明显不足。网络刷单泛滥具有复杂的社会背景，实施综合治理是必要的，但在各种手段中司法应成为主要的手段。刷单行为涉及《广告法》《反不正当竞争法》《刑法》等法律，但前两项法律处罚过轻，难以形成有效的震慑作用。"傻推网"开业仅一年就非法牟利200余万元，而对其的行政处罚却只有10万元左右，过轻的罚款与其巨额利润相比，实属九牛一毛，这反而有可能成为一种纵容，使刷单行为更加有恃无恐、变本加厉。

由于违法成本低廉却利润巨大，致使刷单已形成一条完整的产业利益链条。刷单行为成为影响电商行业健康发展的一颗毒瘤，危害巨大：一方面，刷单平台通过造假误导和干扰消费者，使其知情权和公平交易权受到严重侵害；另一方面，刷单行为破坏了既定的评价体系，严重危害了电商间公平竞争的市场秩序，甚至使大数据产业和互联网经济的生态环境遭到破坏。因此，消费者、电商平台和多数诚信经营的商户，都成了刷单平台的受害者。

法律监管的盲点会造成不法平台有机可乘，问题平台增多，投资者权益受损害。法律监管的加强可以有效遏制不规范平台的产生和经营，规范市场秩序，有利于市场经济的健康持续发展。

六、要着力联合惩戒互联网失信行为

建立政府主管部门、社会机构和平台企业合作共治的联动机制，建立健全互联网严重失信"黑名单"管理制度和公开披露机制，结合重大节日、重要活动积极开展打击互联网领域违法失信行为的专项行动。

2015年5月22日，人民网推出"你遭遇了哪些网络失信？"大型网络调查活动，揭示了电商购物、搜索导航、互动社交、新闻媒体、生活服务等互联网领域中网民经常遇到的失信问题，并对网络诚信建设提出了建议。调查显示，84.0%的网民支持"建立失信网站黑名单制度"，75.3%的网民支持"相关部门定期发布网站失信黑名单"，69.9%的网民支持"对发生较严重失信行为的网站，依法实施惩戒"。这些调查内容和数据，一方面说明了网络空间存在的诚信缺失现象依然较为严重，是很多网民的"槽点"所在；另一方面，也反映了以法治方式治理失信、建设诚信，是广大网民乃至社会公众的共识与期待所在。

2016年"双11"期间，国家发改委会同7个部门联合签署了《关于对电子商务及分享经济领域炒信行为相关失信主体实施联合惩戒的行动计划》，推动阿里巴巴、腾讯、京东、58同城、滴滴出行、百度糯米、奇虎360、顺丰速运等8家企业签署"反炒信信息共享协议"，内部共享炒信信息，共同对外发布电子商务领域炒信"黑名单"。下一步，国家发改委将会同有关部门和单位进一步明确可共享公开的"反炒信信息目录"，制定炒信证据标准、异议处理和惩戒反馈机制，并推动有关部门对炒信网站和黑物流公司等采取联合专项整治行动。

在建立网络交易市场主体数据库的基础上完善信用公示制度。建立网络交易市场主体数据库，对辖区内经营性网站做到底数清、信息准、动态明、档案全；结合颁发电子营业执照和网络亮照等手段，由工商部门向社会公众提供网络交易市场主体信息认证服务，解决在网络交易

中"谁在从事经营"的问题；完善网络经营信用信息评级公示制度，对诚信的网络交易主体充分肯定，对失信或者违法经营的主体予以曝光。

七、完善现有的信用评价体系，避免虚假评价误导消费者

信用评价就是指在成功完成一笔交易后，买卖双方均有权对与对方交易的情况做出评价，这就是信用评价。而信用度是对评价计分的累积。在互联网时代中，信用评价体系是非常重要的，通过信用评价体系，对卖家和买家的信用进行记录，这样交易者彼此的信誉就有了参考，为交易的成功提供了依据。目前电下商务网站都推出了对卖方的信用进行评价的服务，即由完成交易后的买方在自愿的基础上对卖方进行信用评估，评估结果将作为卖方的信用记录供后来者参考。研究表明，买方的信用评估对卖方至关重要，直接影响到卖方的交易数量。

由于诚信问题成为公众或企业最为担心的问题，而信用评价就是对卖方诚信的评分，因此公众和企业在网上交易前，都特别关注卖方的信用评价。调查表明，64.2%的公众和71.1%的企业在网上交易时会查看卖方的信用评价，现信用评价的重要性。信用评估对规范电商的诚信体系有着重要的作用。网购商品的消费者根据产品质量等做出客观评价，网购服务的消费者对服务态度等做出理性判断，以此形成的信用状况不仅是商家改进相关工作的重要参考，也是消费者选择有关商品和服务的重要依据。但是，刷单炒信现象的出现却让电子商务和分享经济中信用评价的作用大打折扣。刷单炒信，讲得通俗点就是在网上杜撰虚假的信用信息，这不仅是对电子商务市场秩序的扭曲，也是对消费者合法权益的侵害，更是对诚信生态的深层践踏。

目前，网络交易平台商的信用评价体系大多采取以交易双方的评价来确定信用等级的模式。其优势在于信用评价直接来源于买卖双方，直接针对交易的商品或服务本身，具有很强的实用性。针对反映比较突出的虚假评价问题，工商部门应对网络交易平台商进行行政指导，引导和帮助其完善信用评价体系。

中国人民大学信用管理研究中心主任吴晶妹在谈到互联网企业信用评价问题时表示，"网民有资格对互联网企业进行评价。当网民受到互联网企业给予的不公平交易服务时，对该企业的申诉也是对其信用行为的评价。"另一方面，吴晶妹说道"互联网企业所在的行业组织可对其进行信用评价。若互联网企业确实存在不守信行为，则其会被行业组织处分或被取消会员资格。"同时，"除了网民、行业组织外，政府作为监管方也承担着对互联网企业信用行为评价及约束的责任。"

企业信用等级评价为互联网企业，尤其是为业界享有知名度的标杆性企业提供了一项需求服务，在企业信用等级评价标准中，对企业的综合素质、财务状况、管理水平、竞争能力、企业社会信用等各项要素都有着具体的量化要求，具有权威性、规范性、全面性、创新性的特点。按照中国互联网协会制定的《中国互联网行业企业信用评价实施方案》，"方案"从有利于我国互联网行业健康和科学发展的宏观高度，诠释了开展信用评价工作的指导思想和政策依据，明确界定了信用评价的目标、对象、信用等级的符号及释义等概念内容，并对信用等级的评价方法、指标体系、信用信息管理、评价工作保证体系等相关内容、制度、流程提出了具体要求。"方案"体现了"政府监管、法律监督、行业自律、技术保障、社会监督"的互联网综

合管理思想，形成了标准化、科学化的管理办法，具有权威性、全面性和可操作性。方案的有效实施，将对我国互联网企业的发展起到保驾护航的作用。"逐步建立互联网行业企业的信用管理体系和运行机制，建设行业信用数据库，实现企业之间的信用信息交换和共享，增强企业对信用风险的防范能力。

八、要着力加强互联网诚信的第三方监管

积极引入第三方认证等社会力量参与监督，构建网络信用评价、监测和预警机制，定期独立发布互联网企业诚信状况，实现对互联网运行秩序的有效监督。引导广大网民积极参与对网络失信行为的监督，建立积极有效的网络失信投诉渠道，让网络失信行为无处遁形，让更多的网民朋友免受伤害。

第三方监督包括多个层次、多个渠道的监督制度。消费者是企业产品或劳务的最终承受者，具有一种维护自身利益的内在动机，因而对企业诚信的渴求也就最为强烈。消费者对企业的监督也最具有广泛性，消费者监督正逐渐成为影响企业行为的重要因素。比如消费者协会和其他非政府组织对企业诚信的监督作用越来越大，这些组织成为人们表达自身意愿的重要途径。非政府相关组织近年来在维护消费者权益，调动公众维护自身权利的意识方面发挥了极大的作用。媒体独有的传播性和普及性使其可以产生极大的社会关注度，从而推动相关问题的解决。很多重大的企业违法违规和触犯社会道德底线的行为都是由社会媒体揭发的。调动媒体监督的积极性，发挥其主动性、灵活性和便利性，对于不良企业行为也可以形成明显的遏制作用。

谷歌之所以没有医疗骗子，第三方审查功不可没。据《连线》杂志报道，2003 年上市之前，谷歌广告部门为了利润，主动帮助卖假药者规避其公司的合规审查，从而使大量假药、走私处方药、非法药物（如类固醇）的广告网页长期充斥搜索界面。2004 年，美国联邦调查局派出卧底，对谷歌进行了长达 7 年的调查。2011 年，因非法药物广告，谷歌被美国司法部判罚 5 亿美元，并重新雇用了一个严格的新第三方验证机构。2015 年，谷歌共屏蔽 7.8 亿条恶意广告，较 2014 年增长了近 50%；屏蔽 1 万个销售虚假商品的网站，关闭 1.8 万个销售虚假商品的账号；屏蔽了 1 250 万个违规药品广告，将 3 万个出售减肥产品的网站列入黑名单。相比，魏则西事件中涉事的搜索引擎每天推广信息多达 4.7 亿条，除了内部常规机器审核、人工审核外，并无独立第三方审查。

九、发展和健全互联网信用中介机构

健全的信用中介机构在一定程度上可以对企业行为产生有效制约，在发达市场经济的国家中，企业的交易和投资决策，经常采用信用中介的报告，从而弥补自身掌握信息不足的缺陷。我国在此方面的发展严重落后，需要借鉴其他国家的经验。信用中介机构的建立和发展不仅可以弥补政府在此方面的不足，亦可以使企业较容易地掌握对方企业的诚信状况，从而防范不诚信行为。目前我国的信用中介机构数量较小，发展缓慢，加之市场需求不足，特别需要政府从制度上加以保障，政府可以在政策上可以给予一定的支持和优惠，同时也需要建立相关的法律法规进行规范，明确其责任和权利，在于信息的采集和使用方面要进行科学的保障和制约。我国信用征信体系建设相对落后的现实局面则要求监管机构必须大胆创新征信体系，打破政府

主导的征信系统与民间征信系统不均衡发展的局面，力求在金融信息化不断深入的时代背景下实现经济效益和社会效益的最大化，最终促进民间征信系统与政府主导的征信体系协调、持续、互补性共进。中国人民银行作为征信业监督管理部门，也在努力顺应时代发展的趋势以及市场的需求和呼声，加快了向民间开放征信市场的步伐。2014年底和2015年初，中国人民银行相继公布了企业征信（北京地区）和个人征信（全国范围）首批从业机构名单。宜信公司和网信金融集团等互联网金融企业旗下的公司获得了北京地区从事企业征信的牌照；个人征信方面，阿里巴巴集团旗下的芝麻信用管理有限公司、腾讯集团旗下的腾讯征信有限公司以及拉卡拉旗下的拉卡拉信用管理有限公司获得了个人征信牌照。从首批获得征信牌照的机构名单中不难看出，互联网金融从业机构和互联网公司占据了相当的比例，也从一定程度上说明了监管机构对于互联网公司和互联网金融从业机构从事征信行业抱有支持和肯定的态度，这也预示着我国互联网征信业的发展即将步入快车道。

第三方征信机构的征信数据和信息主要来自与其合作的相关机构。它通过开发、建设征信信息共享系统，将相关从业机构的客户数据信息进行有效整合和归类，以标准化征信产品的形式提供给市场。该类型机构主要有上海资信公司、中诚信征信公司和北京安融惠众公司。其中，尤以上海资信有限公司独立开发的网络金融信息共享系统（NFCS）和北京安融惠众征信有限公司创建的"小额信贷行业信用信息共享服务平台"（MSP）为代表。截至2014年7月底，上海资信旗下的网络金融征信系统（NFCS）共接入P2P平台203家，日均查询量达到约2 000次。而截至2014年9月底，MSP征信平台上的会员机构已经达到405家，会员间信用信息共享查询量已达日均9 000余件，有信用交易信息记录的自然人信息主体数量突破100万人。

第三方征信机构会及时从相关合作机构中获取借贷两端客户的个人基本信息、贷款申请信息、贷款开立信息、贷款还款信息和特殊交易信息，通过有效的信息共享，帮助相关从业机构全面了解授信对象，防范借款人恶意欺诈、过度负债等信用风险。在互联网金融迅猛发展的背景下，第三方征信机构及其征信系统可在一定程度上帮助互联网金融从业机构解决如下风险管控和信用评估问题：第一，提高互联网金融的违约成本，降低行业总体经营风险；第二，帮助互联网企业全面掌握融资主体的负债水平和历史交易表现，优化互联网企业信审流程、降低成本；第三，帮助投资人了解投资对象的真实信用水平，为互联网企业被迫超出自身能力提供担保获取资金的局面解困。第三方征信机构的发展有利于实现互联网金融从业机构之间的信息共享，打通线上线下、新型金融与传统金融的信息壁垒。从行业价值的角度考量，第三方征信机构是互联网金融开展业务的必要基础条件，同时也是央行征信系统的有力补充。

十、规范第三方支付平台的发展，促进诚信体系建设

一直以来，由于我国的个人信用制度不够完善，电子商务交易一直缺乏诚信环境。因此，从20世纪90年代中期开始的我国电子商务交易一直受到支付环节的制约，并因此产生了独具中国特色的电子商务支付方式：银行汇款、货到付款、邮局汇款等，尤其是货到付款的方式，直到现在还是很多电子商务交易中的主要支付方式。诚信的缺失，使得有消费需求和消费能力的消费者对电子商务交易望而却步，阻碍了我国电子商务的发展。

2004 年以来，以支付宝为代表的第三方支付平台的发展，在一定程度上解决了我国电子商务发展过程中的诚信瓶颈问题。支付宝技术的创新及其独特的理念，加上其构建的网上交易诚信环境与由此带来的庞大用户群吸引了越来越多的互联网商家，他们主动选择了支付宝作为其在线支付体系。2015 年中国第三方互联网支付交易规模达 118 674.5 亿元，支付宝以 47.5％的占有率占据了网上支付市场的将近一半份额，财付通以 20％的市场份额位居第二位，银商和快钱分别位居第三和第四位。随着互联网支付的发展，整个网上支付产业也被带动起来。支付宝提出的建立信任、化繁为简、以技术创新带动信用体系完善的理念，已经成为第三方支付的共同理念。支付宝模式为解决制约我国电子商务发展过程中的支付问题和网上交易的诚信问题提供了思路和解决方案。

尽管以支付宝为代表的第三方支付平台的发展在一定程度上改善了我国社会诚信的格局，但在其发展过程中，其本身也存在着诚信问题，这主要体现在两个方面：第一，付款人的银行卡信息将暴露给第三方支付平台，如果第三方支付平台的信用度或者保密手段欠佳，就会给付款人带来相关风险；第二，存在第三方支付平台备付金被挪用的风险以及第三方支付公司破产带来的备付的金风险问题。当前，我们应该利用本国现有的支付网络、顺应国人的消费习惯，在本国信用系统还不够完善的背景下，稳健发展和监管第三方支付，并充分利用已发行的大量借记卡与信用卡资源，以销量快速增长的智能手机作为支付终端，开发安全、便捷的移动支付方式，实现我国互联网支付的跨越式发展。

第十二章　诚信国际化——民营企业
走出去战略的实现

在 21 世纪，企业国际化经营将成为中国民营企业发展的主流趋势，而提升民营企业核心竞争力的深层驱动力则在于文化"软实力"的提升。构筑企业文化"软实力"的模式，应是对内铸就"以人为本"的现代化企业管理模式，对外塑造以诚信为本并承担责任的社会形象。党的十六大提出了"走出去"战略，坚持"引进来"和"走出去"相结合，全面提高对外开放的水平，以更好地利用国内和国际两个市场、两种资源。近几年来，中国企业走出去的进程已经取得了较快的发展，越来越多的企业以许许多多不同的方式拓展着海外业务，在全国出现了对外投资的热潮。目前，中国有近 7 000 多家企业在国外投资，分布在 160 多个国家和地区，而随着"走出去"战略的推行，民营企业取代了长期占据"走出去"重要位置的国有企业成了主体。

一、充分认识民营企业"走出去"的重要意义

改革开放使我国日益融入经济全球化和区域经济一体化的进程。随着国家"走出去"战略的实施，必将使民营企业走出去的步伐进一步加快。

民营企业"走出去"，是改革开放的必然趋势。随着我国改革的深化，市场结构调整的压力日益增大，内需不足，竞争激烈，处于轻型行业和竞争性领域的民营企业而当其冲，不仅其业已形成规模的劳动密集型产业要寻找新的市场空间，而且日益激烈的竞争压力正在迫使其必须提高产品的技术含量和企业的管理水平，迫使其不断增大对政策、人才、资金、技术、信息等各要素的强烈需求。所有这些，都必须通过经营的国际化和直接的国际竞争从学习、借鉴和实践才能快速的获得。实施"走出去"战略以来，我国对外直接投资快速增长，已从"引进来"为主，逐步转变为"引进来"与"走出去"并重。中共中央提出实施的"一带一路"战略，根据世情国情的深刻变化，在全面深化改革、努力转变经济发展方式的同时，坚定不移地扩大开放的广度和深度，更加注重和更加有效利用国际市场和国际资源，拓展发展空间，必将推动我国优势产业走出去、优势产能转出去。随着企业走出去战略的实施，必将进一步促进我国经济与世界经济的深度融合。

民营企业"走出去"也是实现转型升级的新途径。随着我国经济体量的不断增大，经济发展与能源资源短缺、环境承载能力薄弱的矛盾更加突出，经济发展已经进入速度换挡、结构优化、动力转换的新常态。这是不以人的意志为转移的，是符合经济、社会、自然发展规律的大逻辑。目前，民营企业在国内普遍面临着产品市场饱和、资源短缺、劳动力成本上升、高端技术支撑不足等问题，在钢铁、电解铝、水泥、纺织、平板玻璃、金属机械制品等诸多领域，都

出现了产能过剩的现象，有必要通过走出去向有市场需求的国家转移，推进国际产能和装备制造的合作，促进产业优化升级。特别是大中型民营企业总体上正处于由规模扩张式发展向质量效益型发展转变的关键时期，已有部分企业通过走出去，利用两个市场的两种资源，解决了当前结构失衡、效益低下、需求不足等制约企业发展的"瓶颈"问题。

民营企业"走出去"参与国际竞争的战略，有助于国内企业提高自身的经营管理水平，改善公司的治理结构；有助于国内企业利用当地的先进技术，增强自身在国际上的竞争力；有助于国内企业在海外筹集资金，有效缓解发展的瓶颈。另外，随着新一代产业革命的新突破，商品、劳务、资本、技术、信息和人才等各种要素的跨国流动日趋频繁，各种创新要素更具开放性、流动性，中国企业走出去融入全球创新网络、提升自身能力就显得更为紧迫。

二、民营企业正成为中国企业"走出去"的主力军

长期以来，"走出去"强调的几乎都是国有企业。1986 年，我国政府申请复关时，民营经济还很幼小。1985 年，我国工业总产值中国有企业占 64.9%，集体企业占 32.15%，私营企业、外资企业等加起来只有 3.0%，对经济生活无足轻重。到 2000 年底，中国非公有制经济所占比重已达国民经济 GDP 的 61%，其注册资金达 11 448 亿多元，企业数已发展到 158 万多户，民营经济的投资比重约占 35%，其对增长的贡献率占 60% 以上。2000 年以来，集体企业和私营、个体企业的出口增长速度已经远高于国有企业和三资企业。在沿海及内地发达省区，越来越多的民营企业在获得进出口自营权后进入国际市场。中国的一些民营企业也逐渐成为海外投资的主体之一，如万向、华为、力帆、新希望、正泰等公司积极走向了国际市场。

中国民营企业发展的过程就是一个参与对外开放的过程。早期的民营企业主要是为国有外贸公司提供货源。从 1999 年开始，随着国家对私营企业外贸自营进出口权规定的颁布，民营企业对国际市场的开拓快速展开。2001 年，规模以上民营工业企业（产值 500 万元以上）完成出口交货值达 2 684 亿元，比 1998 年增长了两倍多，所占比重由 1998 年的 8.2% 上升到 16.5%。同时，民营企业到境外投资设立企业的步伐也越来越大。由于市场化程度较高，其经营管理机制、投资决策、工资分配制度、营销方式及躲避市场风险的灵活程度较高，民营企业在中国的"走出去"战略中优势独到。

中国加入 WTO 以来全面对外开放的格局形成，对中国民营企业形成了一种有形与无形的压力，促使其"走出去"，借助国际化求得生存与发展。民营企业发展初期规模普遍偏小，最初的贸易大多局限于区域内，随着规模的扩大，交易范围突破了一个区域的范围，最后是突破了国界发展国际贸易，与世界市场建立了联系。绝大多数企业采取"先易后难，逐步升级"的方式参与国际市场，国际化经营的发展路径为纯粹的国内生产阶段——通过中间商间接出口——企业自己直接出口——在海外设立销售部门——在海外设立子公司进行跨国生产。对于中国民营企业来说，开展国际化经营，尤其是以对外直接投资为基础的国际化经营的直接动因之一，就在于获取国外的先进技术、管理方式及企业理念。

根据商务部发布的《2015 年度中国对外直接投资统计公报》显示，2015 年，中国对外直接投资实现连续 13 年快速增长，创下了 1 456.7 亿美元历史最高值的同时，投资规模超过同期

吸引外资规模，实现资本净输出。这当中，非公经济占对外投资的 65.3%，在境外并购金额中的占比达到 75.6%，数量和金额上都首次超过公有经济的企业。数据显示，2014 年，中国民营企业对外投资呈现爆炸式增长，同比增加 295%，相当于 2013 年的 3 倍，占当年总投资案例数的 69%，这充分说明中国民营企业已成为中国"走出去"的主力。

相对于国有企业，民营企业具有一些先天优势。民营企业产权清晰，所有者到位，有经营自主权，激励机制完善，经营成果与投资者和经营者利益直接相关，很少发生国企存在的"富了方丈穷了庙的现象。民营企业里，企业家对企业具有绝对的控制权利，可以自主选择经营方式，经营成果与投资者和经营者的利益直接相关，企业家在追求自身利益得到满足的同时，也注重企业利益的满足。民营企业经营机制灵活，易于管理控制，规避风险能力强。民营企业往往依靠自身产业起家，创业精神与现代经营理念强。风险意识、机遇意识敏锐，决策果断，主动性和创新性强。民营企业的经营机制灵活，对市场反应敏感，当遇到不利情况时易于及时转产，适应国际市场能力强，尤其是民营企业在经营多品种、小批量、价格比较低廉的出口商品上优势明显。随中国市场经济的发展，民营企业的迅速发展，使开拓国际市场的能力与动力提高。民营企业在国际市场上不受 WTO 对国有企业的种种限制，进入国际市场的条件更为宽松。民营企业在人力资源、管理效能、生产资料的使用、历史包袱等方面较国企有明显优势、成本较低，在我国企业主要依靠成本优势占领国际市场的今天，更具竞争能力。

2015 年我国非公经济对外投资具有三个方面的特点：一是投资的地区分布比较广泛，境外企业的数量占 80%。二是投资的领域也比较广泛，投资的并购十分活跃。三是投资的影响力不断加大。因此非公经济类企业已经成为中国对外投资的一支重要力量。中国政法大学国际经济法研究所所长祁欢教授对《中国经营报》记者表示，"这是因为较之国企，民企的体制更加灵活，投资更多元化，同时受到国外的审查也相对宽松；其次，由于国内原材料、劳动力等成本提高，民营企业也开始拓展海外投资"。

三、诚信危机："走出去"战略面临的突出问题

近年来，我国经济贸易领域诚信缺失的现象已经扩大至国际市场，成为"走出去"战略实施的严重制约因素。中国信用出口保险公司上海分公司副总经理陆栋提供了一组数据：我国企业每年坏账率高达 1%~2%，远高于成熟市场的 0.25%~0.5% 的水平；我国每年签订 40 亿份合同，其中履约率仅 50%；我国企业每年因信用缺失导致的直接和间接经济损失高达 6 000 亿元，其中因产品质量低劣、制假售假、合同欺诈造成的各类损失达 2 000 亿元。失信于外国政府和投资者的行为，不仅破坏了我国的投资和经商环境，限制了我国消费经济的发展，更对国家形象造成了负面影响。

美国等西方国家 90% 以上的市场交易都是信用交易，在占 GDP 80% 以上的消费经济中，2/3 以上是通过信用消费实现的，而我国所有交易中企业间信用交易仅占 20%。信用交易的落后，让我国在国际贸易中常扮演"苦主"的角色。中国国际贸易促进委员会副会长于平曾估算，随着出口贸易额的不断增加，海外拖欠中国企业的账款越来越多，中国企业被拖欠的海外欠款约有 1 500 亿美元。而我国商账追收和信用风险管理的专业能力不强，导致中国企业往往

吃"哑巴亏"。

诚信缺失严重影响中国企业的国际竞争力，也严重损害国家声誉。以2008年的三鹿毒奶粉事件为例，不但以数万名儿童的生命和健康为代价，也使国外消费者对中国的食品安全产生信任危机，且使政府的公信力受到极大损害。据海关统计，2008年受三鹿毒奶粉事件影响，中国出口乳制品同比下降91.8%，奶粉成为乳制品中出口下降幅度最大品种，出口同比下降99.2%。"曾有这样一个调查：欧美人更喜欢和印度人做生意，而非中国人。"江苏省社会信用体系建设领导小组办公室副主任程友华向《经济参考报》记者称，印度人诚信度更高是主要原因。据中国传媒大学副校长、博士生导师胡正荣教授介绍，2012年他在肯尼亚发现，当地很多民众对中国最深刻的印象仍是：李小龙、成龙和"便宜的东西"，非洲不少国家对中国产品存在"价格低廉但质量低劣"的印象。这种对中国商人不信任的现象在国际贸易中频频出现。

诚信缺失引发出国际贸易非关税壁垒的威胁。非关税壁垒，指以往政府采取除关税以外的各种办法，来对本国的对外贸易活动进行调节、管理和控制的一切政策与手段的总和。其目的就是试图在一定程度上限制进口，以保护国内市场和国内产业的发展。非关税措施比关税措施更灵活，也更有针对性。非关税措施的制定与实施，不同于关税，要通过立法程序制定与调整，它通常采用行政程序，制定速度快，能迅速针对某国和某种商品采取或更换相应的限制进口措施。而且，非关税措施的保护作用比关税更强，也更有隐蔽性和歧视性。关税措施的保护作用具有间接性，而一些非关税措施能快速和直接地达到关税措施难以达到的目的，如进门配额限制。另外，一些非关税措施则往往透明度差，有较强的针对性，容易对别的国家实施差别待遇。近年来，我国信用缺失案件屡屡出现，各国便抓住这个机会，不断地用苛刻的贸易壁垒条件限制我国企业产品的出口。中国作为WTO的新成员和出口大国，一些国家以信用风险规避为手段，限制中国产品出口，保护本国产业的趋势越来越明显。

企业信用的缺失导致国际交易效率的下降和交易成本的上升。实践证明，在讲信用和有秩序的市场环境中，交易成本普遍降低；在信用缺失状态，交易成本普遍提高，甚至造成失效。信用缺失，破坏了国际贸易商品生产和交换的正常运行。由拖欠导致的连环拖欠，破坏了信用，扰乱了经济秩序，使企业资金周转受阻，生产不能正常进行。一个缺乏诚信的体制不仅会约束企业的发展，最终也会约束企业自身的发展。企业由于需要不断地重复投入市场开拓费用，导致营销成本提高，市场的无序性导致过度竞争和过度投机，从而使整个社会经济秩序处于混乱状态。

国外的高科技产业和资本市场也担心投资所带来的信用风险，严重制约我国高科技产业和风险资本市场的顺利发展。风险资本市场是以市场为导向、契约为基础的专业化风险投资体系，目前我国尚存在社会信用秩序混乱，各种契约、合同可随意被撕毁、不执行的现象，在一定程度上影响了高科技产业和风险资本市场的顺利发展。

诚信缺失，一定会加大民营企业"走出去"的成本。这种成本会表现在税收优惠、贸易谈判的条件等诸多方面。国内信用环境的缺陷，还会加大我国企业和产品参与国际竞争的成本，这种成本表现在我国企业和产品进入国际市场的难度上，我们不得不在价格等多方面做出更大的牺牲。由于债券信用级别小高，我们必须以比别人高的成本在国际市场上筹资。在为加入WTO进行的艰苦谈判中，在我国不得不对发达国家在贸易条件上做出的种种让步上，我们也应该感觉到国内信用环境缺陷的不良影响了。因此当前建立健全我国市场信用体系就更加紧迫了。

我们的一些企业，在国内如鱼得水，日子过得红红火火，但一到国外，按他们在中国习惯的做法去经营，很快就露了马脚，到处被查，到处碰壁，像数据造假，侵犯用户个人隐私这些问题，很难再有藏身之处。

不诚信的行为必然带来不公平的竞争，试想，能用虚假数字轻松从投资人那里圈到钱的厂商，还会在乎产品挣不挣钱，业务健不健康吗？这对那些踏实做业务，注重产品品质的企业来说，当然是不公平的。而不公平的竞争必然对经济的可持续发展带来消极的影响。更大的危害则是，不诚信还会成为中国企业走出去的巨大负资产，导致我们在国际市场上的竞争成本大大提高。

——联想集团董事长兼 CEO 杨元庆 2014 年 8 月亚布力论坛夏季高峰会演讲

四、"诚信"对民营企业"走出去"的重要性

诚信有助于开拓国际市场，扩大网际贸易。开拓国际市场，不仅需要及早掌握市场动向，并针对需求来做细致且迅速反应，拥有一个与市场直接连贯的完善的供应体制，还要首先以诚信示人，树立一种重规则、讲诚实、守信用的国际形象。诚信是一种比技术、产品等更具膨化作用的重要因素。诚信生产和经营的企业必然致力于向各国消费者提供优质的产品，合理的商品价格和一流的销售服务，并以此来树立诚实守信的企业形象，赢得市场所必需的信誉。在国际经济活动中，容不得丝毫的背信弃义行为；否则，将在国际信用体系的严密监控中失分、降级、进入黑名单，不仅形象受损，口碑尽失，而且还面临制度的重罚和市场的驱逐。实践证明，以诚信为本的企业可以创造更大更成熟的消费群体，可以在开拓国际市场上获得先机，在国际贸易中抢占有利地位。

市场信用是一种协调国际贸易关系的催化剂。在现代国际化企业普遍重视企业社会责任、推行企业社会责任认证制度的背景下，讲求诚信的企业能比较自觉地承担自己的社会责任，协调企业所面临的各种关系，从而达到与社会同步前进，实现经济效益和社会效益的协调统一，处理国际贸易关系同样如此。诚信经营可以使涉外企业赢得合作者的信任与支持。因此，企业要在国际上求生存，谋发展。就要提高自身的竞争力，就必须依靠无数的合作伙伴的信任和支持。而合作关系的建立和发展是以诚信原则为基础的。诚信有助于使合作各方意识到合作关系的潜力，节省贸易成本。即便是发生涉外贸易摩擦、经营矛盾时，诚信就成为调解和协调的重要策略。这样，终将获得关系对象的理解和尊重，以诚信换取诚心，以诚信换取信誉，达到双赢或共赢的局面。反之，倘若不讲诚信，拒绝承担社会责任和社会使命，唯利是图，便会造成劳资关系紧张，给周围生态环境造成危害，那必然会激化各种矛盾，引起公众的不满，最终会使企业走向孤立基至衰败。

市场信用是一种接轨国际贸易体制的黏合剂。与国际接轨，当然要从立法立规、制度建设上下功夫。但首要的方面是在观念上接轨，特别是诚信理念的内部一致和外部契合具有特殊的意义。一方面，在立法与国际接轨时，诚信具有先发的优势，即以诚信为重要内核，在指导

原则、立法精神等方面向国际标准接轨并依据国际标准取消那些违背市场经济规律、妨碍市场经济体制建立的法律法规，修改、完善部分内容不符合市场经济要求的法律法规，加快有关对外贸易的法律建设，使对外贸易与国际接轨，通过法规系统性，尽快实现贸易规范化。另一方面，从与国际接轨的当前重点来看，作为是否讲诚信之标志的加强知识产权的保护问题，成为与国际接轨的当务之急，具有以点带面的功效。在新经济时代，创新成为时代的主题，诚信成为时代的需要，加强知识产权保护成为时代的重任。各国尽管加强知识产权保护工作，但仍存在诸如侵权盗版、假冒伪劣等问题，与当前知识保护与国际贸易多边制裁挂钩以及知识产权保护国际化的大趋势很不协调，这将会导致更多的知识产权方面的纠纷。面对这一严峻的形势，必须在全社会进一步倡导诚信，加强立法和执法，使企业和个人能够自觉地坚持执行知识产权保护政策，真正形成尊重知识、尊重人才的社会风尚，使各国国际贸易更好地融入全球。

市场信用是无形的提升国际竞争能力的资本。诚信是企业的无形资产，是企业竞争力中的关键因素，它和货币资本和劳动力资本一样是企业发展不可或缺的。在经济全球化条件下，企业国际竞争更趋激烈，不仅是技术、设备、产品等硬件的竞争，更是诚信、形象等软件的竞争。企业的信誉作为一种无形资产，与企业技术创新等硬件方面的优势一起造就企业强大的市场竞争力。诚信具有资本属性，它能使企业的成本降低，使企业的形象升华，使企业的利润增值。无论在国内市场上与跨国企业竞争，还是走出国门作为跨国企业与其他企业竞争，都有必要经营好自己的诚信状况。对于外贸企业来说，诚信经营，在消费者及合作伙伴心目中树立良好的信誉，积累起雄厚的信誉资本，将有利于各外贸企业参与国际竞争，赢得国际市场，否则，它将在国际市场上无立锥之地，最终必然被市场竞争所淘汰。

民营企业"走出去"离不开诚信名片。品牌是企业诚信的经济符号。品牌是企业诚信的体现，是企业对消费者的承诺。在物质生活相当丰富的今天，消费者选择他们所需首先要看的是品牌和非品牌，因为品牌是消费者对商品的认知。一个品牌是企业向消费者显示其诚信的符号。企业要与消费者建立一种固定的交易方式，品牌是最好的桥梁。通过品牌来获得消费者的产品忠诚度。一个诚信的品牌能给企业带来众多的消费群，也能给企业提高知名度。美国营销学专家菲利普·科特勒所说："品牌在本质上代表着卖者对交付给买者的产品特征、利益和服务的一贯性承诺。最佳品牌就是质量的保证。"从社会契约论的角度看，品牌是企业和消费者的一种契约。当企业把品牌公布出来，就等于宣布契约的实施——等于说该品牌是可信的，如果品牌对消费者有欺骗行为，或者违背它的诺言，那就等于宣布品牌这个契约的解除，消费者也不再相信它。由此也可见，品牌契约不仅是企业和消费者之间的交换关系，也是一种社会关系，是企业和消费者之间的一种情感联络。

"言而无信，行之不远"。在竞争激烈的国际市场上，企业要想走出去、走得远，就必须有诚信作为"通行证"。靠诚信闯天下，我们要加强企业诚信建设，营造企业诚信文化，靠诚信去赢得国际市场的认同。诚信是企业走出去的国际"通行证"。诚信兴业是企业必须遵守的基本准则。古人言："一诺千金""不信不立，不诚不行"，西方人则将诚信当作民法的"帝王条款"。对于要走出去的深圳企业来说，诚信具有更为特殊的意义，它是企业必不可少的国际"通行证"。在国际市场上，由于距离遥远、交易时间长等原因，大家面对面一手交钱一手交货的机会较少。要想走出去，企业必须用诚信换得信任，靠信用和人家打交道、做生意，否则会寸步难行。华为、中兴等一大批深圳企业之所以在海外闯出名堂，除了技术过硬，更重要的是他们把诚信和品质放到了第一位。随着时代进步，诚信在企业走出去的过程中，将发挥越来越大的作用。在WTO的基本原则中，公平交易原则、透明原则和非歧视原则都包含诚信的要求。在信息化和全球化的环境中，企业走出去闯天下，拥有良好的信誉将收到加倍的好效果，而失信的损害也会成倍放大。市场经济本质上是信用经济，越是发达的市场对企业诚信的要求就更高。

企业"走出去"最终总是要进军发达国家市场，届时企业将面对更完善的社会诚信制度和更严厉的失信惩戒机制，一旦失信就会遭到惨痛损失，受到全球市场的排斥，甚至导致法律诉讼，乃至陷入破产危机。靠诚信闯天下，必须按国际标准切实加强企业诚信建设。企业走出去必须舍得投入，从战略高度上重视诚信建设。诚信对企业来说，不仅是道义责任，也是一笔宝贵财富。花大力气、下大功夫以国际标准来强化企业诚信，能擦亮企业的诚信"通行证"，为企业增添巨大的无形资产。"小信诚，则大信立"。加强诚信建设，必须大处着眼、小处着手，在走出去的各个环节上做好品质管理，树立整体的诚信形象。良好的信誉来自一流的品质。在生产、销售等的每个步骤上，都做到一丝不苟，在契约履行、财务管理等的每个程序上，都做到严格缜密，这样才能保证企业的每一个产品、每一次服务都达到国际标准，为打入国际市场打牢基础。加强诚信建设，还必须融入国际信用体系。信用体系是支撑市场经济的保障体系。看不见、摸不着的诚信，在现代信用体系中，通过商业票据、信用担保、信用评估等手段，可以转化为有形的财富。诚信无价亦有价，只要你的信用好，你就能得到更优惠的贷款和更灵活的付款方式等便利。靠诚信闯天下，必须遵守这些国际"游戏规则"，熟悉国际市场信用体系的运作，强化和信用中介服务机构的合作，才能充分利用各种信用手段，在国际交往中赢得主动。

市场经济是在某种意义上是信用经济，它的运作是以诚信为基础。稳定可靠的信用关系是现代市场经济正常发展的前提和保证，没有诚信机制就不可能有完善的市场经济。经济学家茅于轼认为，目前中国经济的首要问题"不是需求不足，而是信用不足"。商界信誉的丧失不仅局限着新生企业的成长，而且使不少原已发展成熟的企业陷入资金链条断裂、客户资源流失的生存困境，这对企业和品牌是致命的打击。随着全球经济一体化进程的加快，尤其是随着WTO时代的到来，各国间的经济贸易往来日益密切，国内市场与国际市场紧密联系在一起，一国的市场信用状况对各国外贸企业走出国门，参与国际竞争至关重要。诚信是国际商业伦理的基本规范，诚信经营可以使企业更加有效地参与国际竞争，这就对我国民营企业的诚信状况提出了更高的要求和挑战。

民营企业必须正视诚信在国际经济交往中的重要作用，自立自强，向世界亮出中国自己的诚信品牌战略，走自主品牌战略之路，强化主体要素诚信品牌建设，优化诚信品牌战略文化，推行政府诚信品牌工程，在国内外树立良好的减信品牌形象。建立良好的市场信用环境，是政府按国际惯例办事的首要职责。市场信用环境方面工作做得好，投资环境就会好，在吸引国内外投资、加快本地经济发展上，就会得到较大的回报。在国际贸易中要有全球眼光，要能进行战略思维。建立信用经济，应当是我们放眼全球，进行战略思维的一个最重要的方面。市场信用体系的构建对于促进社会主义市场经济体制的完善具有重大意义，同时对于扩大我国国际贸易，提升我国在国际上的竞争力和国家形象更具有深远的战略意义。

"走出去"战略，意味着我国经济将更全面地对外开放，加速融入世界经济。加入 WTO 后，国内市场与国际市场将逐步连通为一体，我国的企业将在国内与外国企业竞争，国际商务的游戏规则将变成我们国内的商务规则。与国际经济接轨，就要按国际惯例办事，不守规则的企业将在竞争中被市场淘汰出局。在贸易、投资、金融等各类国际交易中讲求信用，注重商业信誉，是国际商务惯例中的首要信条。对于尊重并信守信用规则的企业，它得到的是竞争力的提高，是交易成本的降低，是长远的巨大经济利益；而对于不遵守信用规则的企业，即使没有法律的惩罚，也要被市场的其他参与者唾弃。

五、全球化视野下的诚信应有包容性、多元性、积极信任等特征，秉承平等、公平、公正的原则

全球化带来一个普遍现象就是，它促使世界许多国家、地区间的交往变得越发频繁。这一客观现象要求必须把诚信作为社会主体之间交往合作的基础，也是一个国家太平、社会和谐的重要保障。全球化作为当今世界一种不可抗拒的发展潮流和客观趋势，深刻影响着并将持久影响着世界各国的经济、政治、文化和社会的发展。全球化时代的到来，对于国际诚信秩序建设而言是挑战与机遇并存，它一方面以其自身的复杂特色给予国际诚信旧秩序以巨大的冲击和压力；另一方面又以其丰富的内涵和包容的威力来引领诚信秩序重构的方向，为诚信秩序的健康发展提供丰富具体的基础元素。

全球化环境下的诚信呈现出两大特征：一是遵循某种规则。例如世界贸易组织、联合国宪章、欧洲联盟等等，都有明确的行为规章来处理相关主体的相关行为。二是都承诺平等、自由与合作。虽然在实质交往中，不同国家与地区往往有不同的话语权，即所谓的强权交往。但无论是大国还是其他发展中国家，都一致承诺与强调相互间的平等、自由与合作是全球化过程的必备保障。由此，这种来自世界不同国家和地区的多元主体间的交往都是遵循一定规则的倡导平等自由真诚的合作，实质上可以将其表述为一种全球诚信秩序。

全球化是世界历史发展阶段中的特殊现象，是特定历史形势的典型写照；而诚信秩序则是对人类社会行为规则与方式的判定。诚信秩序是全球化进程的基础保障。全球化实质上表现为不同国家与地区间的政治、经济、文化交往与合作，这种交往与合作的持续有赖于较为稳定适合的诚信秩序。没有诚信秩序或诚信秩序与之不相适应，全球化进程中的多元主体合作与交往将难以持续。另一方面，全球化对于诚信秩序有巨大的解构与重构作用。全球化是多元主体间的交往合作，客观上需要与之相匹配的诚信秩序。同时全球化又是一种社会形势，其对于诚信秩序的走向有巨大的能动作用，即对于滞后的、与之不相适应的诚信秩序会形成巨大的冲击与解构；而对于符合时代的、与之相适应的诚信秩序的形成与维护有巨大的促进作用。

全球化下的国际诚信应是与全球化相匹配的诚信，基于全球化所赋有的主体之间的经济、政治、文化、信息平等交流的内在要求，与之相匹配的国际诚信必须是具公共性、包容性、多元性、积极信任等特征为一体。

　　就包容性而言，要求诚信具有开放、包容的特质，接收、加工、协调来自不同国家和地区以及不同层面的诚信理念与行为。国际诚信旧秩序以列强国家单边意愿为主导，其他弱小国家在秩序结构中处于被动接受的地位，几乎没有包容性可言。然而，全球化是一个多元化的时代，平等、自由、合作是其内在要求，在诚信理念与行为方面，不同国家与地区有着较大差异，各种不同程度诚信差异的社会主体交往，对于诚信秩序的维系是一个大的挑战，既难以要求诚信秩序原来者彻底接受新来者的诚信理念与行为；也难以要求新来者抛弃自身理念而彻底服从与认同诚信秩序。为此，要求诚信秩序必须具备包容性的特质，诚信主体能随时接收新的诚信主体理念与行为，在合作交往中不断协调与吸收，从而促进新的诚信秩序的养成。就多元性而言，即是指诚信结构中主体的立体特征，不仅表现为诚信主体数量的多元化，同时还表现为诚信主体在诚信结构中的多重角色。传统国际诚信旧秩序中，诚信结构中的诚信主体体现出两方面特征：一是诚信主体数量相对单一，主要以国家、地区为主；二是在诚信结构上相对单一，决定了诚信主体的诚信角色也相应比较单一。进入全球化时代，伴随国家地区之间政治、经济、文化交往的频繁，国际诚信秩序结构中的主体数量较以往要多得多，除国家、地区之外，还包括企业、非政府组织、社会团体以及个体等；同时社会主体数量的多元化决定了其在诚信结构上的多元化，不仅包括个体之间，还包括个体与组织、组织与组织、国家与国家等其他诚信结构。

　　就积极信任而言，要求在诚信交往中，要突出现代性与主体性的价值理念，平等、自由地与其他相关主体积极沟通、诚信合作。步入现代民主社会后，特别是全球化时代的到来，民主、平等、自由成为时代社会的主流，同时社会诚信主体较以往有较大扩展，包括不同国家政府、组织、企业等多层面的主体，各不同主体之间在政治、经济、文化、社会等诸多领域交往与合作的事实，客观上需要主体间的诚信交往有积极信任的姿态，摒弃传统被动交往的诚信观。信任是主体间诚信交往的纽带，以积极信任的姿态开展诚信交往，不仅有利于不同主体间的持续交往，同时也有利于扩大与强化社会的合作与和谐。

　　在国际经济合作中，各国企业应该秉承平等、公平、公正的原则，做到相互尊重，共同发展。具体说来，不同国家和地区都应该有权自由选择与自身国情相适应的经济发展体制和道路，有权自由参与国际相关的经济事务，并能在平等互利基础上发展与不同国家和地区的经济贸易往来。同时，针对发达国家与发展中国家所处不同的发展程度和拥有资源优势的不同，相互之间应该做到平等交往，优势互补。对于发达国家而言，应从资金、人才、技术等方面给予发展中国家更多的支持与援助；而对于发展中国家而言，需要转变发展理念，加大自身开放力度，强化与发达国家合作，主动吸收外来人才技术与资本支持。另外，就发展中国家自身而言，相互之间应该精诚团结、交往合作、相互学习，从而促进共同发展。

六、建立企业质量诚信体系，以质量诚信打造国际化品牌形象

　　社会诚信体系建设的重点在企业，企业诚信的基础是质量。质量诚信建设因其特有的地位和作用成为企业诚信建设的基础和核心。质量诚信，是企业必须恪守的基本责任，也是企业的生命线，一旦企业出现产品质量风险，也就意味着这个企业面临生存危机。如果企业没有质量诚信意识，那么再高的技术水平、再大的生产规模也难以保证产品质量不出问题。从三鹿奶粉

事件，到胶囊事件、地沟油事件、达芬奇家具事件、塑化剂事件等，究其根源，都是首先在质量诚信方面出现了问题。这些都是人为造成的，在产品质量问题的背后，是诚信缺失问题。

随着中国出口额的不断增加，中国也成为遭遇反倾销调查最多的国家。世界范围反倾销对中国经济产生了巨大负面影响，对以出口为主的企业带来巨大打击。以欧美为代表的中国主要出口目的国，纷纷设置各种贸易壁垒，而且未来针对中国产品的贸易壁垒仍将升高。

高成本和微利时代的到来对出口型企业造成更大压力。我国出口企业一直是靠低成本求生存和发展的，近几年，能源、原材料、交通运输、劳动力等企业生产成本快速上升，同时，还有因国际贸易环境的变化所引起的贸易风险成本、因国内政策的变动所引起的政策成本以及企业加强自身管理的管理成本。在以上四大成本逐年上升的同时，产能仍在快速增长，而出口企业自律相对较弱和国际竞争压力增加，使得我们的一些产品除了面临反倾销的抵制以外，还遭遇到安全、环保、质量等技术性壁垒的困扰，比如温州打火机安全问题、皮鞋的质量问题等。当然，出现的一些问题与贸易保护主义有关。国际贸易的竞争，关键是产品质量的竞争，没有产品质量，我们的企业就很难跻身世界市场之林。国际社会对产品质量的要求越来越高，我们必须符合国际上对产品质量的标准要求。虽然我们国内有大量的关于产品质量的立法，但法律、法规、司法解释、部门规章等还不很完善，国内法律实施环境也有很多的缺陷。在执法环节经常出现执法不严、违法不究的现象。这就会造成违法者成本太小，违法行为屡禁不止的现象发生。另外，出口企业出于自身的条件限制，无法及时准确地掌握国外相关产品质量法规的动态，从而造成产品质量无法满足进口国相关要求。

据商务部中国外贸企业诚信体系研究课题的研究结果，中国企业每年因为诚信缺失而导致的直接和间接的经济损失高达 5 855 亿元，相当于中国年财政收入的 37%，中国国民生产总值每年因此至少减少 2 个百分点。而这还只是有形的可以用数字计算的损失，而更多的则是不可以用数字衡量的损失，后者对社会产生的危害更大。建立出口企业质量诚信也是中国融入国际社会参与全球事物特别是经济活动的需要。随着经济全球化的日益发展，国际分工的日益深化，以及中国加入世贸组织和外贸进出口经营权的逐步开放，越来越多的企业参与到国际商品交换和国际竞争中来，越来越多的个人走向世界，同时，也有越来越多的全球事物需要中国参与。我们必须遵守国际社会公认的游戏规则，如果我们不讲信誉，自毁形象，最终将会被国际社会所排斥。

出口企业质量诚信体系构成要素包含：出口生产企业遵守有关质量法律法规情况、出口产品质量水平、生产过程控制要素、质量保证能力、获得相关国际认证情况以及售后服务等方面。另外，还包括针对出口企业的质量诚信评级机制，这些要素的组合构成了出口企业质量诚信体系。目前，国际上主要贸易对象欧美国家通过建立法律法规不断提高产品质量标准，这些产品质量标准无论是出于提高生活质量还是贸易保护目的，都会给我国出口企业带来新的挑战。不断提高产品质量，以符合产品进口国的相关要求，是出口企业质量诚信的基本前提，保证稳定的出口产品质量水平体现出出口企业质量诚信的执行力度效果，是赢得国际客户的关键之一。

在出口产品的生产过程中，生产加工工艺和过程控制是保证产品质量的重要环节。这虽然无法直接为外界看到，但是却正是能检验出口企业内部是否具备良好的质量诚信意识。出口企业质量保证能力取决于企业生产设备水平、员工技术水平及质检水平。这三方面相辅相成，在出口企业整体质量保证能力上发挥重要作用和影响，是企业建立质量诚信体系中关键要素。出口产品的质量不但要符合国内相关质量标准，更重要的是要满足国标标准和出口国的本国质量标准。获得相关同际认证能直接地体现出口企业在质量诚信上的所有努力，国际认证是出口企业质量威信体系建设上直观可见的重要环节。出口企业诚信经营的另一重要体现在于产品出口之后的售后服务环节，从这一环节可以充分表现出企业对客户的真诚。目前许多企业采取的问题产品召回制度，便是售后服务更高的境界。针对出口企业质量诚信评级机构的建立是出口企业质量诚信体系中非常重要的工作内容，没有评级机构（政府机构或第三方评级公司）的参与，质量诚信体系才能区分出优劣诚信企业。

对致力于"走出去"的民营企业来说，在企业内部，必须建立原材料控制制度，对原材料严格把控，防止不合格原辅材料进入生产区域，应对原辅材料供应商进行选择管理，对原辅材料的采购、检验或验证实施有效控制，要求原辅材料必须提供检验合格证明或报告；建立生产过程控制制度，对生产过程质量有效管控，应结合自身实际制定相应管理制度和作业程序，对生产工厂的每个阶段、每个工序提出统一的要求，做到原材料不合格不入库、半成品不合格不转序、不是合格品不出厂；建立质量检验制度，不断地建立和完善公司和各环节质量保证体系，坚持产品质量自检、互检、抽检和终检制度，确保产品质量实现在每道操作工序中；建立质量诚信教育和奖惩制度，组织员工按照制度要求学习质量诚信规范，形成质量诚信绩效评价和奖惩机制；建立用标识明示质量制度，对产品使用的原材料、有效成分、质量性能或质量等级等反映产品质量状况的特征进行明示或做出公开承诺，不使用回料生产食品用塑料制品，保证产品质量安全；建立售后服务制度，定期进行信息收集和回访，不断改善质量诚信经营中存在的问题，在承诺的时间内帮助客户解决产品问题，妥善处理客户对产品质量的抱怨和投诉，建立有效的召回和追溯制度，对产品质量事故能够及时妥善处理并追究相关责任人的责任。

七、注重契约精神，守合同重信用，铺平海外之路

"契约"一词源于拉丁文，在拉丁文中的原义为交易，其本质是一种契约自由的理念。所谓契约精神是指存在于商品经济社会，而由此派生的契约关系与内在的原则，是一种自由、平等、守信的精神。契约精神包括了三个方面：一是平等的契约缔约；二是各方遵守契约规定；三是出现争议要有一个公平的机制。正是这种契约精神，孕育了西方人的"诚信"观念。它认为，人与人之间与生俱来的天分和财富是不平等的，但是可以用道德和法律上的平等来取而代之，从而，让在最初状态不平等的个人，在社会规范和法律权利上拥有完全的平等。

契约精神的要义，就是要求相互交往、相互关联的各方，在交往前要订立权责明确的契约，在交往中要严格而认真地遵守已订的契约，始终将契约作为各自行动的根本准则。正式的契约要以文字或书面的形式签署，非正式的契约（或隐形契约）也可以是一种不言自明的约定俗成。不管是正式的还是非正式的契约，对涉事的各方都有行为制约作用，否则就不是契约，也就不能维系各方的正常交往。契约的内容要由涉事的各方共同商定，而非正式契约虽不一定

要共同商定，但也要得到各方的一致认可。以这样的商定或认可，来明确各自拥有的权利和义务，并对他方产生相应的承诺。协商过程中会有一些冲撞，更不能缺少妥协，但最后一定要形成各方都能接受或认可的若干共识，成为制约各方行为的统一规范。而仅由单方面拿出来、未经过大家深入讨论、并充分听取和吸收各方意见的东西，不论其内容是否合理和公平，都是霸王条款，都没有体现契约精神依照订立契约的初衷或契约的本性，契约一旦成立或经认可，各方都要有强烈的担当意识和为他方负责的精神。这种担当和负责不需要任何提醒和监督，就是自己心中的最高行为自律，各方都应自觉履行已订立或已默认的契约，违约必须承担相应的责任，甚至付出惨重的代价。

契约精神是西方文明社会的主流精神，这种精神首先表述在"神人立约"的意义上。在希伯来《圣经》中，对于犹太初民与上帝的契约关系，至少有三次"立约"的记载。基督宗教形成之后，继承并发扬了这一"立约"之说。基督徒认为，救主耶稣降生即上帝与人重新立了"新约"，因而将以往上帝通过立法而与犹太人所立之约称为"旧约"。这种契约精神经犹太教、基督宗教的传承和弘扬而在西方文化传统中根深蒂固。这可以说是西方"契约"概念的萌芽。西方社会至今对"契约""合约"等有强烈的重视，也是受此影响。

西方商业文明的发展以契约精神为基础。宗教对西方资本主义的产生起着重要和决定性的作用，马克斯韦伯的著作《新教伦理与资本主义精神》从宗教的角度，为资本主义在西方兴起找到了一个合理的解释，并强调基督教新教伦理在构建资本主义价值体系过程中的决定性作用。在传统的商业文明下，契约代表着商业关系双方的承诺，信用与契约紧密地联系在一起，甚至信用要靠契约来维系，可以说传统的商业文明时间里的契约的基础之上的。正因为如此，不断发展的商业文明有反过来催生了西方文明社会的主流精神——契约精神。契约精神本质上就是一种诚信精神，只有交易的双方遵守契约，切实履行合同，才能确保交易安全，市场经济才能发展起来。

质量是企业与消费者之间的一种市场契约，这个契约的基础就是消费者对企业产品质量的信赖，企业对消费者在质量上的诚实。双方的契约通过反映质量的标签标识、品牌 LOGO 等多方面予以呈现，而假冒伪劣的存在，毫无疑问就是质量方面的欺诈和不诚信行为，破坏了买卖双方在质量方面的契约，用欺骗的方式获取利益，损害消费者在质量方面的合法权益。

当前，我国诚信缺失的现象屡禁不绝、屡见不鲜，一个重要的原因是我国的市场文化中缺乏契约精神。这从社会上大量存在的为数不少的企业为谋求无本之利或低本高利、制售假冒伪劣商品、进行虚假广告宣传、逃债赖债、偷税漏税、欺诈合同伙伴等现象中可以看出来。从某种程度上讲，假冒伪劣、诚信缺失，正是质量方面缺乏契约精神和诚信文化的表现和结果，因此要将存在于经济领域的质量问题从文化上"找原因""开药方"，一个重要的"处方"就是要在质量文化建设中建立契约精神和质量诚信文化。

我国经济体制改革的市场取向，实质就是使经济关系走向契约化。市场经济的核心就是契约，契约的本质在于诚实、守信，而且契约所要求的诚信是与现代诚信的理念相一致的。因此，我们必须立足于当代中国经济、社会日益契约化的现实，充分挖掘契约精神资源，积极探索构建现代诚信的出路。应该说，契约精神和诚信的观念，对于我国社会主义法治国家的构建和社会主义市场经济的良性运转都有着积极作用。同样的，在质量法治和质量文化建设方面，也应当建立契约精神和质量诚信文化。

八、在国际市场上树立诚信的品牌形象，要在企业内部营造诚信文化

企业诚信就是指企业依照国家法律规定、市场规则和商业道德规范，在经营管理和市场营运中确立和执行的自律性理念和行为。企业诚信文化是指在市场经济条件下，用以规范和调节企业与社会、企业与企业、企业与个人之间信用关系的一种道德理念，它要求企业在追求自身利益的同时，尊重他人利益，诚实守信，遵纪守法，不损害对方和公众利益。

企业对外诚实守信，就能形成巨大的吸引力从而不断赢得创业和发展的机遇。一个讲诚信的企业，其资信度就会高，就能较容易地获得银行的贷款，股民也愿意为其投资入股。一个企业讲诚信才能拥有更多的合作伙伴并与其建立良好持久的合作关系，这在国际金融危机背景下尤其明显。只有加强以诚信文化为核心的文化软实力的建设，把握文化发展的主动权，才能增强对优秀诚信文化的引导能力和对劣质文化的抑制能力，充分提升企业的诚信文化软实力，进而将其转变为企业发展的硬实力，推动企业核心竞争力的提高。面对竞争日益激烈的国际市场，企业只有在坚持诚信原则的基础上才能建立和发展竞争优势，打造自身的核心竞争力，才能立于不败之地。

在国际市场中，诚信文化越来越成为企业盈利的保证。企业的诚信是一种无形资产，它反映了企业的信用、实力和形象。只有基于诚信的企业，才能有更长远的发展。虽然企业竞争靠的是产品质量、服务质量的竞争，但是最终竞争的基础还是诚信。诚信不仅是企业内部凝聚力的源泉，同时也是企业外部经营合作的首要条件。一旦失去了诚信，就等于自我毁灭。

企业"走出去"，在国际市场上树立诚信的品牌形象，要加强国际文化交流，从其他国家和地区的文化中汲取各种诚信资源，融入自身诚信文化之中，以开放和包容的诚信形象展现在全球市场面前。现代商业文明以契约精神为核心。不少海外商业专家指出，国际市场注重契约精神，企业有良好的履约诚信记录，走出去就能一帆风顺。要让民营企业从做"小"、做"大""做强"，再"走出去"，参与国际竞争，企业必须懂得并且努力成为一个能更好地为客户创造价值的公司，坚持诚信原则，认真负责地经营企业。企业要走向国际，要走向世界，需要政府、行业协会和企业共同努力。同时，我们还需要加强企业的自律，在国际市场中营造一个规范、诚实、守信的企业形象。

第十三章 京津冀协同发展——河北省民营企业的做大、做强的"窗口期"

在我国"十一五"发展期间，京津冀地区的建设开发被纳入到国家的发展战略之中。这是中央政府在珠三角和长三角崛起之后，继续推动以东部率先发展带动中西部，优势互补，共同发展，实现区域协调发展的一项重大战略举措。京津冀是中国的"首都圈"，包括北京市、天津市以及河北省的保定、唐山、廊坊、秦皇岛、张家口、承德、石家庄、沧州、邯郸、邢台、衡水等11个地级市。其中北京、天津、保定、廊坊为中部核心功能区，京津保地区将率先联动。回顾改革开放近30年来，中国经济的发展，东南沿海地区的率先开放，珠三角和长三角的相继崛起，为全国经济发展起到了积极的带动和引导作用。而在珠三角和长三角连续多年的经济增长中，民营经济起到了举足轻重的作用。可以这样说，没有民营经济的发展，就没有两个三角洲地区的持续高增长，当然也就没有中国经济将近30年的持续发展。

京津冀拥有发展经济的独特区位优势。集政治、经济、历史、文化等多重角色于一身，位居环渤海中心地带，逐步形成发达便捷的交通网络，雄厚的工业基础和大学、科研院所云集的技术知识优势，丰富的自然资源优势和密集的骨干城市群优势，这一区位优势为区域内民营经济交流合作奠定了基础。经过多年努力，京津冀区域民营经济转方式、调结构取得明显成效，区域民营经济稳步增长。作为中国一个新的经济增长极，京津冀地区要在新时期承接起领跑中国经济的重担，仍然需要依赖于民营经济的快速发展。民营经济创新活力强、体制机制灵活，对于环境的适应能力极强。在京津冀协同发展国家战略下，京津冀三地的民营经济正迎来快速增长期。

一、京津冀民营经济发展的区域特点

（一）北京：民营科技产业独领风骚

北京是国家科研资源的最大聚集地，拥有大量国家级科研机构和资源，如科学院、重点高校、高新技术开发区和科技创业园区等等。随着国家创新战略的深入推进，北京正在成为国内最具科技创新优势的城市，其中，民营科技企业独领风骚。

1. 中国最大的民营科技企业集群

从20世纪90年代开始，在北京市海淀区中关村这一中科院和高等院校云集的地区，出现了一大批由"下海"的科技知识分子创建的小型民营科技企业，其中包括现在已经成为知名大企业的"四通"和"联想"。今天"中关村"已经成长为中国最大的民营科技产业集群，不仅形成了对国内外科技资源的吸引集聚能力，而且也形成了相当强的品牌优势和影响力。同时，北京市的民营科技中介服务也具有明显的区域特点，行业协会在区域科技创新中发挥了积极的协调和沟通作用，为民营科技产业的发展创造了良好的生态环境。

2.归国留学人员的创业沃土

科技资源的集聚优势无疑会对我国海外留学人员产生巨大的吸引力。据央广网报道，中国与全球化智库最新发布的报告显示，截至2014年，中国留学回国累计总人数已达180.96万，占到了出国留学累计总人数的51.4%。有媒体报道称，这是有确切数字统计以来，留学归国人数首度过半。归国人员中，有近1/4在北京创业工作。从1997年开始，至今北京市建立了超过20家留学人员创业园，形成了全市留学人员创业园网络。北京市留学人员创业园培育出一批掌握先进技术、拥有自主知识产权的优秀留学人员企业，成为吸引、培育高层次海外留学人才的重要基地和实现、推进科技自主创新的重要基地，高峰时平均每个工作日就有2～3家留学人员创办的企业注册成立。每个创业园都有1500多名留学人员入园创业，创办的企业已达5 000多家。其中，在中关村科技园区内创办的企业就达到2 728家。为了吸引优秀人才和企业进驻，政府继续推出了诸多优惠政策，使得中关村这片归国留学人员的创业沃土更加宽广。

3.中关村——民营科技创新的区域品牌

在科技知识分子"下海"创业的初期，中关村只是一条PC电脑销售和组装的商贸街。今天，当年名不见经传的科技小企业已经成长起来，使"中关村"成为中国，乃至世界知名的区域创新品牌。2006年8月15日，中关村100多位民营企业家举行了一次"V815民族品牌联盟集体宣誓活动"。这是中关村企业的第一次集体品牌行动，这次行动的基本纲领和口号是："自主创新，产业报国"，体现了中国民营科技产业精英在"中关村"大旗下，自动承担国家自主创新重担的整体风貌和社会责任感。

（二）天津：新兴领域异军突起

天津是中国的老工业基地，在重工业和轻工业方面都有着丰厚的产业基础和充足的人力资源。但是，由于国有经济的比重过高，天津市民营经济在传统产业领域稳扎稳打的同时，又必须在新兴领域寻求突破，由此诞生了以中药提纯、生化保健、连锁超市和民营科技孵化为代表的新型民营经济体系。

1.天士力：现代中药的领军企业

天士力集团是一个以制药业为中心，包括现代中药、化学药、生物制药，涵盖科研、种植、提取、制剂、营销的民营高科技企业集团，是天津市重点支持的大企业集团之一。经过多年的不懈努力，天士力已经成长为享誉国内外的中药现代化产业的领军企业之一。从现代中药研发开始，到构筑大健康产业体系，创新成为天士力集团发展的核心和灵魂。通过理念、产品、标准、研发和管理等多角度的创新，天士力形成了一个科研体系，建立了一支人才团队，带动了一个产业的发展，建立了一个品牌营销模式，引发了一种企业文化现象，并构建了资本运营的基础，进而形成了企业整体性的系统创新。

2.天狮集团：国际舞台尽显实力

天狮集团是一家以生物高新产业为根本，兼营金融、地产、教育、文化、物流等多项产业的大型国际企业。总部设在北京恒基中心，国内生产基地位于天津新技术产业园区武清开发区。集团组建于1995年，1998年初挺进国际市场，目前已经摸索出了一条符合自身发展的国际化道路。创造性地提出"六网互动"的营销模式，是天狮集团有效进行全球资源整合与利用的创新之举。国际互联网、国际物流网、国际教育网、人力资源网、国际资本运作网、国际旅游网的交织、牵引与互动，有力地推动了天狮国际市场的发展，进而保证了天狮集团健康、长远、有序的发展。天狮集团秉承"健康人类，服务社会"的经营理念，十几年来累计向国家纳税9亿元人民币，捐款捐物价值达4亿元人民币，深受社会各界好评。

（三）河北省：中国北方的民营企业集群大省

目前，河北民营企业大多数分布在传统加工制造业和采选业，而且多属于一般性竞争行业和劳动密集型行业，涉足高技术和高附加值产品的企业为数不多。河北民营经济具有明显的"一县一业""一乡一品"的特色，如廊坊市文安胶合板、香河家具沙发、霸州钢材和钢木家具、三河食品制造业、香河机械钣金和三河装订印刷业。由于装备水平低、产品档次低、技术含量低，产品多处于产业链底端的状况没有根本改变。河北省民营企业拥有的中国名牌产品和驰名商标数量，均不及广东、浙江、江苏、山东的一半。虽然河北也有一些像新奥集团、英利集团、长城汽车、以岭药业等拥有自主研发能力、占据行业高端的民营企业，但大多数企业的创新能力仍显不足。

纵观河北民营经济发展现状，作为我省参与京津冀协同发展战略的主要力量和生力军，虽然取得了一定的成绩，但与京津相比还存在较大差距。与京津相比，河北民营经济主体总量大，但规模小、实力弱。我省民营经济与京津相比，单位总数量占有绝对优势，但是我省民营企业在民营经济单位总数中所占比远逊于京津，以小、微居多。截至2014年年底，河北民营经济市场主体数量256.5万户，北京将近150万户，天津55.2万户，可以说在数量上河北占有绝对优势。但就企业而言，河北仅有31.2万个，同期北京有近70万个，天津有25.42万个。我省民营企业在民营经济主体中所占比远低于京津。

河北民营经济的"三高"（高投资、高能耗、高污染）和京津民营经济的"三高"（高科技、高产出、高利润）形成鲜明反差。北京围绕首都城市功能定位，民营经济呈现出三产比重逐步提升，经济高端化、集聚化、融合化的趋势。天津的科技型中小企业和小巨人企业中，近90%都是民营企业，战略性新兴产业、现代服务业领域也集聚了一大批民营企业。河北民营经济以劳动密集型产业为主、产品科技含量和附加值不高，过度依赖低成本的生产要素，科技含量低、投入高、产出低，劣势明显。

河北民营经济产业结构单一。在2014中国民营企业500强中，河北有19家，其中14家属于黑色或有色金属冶炼及压延加工业；北京有10家，主要分布在计算机、互联网、房地产、零售批发等行业；天津有15家，主要分布在食品药品制造加工、房地产、批发、金属冶炼延压等行业。而近三年来，河北省进入全国500强的民营企业中，按营业收入总额计算，黑色金属冶炼及压延加工业所占比重一直都是最高的，这就说明我省大型民营企业存在较大的产业结构风险，亟须加快推进其他行业做大做强。

河北民营经济转型升级压力大。北京基于首都的区位优势，产业结构多年来已经发展得较为合理，民营企业中第三产业比重超过90%；天津多年来重点发展科技型中小企业，他们的专利拥有量占企业总量的71%，生产总值占全部民营经济的40%。而河北多数企业还分布在传统产业或产业链条低端，劳动密集型、资源依赖型、能源消耗型的仍占相当比重，面对近年来压减产能的硬性指标和生产要素成本的不断上升，使得很多缺乏创新力、竞争力的微型企业还没有来得及转型升级就被迫停产、关闭，转型升级压力比京津两地大很多。

二、京津冀一体化对河北省经济社会的影响

京津冀地缘相接、人员相亲、文化一脉。但是，京津冀三地经济社会发展不均衡，致使不少河北人常常感慨：京津"虹吸"太强、"大树底下不长草"。有人形象地说，相比较京津而言，河北就是一个大农村，甚至是落差很大的"贫困村"。河北作为环抱北京和天津两个直辖市的省份，它的贫困人口在全国占的比重和全国国家级贫困县的数量却非常高。河北现在有全国贫困县 39 个，仅河北的张家口就有 10 个全国级的贫困县。

虽然这么多年来，河北一直在努力发展自己的经济，但收效不大。这说明，河北解决自己发展中所面临的诸多问题，仅靠自己的努力是不够的，而党中央把京津冀协同发展上升为重大国家战略将给河北的发展带来机会。京津冀协同发展，有利于河北省承接首都的功能疏解，完善基础设施和服务体系；有利于河北省承接北京的产业转移，构建现代产业体系；有利于河北省接受首都的要素外溢，重塑经济增长的动力源泉；有利于河北省在城市群布局调整中，改善城市层级结构；有利于河北省在京津的辐射带动下，促进贫困地区加快发展；有利于河北省借助各方力量，统筹抓好生态环境建设。"京津冀协同发展"战略，对河北的积极影响，几乎是全方位的。

1. 京津冀一体化将有利于河北省城镇化建设

目前，从河北省的城镇化水平来看，河北省城镇化率仍然较低，具有大的发展空间。河北省城镇空间布局结构不尽合理。城镇布局较为分散，环首都、沿海等优势地区聚集发展的态势不明显，大城市带动能力弱，中等城市数量少、规模小，小城市和小城镇发展质量不高。

河北省城镇化率从 2001 年的 30.7% 经过十二年的发展到 2013 年提高到 48.1%。12 年间，河北省城镇化率增长了 17.4 个百分点，城镇人口由不到 2 100 万增加到了 3 600 多万。与之相适应的，是城市的聚集能力不断提升，11 个设区市创造了全省 1/3 的经济总量和近 50% 的财政收入。2012 年，全省城市污水集中处理率和垃圾无害化处理率均达到 87%，人均公园绿地面积达到 12 平方米，城市承载能力显著增强。截至 2013 年，全省累计解决 188.3 万户城镇居民住房困难，住房保障覆盖率达到 18%，初步建立了较为完善的住房保障体系。但另一方面也应该看到，河北省城镇化率低于全国平均水平 5.6 个百分点（国家平均水平的 53.7%），与北京和天津的 86.3%、83% 存在较大差距，与周边的山东、山西、内蒙古、辽宁也有一定差距。直接体现为河北省缺少 300 万人口以上的大城市，无法与京津两地形成合理"金字塔"状的城市等级格局。而且，由于河北省一些城市"摊大饼"式扩张、城市空间无序开发，也带来了地区发展失衡、资源短缺和环境污染加剧等问题。人口城镇化滞后于城镇规模的扩张，高楼大厦让城市的天际线越来越高，而农民和市民之间的分割线并未弥合，很多进城务工农民享受不到均等的公共服务；城市发展模式粗放，产业结构不合理，高能耗、高排放的重化工产业仍是主导，增加了经济社会和生态环境成本；城市群布局不尽合理，城市群内部分工协作不够、发展效率不

高等。按照世界城镇化发展的一般规律，城镇化率在 30%~70% 区间，为加速发展期。而目前河北省的城镇化率为 48.1%（2013 年底），河北省城镇化处于加速发展期，未来发展空间巨大。展望未来，新型城镇化将是下一轮河北省经济发展的主要着力点。

推进新型城镇化，就河北看河北，就河北抓河北，没有出路。而应该从国家经济社会发展的大视野看，从京津冀一体化协同发展的角度去看。在京津冀区域中，北京是我国的首都，是一个国际化大都市，由于企业总部、科研机构、高端制造企业等高度集中，饱受交通拥堵、房价高企等"大城市病"困扰。根据《京津冀发展报告》，北京综合承载力已进入危机状态，人口、水资源、生态、交通等方面均为其短板。对北京来说，需要疏散功能，包括产业功能和其他非核心功能，将其疏散到周边地区，为周边地区的转型升级提供支撑，同时也为自己的功能升级留出空间。北京已经明确今后坚持和强化四个中心的定位和功能，即全国政治中心、文化中心、国际交往中心、科技创新中心，北京最核心的功能就是行政功能，因此，未来首都的非核心功能，如公司、办事处、科研机构、大学、批发市场等都可以疏解。疏解地点的选择，应该是多点多方向的，根据各地的实际情况，保定、廊坊、天津、张家口、唐山、承德都可以根据地区特色作为疏解选择的地方。

京津冀一体化也就是首都经济圈发展规划范围涵盖北京、天津和河北全省，发展框架是"双城四带"。"双城"即北京、天津。"四带"，就是四个轴，即，北京—天津、北京—石家庄、北京—唐山—秦皇岛、曹妃甸新区—天津滨海新区—黄骅这四条轴线。从"双城四带"的角度，河北未来在京津冀一体化中将产生几个经济副中心。石家庄、唐山、廊坊、保定将成为京津双核之外的经济副中心城市。石家庄是省会，交通位置好，近几年发展一直很快，作为副中心顺理成章；唐山的经济总量与石家庄差不多，过去我们常说京津唐，是把唐山和北京、天津放在平行的位置，也能说明唐山的地位和实力，再加上曹妃甸新区的开发，唐山作为副中心也没问题；廊坊可以作为副中心有两方面因素：一是廊坊介于北京到天津之间，中间位置这点很重要，二是首都的新机场在北京的大兴和廊坊的固安之间，机场离廊坊市中心就十几分钟的车程，首都新机场一旦启用，后续的产业配套和发展对廊坊的作用非常大；保定做过河北省的省会，有基础，有底蕴。

随着首都经济圈发展规划的出台，河北城市都将成为北京机构、人口和产业的承接地，大量的基础设施、人力物力将投放到河北，京津冀一体化一旦进入实质阶段，整个河北都将发生翻天覆地的变化。根据《国家新型城镇化规划（2014-2020 年）》，京津冀城市群是我国经济最具活力、开放程度最高、创新能力最强、吸纳外来人口最多的地区之一，目标是建设世界级城市群。应稳步推进河北省新型城镇化进程和不断提高新型城镇化质量。按照拟定的《河北省新型城镇化规划》，河北省将打造京津保三角核心区，做大保定城市规模，以保定、廊坊为首都功能疏解的集中承载地和京津产业转移的重要承载地，与京津形成京津冀城市群的核心区。把首都周边的一批县（市）建设成规模适度、特色鲜明、设施完善、生态宜居的卫星城市，构筑层次分明、梯度有序、分工明确、布局合理的区域城镇布局结构。

河北省要形成省域中心城市、区域中心城市、新兴中等城市、特色县城和重点镇协调发展的城市发展空间格局，构建合理的城镇群体系，推动大中小城市协调发展。此外，还要重点培育和发展城镇群体系，即环首都城市群、冀中南城市群和沿海城市带，统筹区域发展资源，增强大中小城市的密切联系。

2. 京津冀一体化将有利于河北省产业升级

从发展定位上看，河北省可以根据京津特别是首都的发展方向，来研究和确定自己的发展定位，包括产业布局、城镇布局、基础建设、生态建设、社会事业等，实现错位发展、协同发展、融合发展、一体发展。从发展方式上看，必须坚持走绿色崛起的路子，改变高能耗、高排放、低效益的传统产业格局，构建绿色发展、循环发展、低碳发展的现代产业新体系。

在京津冀一体化的战略下，京津冀三地如何进行产业结构调整，是影响河北省经济发展的重要因素。在产业结构调整和布局上，京津冀三地各自功能不同，所以在产业结构上应该有所差异。北京应该发展服务业，强化首都"全国政治中心、文化中心、国际交往中心、科技创新中心"的四大首都核心功能，弱化非首都核心功能，也就是说，非首都核心功能可以向外疏解。其中，第二产业不属于首都核心功能，需要转移或者调整。北京发展服务业，要以高端服务业为主，服务于北京当地居民的要留在北京，而面向全国的服务业，像医疗行业，完全可以转移出去。未来，北京的制造业和区域性的运输和商业枢纽功能都有可能向外疏解，这对河北来说就是一个机遇。

对天津来说，发展二、三产业是其主要功能，主要发展现代服务业、国际物流、国际航运，以及高端制造业、大型装备制造业等先进制造业，而一般的制造业应该转移出去。

河北省应该创造性地去承接北京、天津尤其是北京的产业，把创造性的承接和河北自身的产业升级结合起来。河北目前在能源业和原材料工业方面具有很大优势，比如钢铁、电力等，但这些产业是高耗能产业，对环境的影响很大。河北，能源、基础原材料工业占的比重很高，除了这些产业外，未来还要发展一般制造业，包括先进制造业和高科技产业；此外，服务业、农产品加工业是河北需要加快发展的。与此同时，河北也存在一些产业比如制造业的竞争力不强的问题，未来各城市要着力发展增加产业附加值、增加更多的就业岗位的产业，提高居民的收入水平。河北承接产业疏解与雾霾治理不矛盾，这就要求河北要对高耗能的产业进行压缩。但河北经济发展水平不高，如果没有其他产业弥补，河北经济发展的下降幅度会很大。所以需要加强有高附加值、高技术含量、创造高就业的产业，我认为这些产业主要是制造业。

在空间布局上，在北京、天津以北应该是生态经济带；北京—保定—石家庄一带是先进制造业带；南部地区，像邯郸—沧州这一带应该是基础制造业基地；沿海一带，应该是重化工产业带；北京—廊坊—天津一带应该是高科技带。这样就会发挥三个作用，一是减轻城市群的环境资源压力，在最大空间内配置要素，同时又使城市功能向周边辐射；二是优化京津冀地区的公共资源和产业资源配置，形成分工合作、优势互补、协同发展的格局；三是形成一个现代化的城市群，在环渤海地区打造新型城镇化示范区。

最好的协调发展是能够发挥各自特色，同时又能相互配套，在产业上不是重复竞争，而是错位发展，这样的话，大家的日子都会过得很好。现在还有很大的提升空间，比如河北离北京很近，按理说在粮食和蔬菜供应上更有优势，但目前来说，还不如山东搞得好，这说明里面有许多问题需要河北省去研究解决。实现一体化的协同发展，需要各个主体间的互补性，如果完全是均质的，一体化的要求就不会很强烈。这个互补性就是资源禀赋等有差异，互有需求。现在看来，京津冀之间的互补性是比较突出的。北京是政治文化中心，它的科技资源、要素资源非常具有优势，天津在制造、港口这方面非常突出，河北则地域广袤，是京津的腹地。在这样的基础上，京津冀协同发展的前景应该很好。这一国家战略的成功实现，将带动京津冀地区迎来更加美好的明天。

据了解，北京正在制定产业"负面清单"，总体思路是：除了一些高新技术产业、金融业、文化创意产业以及其他必要的生产性、生活性服务业之外，将要调整、转移大批产业项目，对于不符合首都功能定位的产业和企业将提出关停或转移的路线图和时间表。与此同时，2014年上半年河北省重新规范和整合开发区布局，形成196个升级开发区平台，用于承接北京的产业转移。196个升级开发区全部对北京敞开大门，分门别类地开放，一旦有产业需要落地，适合去哪个开发区就去哪个。据了解，河北省工信厅与北京市经信委正在对北京拟转移产业项目进行分类，摸清每个拟转移项目的情况，特别是拟转移地区。在此基础上绘制北京产业转移地图，在地图上标明园区所在地、功能定位以及将要承接的产业。河北的计划是，作为京津水源地的张（家口）承（德）地区侧重于对接绿色产业、高新技术产业；秦（皇岛）唐（山）沧（州）沿海地区特别是曹妃甸和渤海新区，侧重于承接重化工业、装备制造业；廊（坊）保（定）地区侧重于承接新能源、装备制造以及电子信息产业，冀中南地区侧重于承接战略性新兴产业、高端产业制造环节和一般制造业的整体转移。

河北还有一条转移思路是"北京技术研发——河北成果转化"模式。据了解，河北各地都在加强与北京科研院所、高等院校，特别是中关村的对接，希望北京的专利、知识产权能够在河北转化为产能。在北京周边县市，建立若干个以承接北京转移项目为主的特色产业园区，主要承接北京的高科技转移项目，形成"北京技术研发——河北成果转化"模式。

3. 京津冀一体化战略是河北省经济社会大发展的最佳机遇

首都效应带来北京经济的快速发展，同时带来的严重问题是人口的猛增，全国各地人员向北京聚集，致使北京承担的人口承载和运输压力大增，相应带来住房困难问题。京津位于河北省域的中心，而河北省经济发展却相对滞后，发展缓慢。一体化就是要素自由流动，基础设施、公共服务同城化，产业协调发展，经济社会融合。京津冀一体化发展，将把首都效应向河北省蔓延，各大企业向北京、天津周边城市入住，同时京津高端人才纷纷涌入河北，在改善其环境，解决资源短缺、人口压力等问题的同时，必然会推动河北经济快速发展。

因此，京津冀一体化协同发展上升为国家战略，河北将面临很多机遇，这是最大的机遇、最现实的机遇、最不能错失的机遇。加快京津冀一体化进程，有利于河北省在京津冀城市布局调整中，把握这一区域城市群发展的大势，加快建设一批生态环境好、商务成本低、生活质量优的城市，提高河北城镇化水平；有利于在京津的辐射带动下，更好地消除城乡差距，特别是促进贫困地区发展，改变首都周边塌陷、落差过大的局面。

从现实看，加快京津冀一体化进程，有利于承接首都的功能疏解，把河北省的基础设施搞得更完善，把服务体系搞得更健全，促进经济社会的繁荣发展；有利于承接北京的产业转移，特别是高端制造业，进而加快河北省的转型升级步伐，构建现代产业发展新体系；有利于承接首都的要素外溢，尤其是借助科技、人才资源，全面提高创新能力，重塑河北经济增长的动力源泉；有利于河北省在京津冀城市布局调整中，把握这一区域城市群发展的大势，加快建设一批生态环境好、商务成本低、生活质量优的城市，提高河北城镇化水平；有利于河北省在京津的辐射带动下，更好地消除城乡差距，特别是促进贫困地区发展，改变首都周边塌陷、落差过大的局面；有利于借助国家支持和三方力量，统筹抓好生态环境修复和保护工作。

在产业结构调整和布局上，京津冀三地各自功能不同，所以在产业结构上应该有所差异。未来北京的产业发展方向是，以高端服务业为主，而北京的制造业和区域性的运输和商业枢纽功能都有可能向外疏解，这对河北来说就是一个机遇；对天津来说，发展二、三产业是其主要功能，主要发展现代服务业、国际物流、国际航运，以及高端制造业、大型装备制造业等先进制造业，而一般的制造业应该转移出去。河北省应该创造性地去承接北京、天津尤其是北京的产业，把创造性的承接和河北自身的产业升级结合起来。

在推进京津冀一体化同发展过程中，河北是最大的受益者。京津位于河北省域的中心，而河北省经济发展却相对滞后，发展缓慢。2012年，北京、天津人均GDP在9万元左右，而河北省不足4万元，差距较大；从产业结构看，三地差异较大，北京服务业发达，第三产业占比高达76.5%，金融、通讯、信息技术等行业贡献较大；天津工业发达，在航天航空、石油化工、高端装备制造、电子信息、生物制药和新能源新材料等新兴产业优势明显；河北省工业尤其是重工业占比较高，钢铁、石化、建材等三大行业在工业增加值中的占比一直在50%左右。京津冀一体化可能涉及50余个县，经济整合规模或达1.5亿人，其规模将远远大于当年洛杉矶崛起。京津冀一体化发展，将把首都效应向河北省蔓延，各大企业向北京、天津周边城市入住，同时京津高端人才纷纷涌入河北，在改善其环境，解决资源短缺、人口压力等问题的同时，必然会推动河北经济快速发展。因此，京津冀一体化协同发展上升为国家战略，河北将迎来经济社会大发展的最佳机遇。

三、承接京津冀产业转移，需要本地有一批讲诚信的企业做基础

河北省委书记赵克志同志在讲话中指出，民营经济活则全局活，民营经济强则全省强。"十三五"时期，是河北又好又快发展的重要机遇期和窗口期，化解过剩产能需要民营经济担重任，实现转型升级需要民营经济挑大梁，实施创新驱动需要民营经济当主力，推动协同发展需要民营经济走在前，改善生态环境需要民营经济做贡献。赵克志强调，要聚焦转型升级，实现民营经济又好又快发展。

经济新常态下民营企业诚信建设中存在诸多问题。根据中国零点调查公司的一项调查结果表明，部分企业家对经济活动中出现的诚信缺失现象持容忍态度。如对利益相关者行贿容忍度为73.2%，对虚假广告、夸大其词的容忍度为49.5%，对缺斤少两的容忍度为46.4%，这些数据尖锐反映出了少数民营企业家诚信意识淡薄的客观现实。在经济增长速度放缓和下行压力增大的严峻形势下，民营企业融资难度增大，企业生产运营出现一定的困难，部分民营企业制作虚假财务报表，大肆进行偷税漏税与走私骗汇骗税等违法行为，有些企业甚至违背诚信原则，制假造假，合同诈骗，造成严重的经济损失。随着宏观经济增速放缓，融资成本加大，民营企

业生存和发展面临巨大的挑战，与之相随，在房地产、制造业等领域民营企业家出现大规模的失联跑路现象。

诚信缺失问题，会严重地影响了河北省的投资环境。一些企业的失信行为，不仅给自己的企业的生产经营带来了很大的困难，也给所在地区经济的发展带来了很大的负面影响。一些地方因信用丧失出现经济窒息"综合征"，经济发展"路越走越窄"。广东潮汕地区曾为信用缺失付出的沉重的代价就是一个典型的例子。其实，在我国其他一些地方也或多或少地存在这方面的问题，应该引起各级主管部门的高度重视。在建设协同发展示范区过程中，承接产业转移，引进京津冀的大企业、好项目，需要本地有一批讲诚信、品牌好的企业做基础。在壮大企业规模的同时，尤其不能忽视企业的诚信体系建设，不能让失信成为企业发展的"绊脚石"。建设科技成果转化基地，与京津大院大所展开合作，更要有诚信为保障。建设优质农产品供应基地，同样需要农业产业化企业以信为本，生产更多的优质农产品。建设劳动力输送基地，既需要劳动力有较高的专业技能水平，也需要他们有诚实守信的良好品质。

打造"诚信河北"不仅仅是一个动员和鼓舞群众的口号，而是一项内涵丰富的系统工程。打造"诚信河北"必须要进行制度创新，必须建立起比较完善的信用管理制度，逐步形成对政府、市场主体和社会公众履约守信，形成强有力的"刚性"约束，形成科学、严密、规范的信用制度体系，才能构筑诚实守信的社会经济环境，从而保障我省社会秩序和市场经济正常地运行。

四、加大"诚实守信"普法宣传力度，强化信用立法，严格执法

通过各种形式的法制宣传，使企业树立"诚实守信""无信不立"的良好信用意识，遵循诚实信用、公平竞争的原则，依法开展生产经营活动，自觉接受工商行政管理等有关部门的监督管理。加大对全社会的普法力度，这不仅是依法治国，建设社会主义法治国家的要求，也是重构企业信用体系的基础。通过普法宣传，使企业能够认识到，第一，讲信用，遵纪守法能够提高自己的信誉。从长远来看，企业讲信用、依法经营，不仅不会限制企业的发展，而且对企业来说还是一笔财富。诚实守信能够在市场中享有崇高的声誉，这种声誉长期积累下来就会变成无形资产，它构成了企业重要的新的资本形态，它所蕴涵的丰富文化内涵，支撑着企业和产品的崇高品位，是衡量企业综合素质、综合能力的重要标志。随着社会主义市场经济的发展，以资信、产品质量、服务为主体的企业信用体系，越来越成为现代企业生存和发展的必要条件，近年来一些大企业的迅速崛起，无不证明了这一点。第二，可以增强企业的自我保护意识，防止被别人蒙骗，减少自己的损失。因此，在信用管理方面，企业不能只是怨天尤人，不能总是强调客观、强调别人，不从自我主观上找原因。提高企业信用，首先要从自我做起，从现在做起，从最基本的基础管理做起。

诚信缺失现象之所以会"大行其道"，关键是失信的成本太低。不讲信用本质上是一种违约行为，经济活动主体是否选择违约，主要看违约成本的高低，当违约的预期效益可能高于从事其他经济活动的收益时，便会选择违约。社会主义市场经济发展到今天，仅仅依靠企业的自律已不能规范企业的经营行为，必须通过完备的法律制度来规范企业的运作。邓小平同志曾经深刻地指出："制度好可使坏人无法任意横行，制度不好可以使好人无法做好事，甚至会走向

反面。"这句话指出了建立公正、合理的制度的重要性。这里的制度，当然应该包括法律制度。在一些诚信国家，都有比较健全的法律制度。我国应参照西方发达国家的经验，建设企业信用体系必须立法先行，加以规范，当立法条件尚未成熟时，也必须出台相关的法规或规章，对市场进行信用规范，同时对那些不适应市场经济发展的一些法律规定，应当及时进行修改和完善，从制度上杜绝信用缺失的发生。目前，当务之急是借鉴欧美等发达国家和部分发展中国家的立法，制订一系列有关整顿市场经济秩序的法律，修改现行法律中不利于企业信用建设的地方，尽快完善《民法》及相关法律中有关债权保护的法律规定，完善《刑法》中对欺诈和非法侵占等恶意背信行为的有关规定，完善破产法律制度，完善《反不正当竞争法》、《消费者权益保护法》、《产品质量法》等法律制度，规范企业的经营行为，加大对失信行为的惩治力度，把实践证明是正确的东西，用法律形式肯定下来；对市场经济中一些应当规范的行为，应尽可能做出规范，用法律引导、推进、保障市场经济的健康发展，创造一个公平、合理的竞争环境。应尽快制订有关信用的立法。

通过法规条例和规章的制定，引导民营企业增强信用观念，提高民营企业的整体素质和综合竞争力，改善民营企业信用状况，创造良好的信用环境，具有重要的现实意义。在全国信用立法尚不成熟的情况下，各地方可借鉴其他地方和行业的经验，抓紧制定适合本地企业发展的地方立法。

法律能否得以有效运行，执法环节至关重要。应该说，执法人员严格执法的过程，就是体现法律威信、树立信用威信的过程，也是对企业"法律不可违""违法不可恕"的教育和示范过程。公安、法院、工商等执法部门要严格执法，加大对不守信用行为的处罚力度，切实加强管理，大力规范市场秩序，依法严厉打击制假售假、偷税漏税、经济欺诈、恶意逃废债务的行为，使守信的企业树立良好的形象并带来丰厚的经济回报，失信的受到重创，不敢轻易以身试法，形成一个良好的市场环境，使企业像爱护自己的眼睛一样爱护自己的信誉。进一步完善法律监督，力求各项执法活动都能得到有效的监控和制约。只有建立有效的法律监督机制，才能保证法律得到正确的贯彻实施。因此，必须建立和完善对执法人员违法的追究制度和赔偿制度，进一步加大监督力度，改进监督方式，督促执法机关及其工作人员公正执法，维护法律的尊严。尤其应当注重监督的实效，强调监督一定要有结果，对有法不依、执法不严、违法不究、滥用职权的违法行为，毫不姑息，坚决予以纠正和查处，这对企业信用体系的建设将起到良好的促进作用。

五、推进河北省及市、县三级信用信息共享平台建设，公开公示企业诚信信息

建设和开放企业诚信记录数据库。即建立信息收集、审核、分类、录入、公布、咨询的信用体系，实现信用资料的查询、交流及共享的社会化。可根据社会的需要，利用河北现有的网络技术平台，建立一个技术先进、功能完善、运作灵活的河北企业信用信息网。凡是与信用有关的各种信息都按照规定纳入河北企业信用网数据库，使之成为名副其实的全省信息数据库和信息权威机构。这样既可以保证信息的完整性、可靠性，又可以实现全社会、全方位的信息资源共享，最大限度地将各方信息有效地综合利用起来，避免了由于条块分割造成的信息不畅。

建立覆盖全社会的信用记录，并逐步让信用记录成为企业"必备档案"。应对各类企业的

社会整体信用建立数据库，其中包括企业的完税状况、守法状况、财务管理状况、产品质量状况、经营信用状况、盈亏状况和企业法人资信状况等，都要有系统完整的记录，并提供查询服务，使企业信用不再仅仅是传统意识形态的概念，而是可以进行量化规范的体系。考虑到信用体系建立的难度，可在条件较好的地区进行试点，再逐步扩展到全国范围。

加快推进省、市、县三级信用信息共享平台建设，实现省级平台与秦皇岛、唐山、沧州、石家庄、廊坊、保定市等平台的互联互通，横向联通省有关部门，纵向贯通各市、县。不断完善平台功能，扩大信用信息覆盖面，发挥信用信息共享查询、公开公示、联合奖惩等作用。建立健全信用信息归集共享和使用机制，归集整合本地区、本行业信用信息，与全国信用信息共享平台实现互联互通和信息共享。依托全国信用信息共享平台，根据有关部门签署的合作备忘录，建立守信联合激励和失信联合惩戒的信用信息管理系统，实现发起响应、信息推送、执行反馈、信用修复、异议处理等动态协同功能。政府部门应将全国信用信息共享平台信用信息查询使用嵌入审批、监管工作流程中，确保"应查必查""奖惩到位"。健全政府与征信机构、金融机构、行业协会商会等组织的信息共享机制，促进政务信用信息与社会信用信息互动融合，最大限度发挥守信联合激励和失信联合惩戒作用。

建立健全信用信息公示机制。推动政务信用信息公开，全面落实行政许可和行政处罚信息上网公开制度。除法律法规另有规定外，县级以上人民政府及其部门要将各类自然人、法人和其他组织的行政许可、行政处罚等信息在7个工作日内通过政府网站公开，并及时归集至"信用中国"网站，为社会提供"一站式"查询服务。涉及企业的相关信息按照企业信息公示暂行条例规定在企业信用信息公示系统公示。推动司法机关在"信用中国"网站公示司法判决、失信被执行人名单等信用信息。

规范信用红黑名单制度。不断完善诚信典型"红名单"制度和严重失信主体"黑名单"制度，依法依规规范各领域红黑名单产生和发布行为，建立健全退出机制。在保证独立、公正、客观前提下，鼓励有关群众团体、金融机构、征信机构、评级机构、行业协会商会等将产生的"红名单"和"黑名单"信息提供给政府部门参考使用。

鼓励各地区对本行政区域内确定的诚信典型和严重失信主体，发起部省协同和跨区域联合激励与惩戒。充分发挥社会信用体系建设部际联席会议制度的指导作用，建立健全跨地区、跨部门、跨领域的信用体系建设合作机制，加强信用信息共享和信用评价结果互认。

完善个人信用记录，推动联合惩戒措施落实到人。对企事业单位严重失信行为，在记入企事业单位信用记录的同时，记入其法定代表人、主要负责人和其他负有直接责任人员的个人信用记录。在对失信企事业单位进行联合惩戒的同时，依照法律法规和政策规定对相关责任人员采取相应的联合惩戒措施。通过建立完整的个人信用记录数据库及联合惩戒机制，使失信惩戒措施落实到人。

建立健全信用修复机制。联合惩戒措施的发起部门和实施部门应按照法律法规和政策规定明确各类失信行为的联合惩戒期限。在规定期限内纠正失信行为、消除不良影响的，不再作为联合惩戒对象。建立有利于自我纠错、主动自新的社会鼓励与关爱机制，支持有失信行为的个人通过社会公益服务等方式修复个人信用。

六、建立有效的社会征信体系，提高商业银行放贷信心，为承接京津产业转移提供金融支持

京津冀协同发展背景下，产业升级转移离不开金融的服务和配合。产业转移是一项大规模的区域间协调发展的壮举，能否实现及时有效对接直接影响整个产业升级转移的效率和进度。为更大范围地实现产业转移的影响力、及时实现产业对接，承接地通常选择投资开发用地规模较大的园区来集中承接转移企业，加之与其配套的城市道路建设、基础设施建设等的要求也较高，对资金的需求自然比较庞大。此外，产业转移的过程也是固定资产投资的过程，转移后企业的生产成本得到减少，企业往往借机扩大规模、改造生产线、实现技术升级等，必定伴随着大量的固定资产贷款需求。在产业升级转移过程中，涉及转出地和转入地之间的业务往来，需要金融机构提供多元化的服务，如在支付结算方面采用信用证、保函、贷款承诺等金融工具与之配合。

资金缺乏一直是制约民营企业发展的重要因素。由于银行和企业之间的借贷关系不能正常地维系，使企业和银行的投资信贷活动趋于谨慎和收缩。"银行惜贷，企业惜投"的现象出现，致使企业融资尤其是中小企业的融资十分困难，严重影响了中小企业的快速发展，降低了整个经济的活力。

转移企业对进入承接区的信用状况不透明，造成企业和商业银行之间信息不对称，使得商业银行在贷款方面缺乏对企业的信心。应加快建立有效的信用征信和严格的失信惩罚制度，提高商业银行放贷信心，及时满足企业的资金需求。征信业发展与经济发展程度高度相关，就京津冀三地而言，北京市在信用服务机构规模上存在明显优势，同时企业征信、资信评级、信用管理咨询等信用产品丰富，在政府管理和公共服务领域都有较广阔的应用。而河北省则发展相对缓慢，由于信用服务机构规模较小、实力不强，信用产品和所提供的服务内容相对单一，暂时难以为社会提供综合性服务。

社会信用体系建设的核心任务就是发展征信业，没有真实、详尽的信用信息资料，任何信用体系都无从谈起。征信系统为企业和个人搭建了展示自我信用信息的平台，使诚实守信者得到激励，失信者得到惩戒，促使市场经济主体注重自身良好信用记录的积累，提高全社会信用意识，营造诚实守信、遵纪守法、重合同和讲信用的良好社会信用氛围。河北省信用信息数据库建设可以以征信为切入点，以全国统一的企业和个人征信系统为依托，以信贷、纳税、合同履约、产品质量、社保参保缴费等方面的信用记录为重点，归集政府相关部门、司法机关以及各金融机构的信用信息，为全省企业和个人建立综合信用档案，实现信息共享。在社会信用体系建立之初，本着节约高效、量力而行的原则，利用征信系统全国联网的优势实现信息资源的整合与共享，有效实现了政府投资少、建设周期短、信息共享度高的目标，避免了重复建设地方性数据库带来的人力、物力、财力的浪费，同时，也解决了地方性数据库跨区域信息共享困难的问题。

目前，河北省征信系统在全面采集金融机构信贷信息的基础上，已纳入了部分的企业环境信息、外汇检查信息、法院判决信息、企业诚信评选信息、企业工资拖欠信息及公积金信息。

今后还应该逐步扩大非银行信息采集范围，将工商、公安、税务、质检等各部门的信用信息纳入进来。各部门借助征信系统覆盖全国的信息网络，打破地域和行业分割，实现了行政执法信息的有效传播，增强了执法力度，有力促进了各部门、各领域的信用体系建设。河北省有关部门在"诚信企业"和"中小企业诚信经理"等评选、"进出口企业红名单"、投标项目及司法查询等工作中便可以大量查询使用信用报告，为行政执法提供良好的信息化支撑手段。

七、褒扬诚信，惩戒失信，完善信用运行奖惩机制

充分运用信用激励和约束手段，加大对诚信主体激励和对严重失信主体惩戒力度，让守信者受益、失信者受限，形成褒扬诚信、惩戒失信的制度机制。制定奖励制度，加大对诚信市场主体的扶持力度。在实施财政性资金项目安排、招商引资等各类政府优惠政策中，优先考虑诚信市场主体；在会展、政银企对接等活动中，重点推介诚信企业；在教育、就业、创业、社会保障等领域，制定和实施对诚信个人的支持和优惠政策；在有关公共资源交易活动中，提倡依法依约对诚信市场主体采取信用加分等措施。鼓励有关部门和单位开发"税易贷""信易贷""信易债"等守信激励产品，引导金融、商业销售等市场服务机构提供优惠政策和便利服务，降低市场交易成本。

依法依规运用信用激励和约束手段，构建政府、社会共同参与的跨地区、跨部门、跨领域的守信联合激励和失信联合惩戒机制，促进市场主体依法诚信经营，维护市场正常秩序，营造诚信社会环境。

（一）褒扬诚信行为

多渠道选树诚信典型。将有关部门和社会组织实施信用分类监管确定的信用状况良好的行政相对人、诚信道德模范、优秀青年志愿者，行业协会商会推荐的诚信会员，新闻媒体挖掘的诚信主体等树立为诚信典型。鼓励有关部门和社会组织在监管和服务中建立各类主体信用记录，向社会推介无不良信用记录者和有关诚信典型，联合其他部门和社会组织实施守信激励。鼓励行业协会商会完善会员企业信用评价机制。引导企业主动发布综合信用承诺或产品服务质量等专项承诺，开展产品服务标准等自我声明公开，接受社会监督，形成企业争做诚信模范的良好氛围。

探索建立行政审批"绿色通道"。在办理行政许可过程中，对诚信典型和连续三年无不良信用记录的行政相对人，可根据实际情况实施"绿色通道"和"容缺受理"等便利服务措施。对符合条件的行政相对人，除法律法规要求提供的材料外，部分申报材料不齐备的，如其书面承诺在规定期限内提供，应先行受理，加快办理进度。

优先提供公共服务便利。在实施财政性资金项目安排、招商引资配套优惠政策等各类政府优惠政策中，优先考虑诚信市场主体，加大扶持力度。在教育、就业、创业、社会保障等领域对诚信个人给予重点支持和优先便利。在有关公共资源交易活动中，提倡依法依约对诚信市场主体采取信用加分等措施。优化诚信企业行政监管安排。各级市场监管部门应根据监管对象的信用记录和信用评价分类，注重运用大数据手段，完善事中事后监管措施，为市场主体提供便利化服务。对符合一定条件的诚信企业，在日常检查、专项检查中优化检查频次。鼓励有关部

门和单位开发"税易贷""信易贷""信易债"等守信激励产品，引导金融机构和商业销售机构等市场服务机构参考使用市场主体信用信息、信用积分和信用评价结果，对诚信市场主体给予优惠和便利，使守信者在市场中获得更多机会和实惠。

大力推介诚信市场主体。各级人民政府有关部门应将诚信市场主体优良信用信息及时在政府网站和"信用中国"网站进行公示，在会展、银企对接等活动中重点推介诚信企业，让信用成为市场配置资源的重要考量因素。引导征信机构加强对市场主体正面信息的采集，在诚信问题反映较为集中的行业领域，对守信者加大激励性评分比重。推动行业协会商会加强诚信建设和行业自律，表彰诚信会员，讲好行业"诚信故事"。

（二）惩戒诚信缺失行为

对严重失信主体实施从严审核行政许可事项，从严发放生产许可证，从严审批、核准新上项目，限制股票发行上市融资或发行债券，限制从事互联网信息服务，严格限制申请财政性资金项目，限制参与招标投标、政府采购、公共资源交易、公共基础设施和公用事业特许经营等。

对严重失信企业法定代表人、主要负责人和对失信行为负有直接责任的注册执业人员等实施市场和行业禁入措施，及时撤销严重失信企业及其法定代表人、负责人、高级管理人员和对失信行为负有直接责任的董事、股东等人员的荣誉称号，取消参加评先评优资格。对法院已判决生效、有履行能力但拒不履行的失信被执行人实施限制出境、购买不动产、乘坐飞机、乘坐高等级列车和席次、旅游度假、入住三星级以上宾馆以及其他高消费行为等措施。引导商业银行、证券期货经营机构、保险公司等金融机构按照风险定价原则，对严重失信主体提高贷款利率和财产保险费率，或限制向其提供贷款、保荐、承销、保险等服务。

对重点领域和严重失信行为实施联合惩戒。在有关部门和社会组织依法依规对本领域失信行为做出处理和评价基础上，通过信息共享，推动其他部门和社会组织依法依规对严重失信行为采取联合惩戒措施。重点包括：一是严重危害人民群众身体健康和生命安全的行为，包括食品药品、生态环境、工程质量、安全生产、消防安全、强制性产品认证等领域的严重失信行为。二是严重破坏市场公平竞争秩序和社会正常秩序的行为，包括贿赂、逃税骗税、恶意逃废债务、恶意拖欠货款或服务费、恶意欠薪、非法集资、合同欺诈、传销、无证照经营、制售假冒伪劣产品和故意侵犯知识产权、出借和借用资质投标、围标串标、虚假广告、侵害消费者或证券期货投资者合法权益、严重破坏网络空间传播秩序、聚众扰乱社会秩序等严重失信行为。三是拒不履行法定义务，严重影响司法机关、行政机关公信力的行为，包括当事人在司法机关、行政机关做出判决或决定后，有履行能力但拒不履行、逃避执行等严重失信行为。四是拒不履行国防义务，拒绝、逃避兵役，拒绝、拖延民用资源征用或者阻碍对被征用的民用资源进行改造，危害国防利益，破坏国防设施等行为。

八、大力宣传民营企业诚信建设的重要意义，培育社会主义核心价值观

从内容和结构来看，民营企业诚信包括内在诚信与外在诚信两个层面，内在诚信表现为对员工的义务的实现情况以及内部诚信文化的构建，外在的诚信则是集中表现为对社会责任的实现程度，对民营企业而言，其诚信不仅是一种无形的资产，更是其持续健康发展的重要保障。

民营企业诚信建设不仅有利于现代诚信社会的加快形成，更是培育和践行社会主义核心价值观的重要动力和实践载体。

民营企业诚信建设是社会主义核心价值观培育的重要方面。培育和践行社会主义核心价值观是当前一项系统工程，必须突出重点、统筹推进。就民营经济领域而言，加强民营企业的诚信建设具有现实紧迫性和针对性。一方面，企业要加强诚信内部管理，坚持以人为本，积极履行对职工的责任和义务，同时培育和打造诚信的企业文化，增强员工的诚信意识。另外一方面，民营企业要推动对社会大众及利益相关者之间的诚信。对消费者提供物美价廉的产品服务，对其他企业，公平参与市场竞争，营造共赢共进的良好格局；对社会要照章纳税，遵守市场规则，勇于承担社会责任。

民营企业诚信建设是社会主义核心价值观培育的有效载体。应该积极引导有条件、有实力的民营企业积极投身光彩事业，积极引导企业勇于承担社会责任，支持灾区建设，在"大灾大难"面前彰显爱心，积极引导企业参与新农村建设，积极引导企业支持"老少边穷"地区，在"老少边穷"地区投资兴业，这不仅有利于为社会行为导向和价值追求树立标杆，充分发挥诚信企业对社会经济发展的引领作用，而且有利于在全社会建立人人诚信、支持诚信、参与诚信建设的良好社会环境，有利于在全社会广泛形成守信光荣、失信可耻的氛围。

社会主义核心价值观是民营企业诚信建设的助推器。积极培育和践行社会主义核心价值观，为民营企业诚信建设提供基本遵循和动力支持。国家层面的"文明"，在经济领域主要体现为经济制度公正、经济运行有序、经济管理科学、生态环境良好、资源利用高效和财富分配合理等，能够保证民营企业经济运行的可持续性，从而在现代化过程中促进民营企业的经济文明素质提升，推动企业的诚信建设。社会层面的核心价值观集中反映社会成员以及企业的经济关系及其协调准则，是重要的社会平衡器。公民层面的核心价值观科学界定社会成员进行经济活动的行为规范，从事经济活动都应遵循的价值取向和行为规范，也是社会主义市场经济及企业高效有序运行的前提。

京津冀三地，河北要想成为举足轻重的一极，必须发展内功。北京的功能缩减是助推力，但河北自身必须卧薪尝胆，壮大自己。有一大批讲诚信的民营企业做基础，才能有效改善投资环境，才能承接好京津产业转移，抓住京津冀协同发展的重大历史机遇。

第十四章　民营企业诚信与环境——民营经济生态圈建设

诚信是品牌的生命，是企业安身立命的根本。诚信是民营企业经营之本，没有诚信的民营企业固然可以取得一时一地的成功，但从长期来看，没有诚信的民营企业必然无法长久生存与发展。因此，在成熟的市场经济环境中，诚信是每一个民营企业在市场中生存与发展的保障，没有诚信，企业寸步难行。当然，我们不能只要求民营企业本身讲诚信，而与民营企业相关的利益主体不讲诚信，包括政府诚信、供应商诚信、经销商诚信、银行诚信等，只有相关主体都讲诚信、做事守信用，才能建立成熟、完善的市场经济体系。通过民营经济生态圈系统建设，为企业之间、企业与顾客之间、企业与社会生态环境之间、企业与经济生态环境之间构建良好的诚信环境，促进河北省民营企业的良性发展。

随着市场经济日益成熟与完善，诚信已经成为市场准入的基本规则和企业兴衰的自然法则。当然，目前整个社会确实存在着一定的诚信资源不足的现象，例如，企业之间相互拖欠"三角债"、制假售假，欺骗顾客、欺骗政府与投资者等等，这是民营企业难以回避的现实环境，对民营企业的健康发展产生着一定的负面影响。这些失信行为恶化了整个民营经济生态圈环境，破坏社会的法制基础，败坏社会道德和社会风气。因此，河北省民营企业诚信建设，不仅要注重企业内部诚信经营理念及行为，还需要建设良好的外部诚信环境。国务院印发《社会信用体系建设规划纲要（2014-2020年）》，部署加快建设社会信用体系、构筑诚实守信的经济社会环境，对于增强社会成员诚信意识，营造优良信用环境将发挥积极有效的作用。

一、宏观诚信生态环境建设

（一）法律环境建设

市场诚信环境的建设不能单纯地依靠企业自律和道德良心来约束，必须有相应法律约束措施。市场经济是法制经济，诚信体系建设必须以法律为保障。针对民营企业，虽然各省会有一些有关诚信的法规，但国家层面没有出台统一的诚信法律。西方发达国家在诚信法律体系建设方面已有许多成功的经验。我国的《民法通则》《合同法》和《反不正当竞争法》中虽然都有诚实守信的法律原则，《刑法》中也有对诈骗等犯罪行为处以刑罚的规定，但这些仍不足以对社会的各种失信行为形成强有力的法律规范和约束，法律未能对违法违规的失信行为实施有效处罚，诚实守信的企业和个人在诚信遭到破坏时得不到法律的强有力支持和保护。从某种意义上说，失信行为之所以屡禁不止，在很大程度上是由于无法可依，有些人是在钻法律的空子、打"擦边球"。如果做到了"有法可依，执法必严"，使失信者的失信行为不但无利可图，反而"偷鸡不成蚀把米"，会有效地防止失信行为的发生。

1. 要强化立法建设

立法滞后、无法可依、有法不依、执法不严是制约信用法制体系建立的"瓶颈"。因此企业诚信建设要依靠法律的力，把规范市场经济上升为法律行为，对任何破坏市场秩序的行为包括政府行为，都应当追究相应的法律责任，尤其是要对不能履行契约的当事人要有明确规定，以增大不守信用的代价和成本。企业是以追求自身利益最大化为目的的经济主体，大多数企业希望从市场中获得稳定的尽可能多的利润。要促进企业讲求诚信，最根本的一点就是要建立健全诚信法律机制，使企业的所有者认识到并且使其真正从企业诚信中获利。

把企业的行为关系通过法律的形式规定下来，确保对市场竞争和市场交易中遇到的失信行为，在处理时能从法律法规中找到相应的依据，做到"有法可依，有效震慑"，杜绝"失信获利"的可能性，构建有效的法律环境，为企业诚信体系建设和发展提供法律依据和有力保障。建立关于市场主体平等自主权利的法律。我国当前的法律建设还缺乏对市场主体的平等自主权利的法律认定和保障，市场交易中充斥着政府管制和"造租—寻租"的行为，这种行为不但蔑视企业的平等自主权，损毁市场的公平竞争，而且从根本上动摇了企业诚信赖以确立的基础。这种对企业进入市场的自主决定权的否认，一方面是对企业参与市场竞争，获取市场机会的平等权利的剥夺，另一方面，则意味着在某些领域垄断者对社会资源的独享，其结果就是对市场经济诚信法则的扼杀。由此看来，要培植企业的诚信理念，造就诚实守信的市场主体，必须革除市场交易中的不公正因素，营造公平有序的竞争秩序。

为此，可从以下两个方面着手：第一，完善市场主体法，就企业的平等自主权利做出更明确、更具实际意义法律规定，使企业成为真正平等自主的市场主体；第二，完善有关规范政府行为的法律规定，遏制政府管制的自我膨胀。只有市场主体的平等自主权利得到保障后，在市场经济条件下的企业才能诚信经营，从而形成以诚信为导向的竞争秩序。

2. 建立关于规范市场交易行为的法律制度

市场是人们进行交易的场所，不同交易主体彼此达成并履行他的契约，构成了市场交易的核心内容。一般来说，市场经济条件下经济主体的交易行为总是以自利为目的的，但自利又必须以互利为前提，只有交易双方共同受益，交易才能够进行下去，从这个意义上说，互利是市场经济本身的一个必然要求。然而，我国当前市场交易规则还不健全，部分交易主体因此而过分注重自身利益而背离互利原则，从而造成契约履行的障碍，引发市场交易秩序的混乱。因此，要维护市场交易的正常秩序，就必须建立相应的法律制度来规范和协调市场主体的交易行为。即对企业执行契约、履行责任的规范和约束。总的说来，市场交易行为的法律制度的制定可以遵循以下两个方面的原则：

（1）在法律制度安排上应体现出一种积极导向的作用。首先，法律的制定必须为社会主体提供一种秩序框架和行为模式；其次，对市场交易行为的法律规定，应以引导交易中诚实守信为目的。法律制度的设计要能使交易主体履行契约比不履行契约获得更优厚的利益回报，这样才会引导人们更多地选择诚信经营，抵御欺诈毁约行为。

（2）加大法律的惩罚力度，真正体现出法律制裁的作用。目前我国法律对企业失信行为的惩罚力度还不够，对有些违规行为的制裁，甚至仅仅是对交易受损方的一种补偿性的惩罚而没有体现出对欺诈者的严厉惩罚。这样的制度安排，不但没有起到惩罚的作用，反而会助长他们失信行为的发生。因为欺诈者所获得的收益，要远远高于他们因法律制裁而付出的成本。因此，应加大失信行为的惩罚力度，使交易违规者所得收益远远低于诚信经营所得利益。这样就会杜绝失信行为的再度发生。

（二）制度环境建设

市场竞争中的每个追求自利的市场主体不会天然地讲诚信，关键是要建立起一个当事人讲诚信的收益大于不讲诚信所付出的成本的制度。而制度是一个社会为人们发生相互关系而设定的一系列规则，是对人们行为的系列制约。制度包括正式制度与非正式制度，前者主要指各种市场规则，后者主要是指习惯、习俗和礼貌等。在社会经济活动中，人们正是根据这些规则来明确做什么，不可以做什么，从而形成采取怎样的行动更为合算的合理预期。因此制度的基本作用就是诱导人们的行为决策，并通过人们的这些决策来影响一个组织的经济效率。同时，制度可以促进人们的可预见性，并防止混乱和任意行为的发生。完善的制度可以协调人们之间的各种行动，建立起相互间的信任，并能减少人们在信息、知识等资源上搜寻上的消耗。

1.建立连续、稳定的诚信制度

制度对企业活动的影响，主要体现在两个方面，一是制度的稳定性。因为制度的稳定性可以减少企业执行制度的成本，提高企业对制度的可信赖性，并因此而促进着企业间的交易往来；二是制度的连贯性。因为制度的连贯性使各类企业及个人在市场经济活动中的行为变得更加规范，变得易于遇见，从而减少各种机会主义行为的发生。当前我国企业在市场化进程中出现的各种失信行为并非是市场经济所固有的，而是由于市场经济发育不成熟导致的市场规则不完善造成的。这主要表现在：产权关系不清楚、企业负赢不负亏、竞争不充分、存在行政垄断、政府职能转换不到位等。由于制度不健全，就导致一部分企业和个人利用制度的空子，不讲诚信，通过损害他人利益来谋取自身利益最大化。因此完好的制度可以让坏人无法做坏事，不好的制度会使好人无法做好事，甚至使好人做坏事。好的制度环境建设，应该让诚实守信的企业收益大于其失信成本，保证诚信者能够得到应有的回报、失信者承担其行为造成的损失，在社会和经济上付出巨大代价。

2.建立民营经济发展的诚信制度

（1）加强信用制度建设。我国目前信用制度建设还比较落后，这严重影响了市场交易秩序，造成了各种交易欺诈的进一步泛滥。因此，必须尽快建立健全社会信用制度，加快社会信用体系建设的步伐，改善企业诚信建设的外部环境。然而信用制度建设需要着重解决好两个方面的问题。目前，在我国市场交易中存在的虚构事实、设置陷阱、签订虚假合同等等现象，以及恶意欺诈行为，实际上是信息披露不完全而导致交易双方信息不对称所造成的。因此，必须建立起严格的信息披露制度，以维护市场交易的公正性和严肃性，确保企业在一个公平的信息环境中参与市场竞争。信息披露制度的建立，一方面要通过立法，对不同领域信息开放的范围、原则等做出界定，要打破政府部门的信息垄断并解决好政府信息的有效开放问题；另一方面在法律规定的基础上，进一步健全信用中介机构的行业规则，形成对信息信用的规范化运作。

（2）是建立健全现代产权制度。企业诚信缺失的根本原因是产权制度的缺陷。企业产权的不明确界定以及对财产权没有进行有效的保护是当前企业经营失信问题的一个首要原因。关于产权保护的法律制度建设，应该以建立和稳定企业及企业经理人对产权利益预期的信心为基点，采取不同方式分阶段逐步形成对财产权利的明确规定和有效保护。这种产权制度的建立和完善，将是企业诚信建设的最根本的制度保障。

产权清晰是市场经济健康发育的一个前提性条件。没有清晰的产权就不可能有市场经济的有序运行。产权是信用的基础，产权不清，人们就无须对自己的行为承担责任，也不可能从企业的信誉获利，自然就没必要讲信誉。信誉就像一棵苹果树，没有主人的苹果树是长不大的。企业经营者和生产者无法确认企业长远利益与自身利益的关系，他们往往只顾及到企业的短期利益而忽视企业诚信建设。

产权是市场经济的基石，也是信用体系的基础。产权的明晰是诚信机制起作用的重要前提，无恒产者无恒心，只有产权明晰了，对资产拥有明确控制权，才可能控制自身行为并建立起自己的声誉，企业才会重视重复博弈的价值，追求企业经营的长远利益，做到诚信经营。

（3）建立严格科学的监督管理制度。民营企业内部完善的、严格科学的监督管理制度是企业诚信的有力保证。同时，要完善企业外部的监管制度，包括"一企一码（社会信用代码）制度"、信用信息记录制度、信息资源共享制度、信用评级制度、征信制度等，也是促使企业守信的重要措施。

（4）建立诚信激励制度。减少诚实守信行为的代价和成本，让诚实、守信的行为得到正面的回报，给守信企业和个人的德行进行补偿。比如，信用等级高的民营企业应获得股票和企业债券发行的优先安排，或者获得较高的银行信用额度和更为优惠的利率安排。这些制度设计，有利于实现责、权、利的统一，加强企业守信的自觉性。

（5）完善失信惩戒制度。需要建立失信惩戒制度。目前，我国市场交易中的大多数失信欺诈行为无不与失信惩戒制度的设计不当有关。这种制度设计上的欠缺，不仅导致了市场交易秩序的混乱，又由于缺乏对失信行为的及时而严厉的惩罚，在更大程度上造成了商业投机行为的泛滥。因此，必须加快建立和完善失信惩戒制度，以维护市场经济秩序的稳定进行。失信惩戒制度的制定要注意把道德惩戒与法律惩戒相结合，这样既通过社会舆论使失信者荣誉受损，从而发挥社会道德力量对失信者的制约作用；又通过立法、司法和执法让失信者承担民事、刑事和行政法律责任，对不讲诚信行为进行控制；要把政府部门的行政处罚与行业介入组织的制度惩戒结合起来，这既是对失信行为进行分层治理的需要，同时对某些严重欺诈行为来说，实施多层次治理则是更有效的惩戒制度安排；要注意经济处罚与司法制裁的配合，对于严重违规并侵扰市场秩序的行为，严禁以经济处罚取代法律制裁的做法，坚持公正严格的执法，使得法律真正成为维护人们的合法利益、追究违规行为的有力武器。它应当包括以下具体的制度："黑名单"制度、失信的重罚制度、失信警示制度、市场禁入与退出制度等。

总之，推进民营企业的诚信建设，当前的切入点应是加强制度建设，在进一步完善现有法律制度的基础上，完善受害者赔偿救济制度，加大行政处罚力度，让失信者无机可乘，在经济上得不偿失，通过扎紧诚信法律制度的"篱笆"，让民营企业不敢冒失信的风险。

（三）政策环境及政府行为建设

1. 政策环境塑造

民营企业诚信经营需要相对稳定的政策环境。政策环境越不确定，民营企业在从事企业经营活动中就越追求短期利益。因为不确定性的增加等价于博弈重复的可能性的降低，企业将更没有耐心建立信誉。不确定性增加了企业观察欺骗行为的困难，因为违约者更容易把坏的结果归因于不可抗拒的外生因素，而不是自己的故意所为。在我国，不确定性更多来自政府，政府的政策主导着民营企业对未来的预期。作为一个独立经营的市场主体，按利润最大化的目标，他考虑的是企业的长期利益。但是考虑长期利益就要有对未来的预期，而未来的预期是建立在一个相对稳定的政策背景的基础上。如果没有可延续的政策，那么企业需要花更多的资源来预测未来的政府政策导向，这可以看作企业的预测成本，而企业预测准政府政策导向得到的收益称为预测收益，当预测成本大于预测收益时，企业就不会去考虑长远利益。政府政策变化频率越快，企业不考虑长远利益的可能性越大，不讲诚信的情况也就越多。

随着民营企业的快速发展，国家制定和实施了一系列的政策和措施，这些政策措施对推动民营企业的发展起到了积极的作用，但是政策的制定仍然存在一定的随意性和不确定性，从而使企业对未来无法预期，自然就去追求眼前利益，这样的企业自然不会讲诚信。由于我国仍处在市场经济体制改革中，"新的政策法令和规章制度会不断出台，以取代旧的，不适应市场经济发展政策法令和规章制度，在这一层面上，政策的多变难以避免。"要改变这种状况，政府责无旁贷。因此，政府应尽快加强社会信用体系建设为企业诚信建设提供一个良好的稳定的市场环境。

为贯彻落实《国务院关于建立完善守信联合激励和失信联合惩戒制度加快推进社会诚信建设的指导意见》（国发〔2016〕33号）精神，加快我省社会信用体系建设，进一步推动简政放权和政府职能转变，构建以信用为核心的新型市场监管体制，提高政府服务水平，营造公平诚信的市场环境。

民营企业的诚信构建是一个复杂的社会系统工程，涉及全社会的方方面面。而其所依赖的良好社会信用环境，更需要社会各界来共同营造，这就要求政府发挥银行、工商、税务、法院、质检、海关、资信公司等相关机构的作用，各个部门通力合作，积极制定民营企业信用体系建设的各项政策措施，建立失信约束和惩罚机制，并监督信用企业的规范发展，进行综合治理，建立信用体系。广播电视、报纸等新闻媒体要开辟专栏，对民营企业诚信建设进行广泛深入的宣传，不断提高民营企业的信用意识。树立诚信典型，让他们政治上得到荣誉，政策上享受优惠，示范带动广大民营企业自觉参与诚信工作建设，使守信者乐于创造新的信用业绩，让失信者在社会监督面前寸步难行。只有这样，诚信才能成为民营企业及全体社会成员的共同追求，才能促进民营企业与市场经济的健康发展，才能提升整个社会的诚信水平和文明程度。

2. 政府行为规范

政府作为主要政策的制定者与诚信环境的主要构成部分。河北省政府保持政策的连续性和透明度，使政府成为诚信的建设者和捍卫者。政府必须公平、公正、廉洁高效，做诚信的表率。对企业来说，政府是消费大户，也是投资大户，对企业的生存和发展均有影响，也是企业竞争的重要内容。一些地方政府为了自身利益，不履行与个人或企业签订的合同，保护制假和售假，拖欠工程款项、拖欠教师工资、拖欠执行费。个别官员为了自己的所谓政绩，弄虚作假，不顾人民群众的切身利益，造成了人民群众对地方政府信任度不断下降，损害了党和政府在人民群众心目中的形象。

（1）构建公平、公正环境。政府要公开、公平、廉洁消费，同时要注意全局性投资、让利性投资、公平性投资，不能与民争利。规范政府行为，首先，要对政府职能合理定位。现代社会政府的主要职能是宏观调控、社会管理和公共服务；其次，提高政府决策行为的规范性、稳定性和科学合理性；再次，政府应按约行事及履行对社会的承诺。在政府和其他社会主体的博弈中，政府一般处于强势地位。因此，政府更应成为社会活动中的诚信"脊梁"。另外，政企分开，政府不能既做裁判员又是运动员，要努力营造公平的市场竞争环境。政府的特殊地位要求政府必须成为诚信的表率，一方面，权力部门要做到诚实守信，严格按法律法规办事，摒弃单纯按领导人意图行事的方法。另一方面，领导机关和职能部门要起表率作用，同时各级政府领导干部、工作人员一定要提高素质、转变作风、改进工作，以实际行动取信于民。政府的办事效率在很大程度上影响着民众对政府的信任，是构建政府诚信的关键环节。行政效率的高低是由行政行为的范围决定的。计划经济体制下造成一定的"越位""错位"和"缺位"，这使得轻诺寡信、办事拖沓的现象较容易发生。

（2）建立以政府为主导的诚信监管体系。建立社会信用体系，促进和保障社会诚信，是现代政府不可忽视的、重要的职责之一。俗话说："打铁尚需自身硬"，要构建以政府为主导的诚信监管体系，必须先规范政府行为，逐步提高政府信用度和公信力。政府应该建立、遵循诚实信用、信赖保护的准则，切实保障公民权益，以自身的模范行动，成为整个社会诚信的示范者。政府的各项政策、法规、程序、收费、处罚要科学、规范、透明、公正、公开，并且要相对稳定；政府要注意消除行政权力过大的负面影响，认真维护企业、消费者、合作者及国家的合法权益，杜绝任何形式的权力寻租。政府相关部门应该严格按照法律的规定来规范市场经济的正常秩序，对于在经济活动中出现失信行为的企业要依照法律的规定进行严厉的惩处，不能出现情大于法，法让位于权的现象；政府要有效地解决信用执法过程中的"地方保护主义"的问题，维护市场执法的公正性，因为"地方保护主义"不铲除，统一的市场体系不可能形成，市场秩序难以真正规范，企业的诚信就难以树立；政府职能部门如工商、税务、物价等部门要加大对企业诚信经营的监管和指导的力度，有法必依、执法必严，努力为民营企业创造一个公平竞争、诚信经营的环境。

（四）社会道德、文化与舆论环境建设

虽然当前市场经济借助以法律保障的契约诚信来维持企业正常运作，但是单一的契约信用

机制无法消除企业非诚信行为，即使是信用制度和法律制度高度发达的美国，也发生过严重失信的丑闻，这是由市场经济趋利性决定的，当人们将逐利当成唯一目的时就容易产生诚信危机。因此，仅依靠制度约束无法解决诚信问题，必须同时提倡社会和企业的社会舆论与道德支持。

1. 强化舆论监督

弘扬中国诚信美德传统，为企业诚信体系建设提供道德与舆论支撑，改变企业伦理道德建设滞后局面。社会大众、公共媒体及新媒体应从社会舆论和社会监督的角度对企业的生产和经营活动进行监督，从外部环境为企业的诚信文化建设提供约束力。

舆论监督是规范市场经济秩序的重要手段，所以在诚信重建的过程中一定要好好利用这方面的优势，充分发挥舆论的监督作用，让失信者的违信行为无法继续，让失信者迫于舆论的压力转为选择守信。同时还要对质量好的产品、将诚信的企业以及诚信品牌加以正面宣传，形成大力提倡诚实守信行为、批判违法失信行为的舆论导向。通过传媒对守信的企业予以精神奖励，树立模范，对失信的企业揭露曝光，大力批判。目前很多失信较严重的食品行业，经过央视的曝光，最终走向破产的非常重要的原因就是大众传媒的监督发挥了作用。所以社会大众传媒应积极、主动地宣传诚实守信的正面典型，营造良好的社会诚信氛围。不能单纯地以经济效益为衡量标准，对违背诚信经营而获利企业，不能不以为耻反以为荣。要发挥社会大众传媒的社会舆论导向作用，对于诚信经营信誉度好的企业进行表扬和宣传，对于企业违反诚信经营的企业行为进行披露，并引导社会大众进行谴责，构成社会外部舆论的压力，有利于提升企业诚信经营的自制力。

2. 加强社会道德规范建设

诚信作为社会主义社会道德规范建设的重要组成部分，通过报纸、电视等各种媒体进行宣传教育，让人们将重利轻义转变为义利并重的诚信观，并利用社会各种力量进行监督，及时对失信行为进行曝光和惩治。加强全社会范围内的诚信教育，通过多种方式强化诚信观念。从公民道德建设入手，以诚信为中心宗旨构造社会道德秩序，使我国尽快缩短转轨过程中新旧道德秩序冲突，主流道德观念缺位的时期，尽快建立起以诚信为核心的市场经济道德体系。

3. 增强社会全体成员的诚信意识

从诚信体系建设的实践来看，搞市场经济除了要用一切法律手段来确保诚信，还应该有一个以诚信为基础的道德自我约束机制，企业诚信建设同样也需要加强全民的诚信道德意识。诚信建设中制度的维护只能制约企业的外在行为，却不能控制内心意识。但是要想彻底控制企业的失信，关键还是在内因，也就是人们的诚信意识需要大力提高，只有这样才能自觉地抵制失信行为、自觉守信。这就需要在社会的各领域都加强诚信道德水平建设，帮助人们树立诚信的价值观，以诚信道德作为自己日常行动的指导，时刻牢记诚信观。为诚信创造一个良好的社会环境。用中国优秀的诚信观来教育年轻人，尤其是诚信意识淡薄的那些人。更可以开展道德模范学习表彰大会等来学习先进事例。大力提高人们的诚信意识，让重信誉、讲诚信成为社会主流价值观，重新找回人人讲诚信的良好诚信环境。反复的宣传教育有助于帮助人们树立起主流的诚信价值观，变被动的约束行为为主动的守信意识，用诚信观念武装人们的头脑，自觉抵制违信行为的发生，促进商业道德体系建设。

二、市场诚信生态环境建设

企业活动的开展离不开市场，而良好的市场环境是民营企业开展诚信营销的重要保证。随着社会主义市场经济体制改革的不断深入，市场环境日益完善，但目前仍有一些因素阻碍着民营企业诚信营销活动的顺利开展。

一是市场上信用中介机构不完善、不健全。据统计，目前在我国从事信用评估、征集、调查、担保、咨询等社会信用中介机构虽然有500多家，但与国外成熟的信用体系中的信用中介机构相比，普遍规模不大，综合实力不强，缺乏竞争力，有广泛影响力的信用中介机构很少，同时还存在管理无序的现象，有的中介机构不仅不能提供真实信用信息，起到客观公正的中介和咨询作用，反而提供虚假评估、审计结论，误导和欺骗社会，欺骗企业和个人。

二是竞争环境不平等，民营企业未能全面地享受国民待遇，如外商可以进入的某些领域，民营科技企业反而不能进入，外商在税收上可以享受"三免两减"，民营科技企业却不能享受这些待遇，国有企业可以比较容易地获得银行贷款，民营企业却很难获得，企业上市指标绝大多数分配给了国有企业，民营企业所占比例很少等，诸如此类的不公平待遇使民营企业难以实现与其他所有制企业的公平竞争等。

三是社会信用征信及查询信息体系尚未建立。根据西方发达国家的经验，建立客观公正的信用评价体系，能够有效地约束企业和个人不讲信用的行为，确保市场经济秩序的有效运转。完善信用征信体系既可以通过向客户提供所需要的信用报告，帮助客户防范信用风险，又可以通过信用中介机构特有的信用信息传递机制，促进市场信用秩序的根本好转。但在这方面，目前我国做得还很不够，尚未建立起科学合理的信用评估体系。企业的信用记录分散在工商、税务、审计、银行、保险、法院等各个有关部门和金融机构，以及会计师事务所、律师事务所等中介机构中。由于信息不对称，企业在营销活动中，往往不能掌握对方的经营状况，特别是对其商业交往中是否守信很难获得相关资料，从而容易造成判断失误或者受到欺骗，给不讲诚信者提供可乘之机。

四是为民营企业发展的服务体系没有建立起来。如有的职能部门服务意识差，办事效率低下；营销服务机构缺乏，企业在信息获取、人才培训、市场策划、引进资金等方面得不到支持；技术市场不完善，民营企业无法从技术市场获得适合自身发展的技术等。

在市场经济初期，有很多民营企业靠抄袭、仿名牌等方式起家，有很多恶性竞争方式，依靠当时良好的市场需求趋势，抓住好的机遇就发展起来了。但是，随着市场经济逐步规范，很多不规范的市场行为要遭到淘汰，民营企业需要从"仿名牌"走向"创名牌"，逐步抛弃原有的非诚信企业行为，遵循规范的市场行为。"信用是市场经济的灵魂和核心。"市场经济从根本上讲是信用经济，稳固的信用基础是市场经济的动力和源泉。它不仅要求市场主体诚实守信，而且要求市场主体的管理者信守承诺，为市场主体创造一个可以预期的公平的市场竞争环境。

诚实守信是我国社会主义市场经济健康、快速发展的基础，是市场经济不可或缺的珍贵资源。良好的信用可以大幅度地节省寻找投资和交易对象的搜寻成本、谈判成本、签约成本和履约成本，还可以扩大出口、吸引外资，提高国际知名度，从而不断提高社会文明程度，提高社会福利水平，促进社会生产力不断发展。相反，如果一个社会的诚信度很低，人们就不得不花费大量的时间和人力、物力去考察交易对象，使许多企业和个人就会对此望而却步。即使勉强达成协议，在签订合同时为提防有诈，不得不签订繁杂的合同条款。由于我国的市场经济发展还处于初级阶段，一些民营企业见利忘义，不惜以身试法，钻制度和法律的漏洞，通过自己的失信行为谋取不正当利益。由于制度规范建设的落后以及取证的困难，导致一些民营企业并没有受到应有的处罚，这也变相纵容了某些民营企业的失信行为。推进民营企业的诚信建设，也需加大失信行为的惩处力度，让失信民营企业为自己的行为付出应有代价。当前，一些民营企业之所以敢于制假售假、合同欺诈、恶意拖欠，从而扰乱市场秩序和加大经济社会的运行成本，就在于其失信成本过低，社会对失信的处罚与失信所获利益之间不成比例。因此，推进民营企业的诚信建设，一个重要的抓手，就是要大大提高民营企业的失信成本，让失信民营企业无利可图，让那些利欲熏心的民营企业为自己的失信行为付出惨痛代价。

（一）行业协会生态环境建设

市场是由不同的行业构成，不同行业的诚信程度会对整个市场诚信环境造成较大的影响。行业协会是典型民间自治的服务型组织，确定了这个行业在这个地区的标准，执行各种各样的服务，调整各种各样的矛盾，维护共同的权益。诚信建设是行业生存的保障，是行业发展的根本，是民营企业走向市场的通行证。行业协会作为政府与企业以外的第三部门，既是沟通政府企业和市场的桥梁与纽带，又是社会多元利益的协调机构，也是实现行业自律规范行业行为"开展行业服务"保障公平竞争的社会组织。行业协会是企业之家，是企业的合法代表。它的基本职责是为成员企业提供法律帮助，对不正当竞争不履约和破坏行业形象的企业进行批评或开除会员资格等。

由行业自治组织自我执行行规，对违反行规的行为加以惩治。行业自律是维护、规范市场经济秩序的综合治理手段，是法治经济的有效补充。行有行规，只有严格的自我管理，才能获取良好的效益和形象，才能实现市场经营者、商品经营者和行政管理者"三赢"的目标。为了整个行业的生存与发展，商会、行业协会须按照经济规律、市场规则来进行行业自律，通过制定行规行约、建立行业准入制、加强资质管理、强化质量监督，维护各企业的正当权益，约束内部恶性竞争，来防止民营企业的失信行为的滋生，努力树立全行业的诚信形象。行业协会要制定一系列公平的、合理的交易规则，狠抓市场诚信管理，制止市场内的不正当竞争、无序竞争及不遵守公约的行为，以实现以市场自律来全面提升市场监管水平的目标。

1. 通过协会，加强企业间的信息沟通

以会员的形式吸纳民营企业，接受政府资助、社会捐助，增强民营企业的融资能力。联系各会员单位，为业内信用服务机构和从业人员提供交流的场所和机会，进行政府公关，为本行业争取利益，开展专业教育、举办培训、从业人员的资格考试等活动，举办学术交流、出版刊物和制定技术标准及为客户提供欠账追收服务和决策咨询服务，向政府提出修改法律的建议。

2. 通过协会，发展民营企业的互助性融资担保

相比政策性的担保，民营企业的互助性融资担保更具有优势，因为他们是民间担保额度产权结构，具有互相监督、互相保护的特点。其产权机构使相关各方分担风险，容易被潜在的被担保者接受，担保审批人与担保申请人互相了解，缓解了信息不对称的障碍，贷款人和担保人审批评估比较准确，企业联户担保则具有自动筛选功能，可以将资信差、没有还款能力的企业

排除在联保小组之外，互助融资担保将银行或政府担保组织的外部监督转化成互助担保组织内部的互相监督，提高了监督的有效性，使处于劣势的民营企业能联合起来，在与银行谈判的时候获得更多的优惠，减轻政府的负担，也增进民营企业、政府和金融机构的效用。

（二）建立第三方市场诚信评级机构

加强和完善信用中介机构的建设，有利于营造中介机构健康发展的良好氛围。大力培育和发展信用调查、信用认证、信用评估、信用担保等社会中介服务组织，它有利于营造中介机构健康发展的良好氛围，维护良好的社会中介秩序。

1.加强市场中介组织建设

培育多元的社会诚信中介机构，为建立诚信社会监督提供组织保证。信用信息的市场化是信用服务业发展的客观基础，是建设信用体系的必由之路。要培育独立的征信机构，以市场化、商业化方式管理企业或个人信用信息数据库。使有信誉者得到更好的发展，使无商业信誉者无法生存。培育发展社会诚信评级机构，大力倡导"第三评估"完善信用评级制度，建立全国统一的企业和个人信用评估准则、评估方法和管理办法，通过科学的评估分析方法，对企业或个人履行各种经济承诺的能力进行客观公正的分析与判断，并以简单明了的符号表示出来。通过信用评级，促使企业和个人更加重视自身信誉在市场经济中的价值。

信用中介机构包括信用调查、征集、评价、担保、咨询等公司的健康展。在我国只有把信用中介机构作为主体，建立起与市场经济要求相适应的现代信用组织，才能更好地建设社会信用体系。因为，只有按照独立、公正的原则，发展具有中立特征的信用中介机构，才能更有利于信用组织以客观、公正的信用产品服务于社会，从而尽可能地保证市场交易中契约履行的严肃性和公正性，规避和遏制各种虚假欺诈行为，才能达成构建社会信用体系的初始目的。信用中介机构的发展，一方面需加强信用中介机构自身的建设，通过规范市场准入条件，明确行业规则，提高机构自身承担风险责任的能力和执业自律能力，确保信用执业人员首先讲信用，应尽快落实对信用资源特别是各类政务信息资源的整合，确保信用中介机构能够更充分、更完整地获取信用信息，向社会提供更优质的信用产品和服务。

2.加强企业自身信用管理

信用组织建设的另一个重要方面是加强企业自身的自律和信用管理。加强企业的自律就是加强企业内部各项管理。在企业员工中积极宣传"诚信为本"的经营理念，并且从自身做起，重合同、守信用、推行全面质量管理，以法治企业与以德治企业相结合，树立良好的企业形象，赢得客户的信赖，赢得市场。加强企业的信用管理就是在企业内部建立一套现代企业信用管理制度。其具体内容包括：信用风险管理体制、客户统一管理制度、欠款追缴制度、担保审批制度等各方面。企业只有加强了信用机构和信用管理制度的建设，并将有效的信用管理贯彻到企业交易的各个环节，才能提高自身抵御信用风险的能力，才能在整体上建立起更有序、更严密的信用交易秩序，企业诚信建设的外部环境才能得到全面的改善。

（三）完善市场机制

通过自由竞争逐步淘汰那些不讲诚信的企业和个人。诚信作为一种无形资产，是企业良好社会形象的重要内涵和企业核心竞争力的构成要素。在规范的市场环境中，社会信用度好、美誉度高的企业胜出，社会信用度差、美誉度低的企业被淘汰，这是自由竞争的重要规则和必然结果。我国市场经济体制建立的过程已经证明，凡是在实现了自由竞争的地区、行业和领域，尤其是在竞争规范而又激烈的地方，不讲诚信的企业和个人是难以找到立足之地的。正是自由竞争的优胜劣汰机制迫使人们不敢欺诈或不得不放弃失信行为。与此相反，凡是在那些特权干预市场、排斥竞争的地方，不讲诚信的企业和个人在特权的保护下不必为失信行为支付市场成本，因而有暴利可图。这种情况的发展最终必然导致诚实守信的企业被淘汰、弄虚作假的企业胜出的不合理结局。这一现象已经成为制约我国市场经济发展的巨大隐患。因此，必须强化市场经济运作所要求的自由竞争，最大限度地发挥"看不见的手"的市场净化功能来维护市场秩序，用市场力量来褒奖那些讲诚信、社会形象好的企业，惩罚诸如拖赖账款、违背合同、发布虚假广告、制假售假等各种背弃诚信原则、蹂躏商业道德的行为，把他们从市场竞争中无情地淘汰出局。

1.设立奖惩机制

奖惩机制可以充分调动参与者的积极性，通过物质或精神的惩罚（奖励），使人自觉地调动主观能动性，将个人能力更好发挥。赏罚不够分明是导致失信行为屡禁不止的主要因素。由于遵守诚信的企业并未获益，而失信的企业非但没有受到惩罚甚至还获得了短期的效益，这样一来，让那些准备失信的企业更找到了失信的借口。但是不对这种情况及时加以制止，后果非常严重。我们应该尽快建立合理的市场化奖惩规则。企业诚信奖惩形式要多样化，使企业诚信建设更加顺利进行。

（1）奖赏激励方面。加大对守信行为的表彰和宣传力度。按规定对诚信企业和模范个人给予表彰，通过新闻媒体广泛宣传，营造守信光荣的舆论氛围。发展改革、财政、金融、环境保护、住房城乡建设、交通运输、商务、工商、税务、质检、安全监管、海关、知识产权等部门，在市场监管和公共服务过程中，要深化信用信息和信用产品的应用，对诚实守信者实行优先办理、简化程序等"绿色通道"支持激励政策。在奖励的形式上可以实行诚信品牌推广模式，主要推广名牌产品，树立诚信品牌企业，坚决反对"劣币驱逐良币"的现象发生，为诚信建设贡献自己的力量，让讲诚信成为一种时尚。

（2）惩罚方面。在现有行政处罚措施的基础上，健全失信惩戒制度，建立各行业黑名单制度和市场退出机制。推动各级人民政府在市场监管和公共服务的市场准入、资质认定、行政审批、政策扶持等方面实施信用分类监管，结合监管对象的失信类别和程度，使失信者受到惩戒。逐步建立行政许可申请人信用承诺制度，并开展申请人信用审查，确保申请人在政府推荐的征信机构中有信用记录，配合征信机构开展信用信息采集工作。推动形成市场性约束和惩戒。制定信用基准性评价指标体系和评价方法，完善失信信息记录和披露制度，使失信者在市场交易中受到制约。推动形成行业性约束和惩戒。通过行业协会制定行业自律规则并监督会员遵守。对违规的失信者，按照情节轻重，对机构会员和个人会员实行警告、行业内通报批评、公开谴责等惩戒措施。推动形成社会性约束和惩戒。完善社会舆论监督机制，加强对失信行为的披露和曝光，发挥群众评议讨论、批评报道等作用，通过社会的道德谴责，形成社会震慑力，约束社会成员的失信行为。

加大对伪劣产品制造者、生产者和销售者的惩罚，加大机会成本。充分利用信用信息数据库或网站，较好地发挥他们的作用。再借助网络等现代通信技术，可以方便快捷地查询到企业的全部相关记录，包括守信、失信的历史资料，将企业的诚信道德水平的高低透明化，让失信的企业寸步难行，而守信的企业可以因此提高诚信等级，提升企业形象。

2. 企业信用数据库的建立

企业的信用管理体系应在政府的统筹安排和支持下建立，从企业资信的征信到评估、查询、公示，应形成一个完整的中介服务体系。由于对信用的评价主要是建立在信用历史记录基础上，因此，功能完善的信用数据库就成为建立社会信用体系必备的基础设施。建立我省企业征信系统，在开始阶段，河北省企业信用档案建设要充分利用现代信息网络技术手段，整合分散在各部门的企业信用数据资源，搭建全省信用信息网络平台，先将政府各部门掌握的企业信息整理、分类，统一归集到省级企业信用档案数据库，各部门的信息网站不撤销，继续独立运行使用。作为省级企业信用档案的子系统，各市地也要按照省里统一标准和数据格式建立自己的企业信用档案，时机成熟时与省企业信用信息网联网，从而形成覆盖全省统一的、动态的企业信用数据库，并提供查询。在建立数据库过程中，第一步先采集整合国税、地税、金融机构、工商、质量技术监督、劳动与社会保障、建设等部门的企业信用信息，第二步再将外经贸、海关、公安、检察院、法院等部门和单位掌握的企业信用信息纳入，从而推进和发展信用信息共享的全省统一的信息网络。良好的信用档案，必将会成为企业在市场经济中一张有力的通行证。

3. 企业征信数据的公开

征信数据的采集和使用首先是一个法律问题，各国都通过法律或法规的形式对此做出明确规定。一般来说，采集和共享的信息包括银行内的借贷信息和政府有关机构的公开记录等，由于信用信息包括正面数据和负面数据两部分，我国在征信数据的开放与使用等方面尚无明确的法律规定，建议对此应加快立法步伐。我省对信息数据开放的立法应包括两方面：一方面是数据开放程度低，很多可以公开开放，以及能够通过一定正规的方式和渠道获得的信息目前尚未开放，也没有相应的法律予以明确规定，许多信息相对封闭和分散于各个部门和机构中，使信用信息缺乏透明度。开放征信数据，实现信息资源的社会共享。征信数据的采集和评估是信用体系建立的核心，而目前我省信用信息市场几乎未开放，企业信息无法正常获取。我省政府部门和工商、税务、银行、海关、统计、法院、公安等部门掌管着大量的企业和个人信用信息资源，但采取垄断式保护而没有公开，部门之间的信息也不连通，征信机构无法通过正常渠道获取信息，所以我省社会信用信息不对称的问题是非常突出的。因此，要打破部门、行业信息封锁和壁垒，整合信息资源，实现信息共享，向社会全面地、连续地予以公布企业信用信息。

4. 企业信用信息的查询

河北省要为企业建立信用信息系统，并通过网络公布，来推动企业讲信用。这些涉及企业信用的信息主要有企业良好信用记录、一定期限内的不良信用记录等。系统要向社会公开发布信用信息，提供企业信用咨询和查询服务。河北省企业信用信息查询系统需要开通，这样使用者只要登录系统专门的网站，就可以查到企业的信用记录。企业的数据也越来越多，企业基本信息、银行征信、纳税情况、五险一金情况、诉讼情况、消费者投诉记录，以及在网络上被投诉的信息等等，都可以判断一个企业的基本情况。这些信息，最终不但可以被金融机构信贷决策时使用，而且可以被更多的经济活动参与者，甚至被普通的消费者、投资者所运用。

（四）建立企业诚信信息网络平台

可建立各种市场主体信用信息网站，使之成为进一步推进社会诚信建设的重要途径。一是建立"企业资信信息网"这既符合国际信用制度发展的趋势，也有利于推进社会诚信制度的建设，更有利于中外企业和社会公众能够在网上快速、准确地获取有关企业资信信息，大大加强企业的行为自律；企业一旦有违反诚信的情况，即可公之于众。公开企业诚信状况，也有利于企业和消费者进行甄别选择。这将大大加强企业的行为自律，迫使企业行为趋向守信。二是建立"个人信用信息网"。随着市场经济的发展，个体的经营行为大大增加，自然人的市场信誉等信用情况也成为重要信息。为了防范打击种种个人诈骗行为，维护正常的市场秩序，有必要建立一个"个人信息网"使之公开接受社会公众的监督。"个人信用信息网"的建立也有利于培养个人的诚信意识和责任感，维护经济和社会的稳定发展；三是建立"行业诚信信息网"。建立公布行业内各企业信用状况的"行业诚信信息网"，让行业成员共同公开接受社会公众的监督，这既纠正了行业的不正之风，又促进了行业的诚信发展。建立社会公示制度，对企业或个人恶意逃废债务、失约的失信行为，通过媒体发布公示，督促其自觉守信履约，形成社会诚信监督。

河北省将用两年时间建立企业诚信评价体系和披露制度，以有效扼制企业不诚信的行为。河北省将着手建立企业信用信息数据库，并设立企业诚信评价体系、披露制度以及企业信用服务机构。通过企业诚信评价体系和披露制度的创设，有效对企业进行守信激励和失信惩戒。因各行业诚信标准和内容有所不同，河北省还将根据实际情况重点在合同、金融、纳税、产品质量、物价、服务、劳动、广告宣传、环保、食品安全等10个方面开展信用评价和披露典型建设。体系中评价为诚信的企业将获得政府给予的政策优惠，失信企业将被纳入企业信用预警，企业及法人将会受到信用监控，严重的将予以曝光。

（五）利用区块链技术打造新信用环境

企业之间、金融机构与企业之间信息共享不够充分，无法形成良好的诚信环境，区块链是构建良好的信用环境的手段之一。区块链是指通过去中心化和去信任的方式集体维护一个可靠数据库的技术方案。该技术方案主要让参与系统中的任意多个节点，通过一串使用密码学方法相关联产生的数据块，每个数据块中包含了一定时间内的系统全部信息交流数据，并且生成数据指纹用于验证其信息的有效性和链接下一个数据库块。区块链技术有公开性、不可篡改删除、可验证等重要特点。利用区块链技术将开启新的信用时代，任何人都无法篡改其历史数据，历史数据又公开地分享在区块链中，信用更加坚固。

企业在商业银行信用方面，商业银行对企业信贷业务的开展，主要衡量标准是借款主体本身所具备的金融信用。以央行为数据中心的征信模式，存在信息不完整、数据不准确、使用效率低、使用成本高等问题。区块链可以利用依靠程序算法自动记录海量信息，并存储在区块链网络的每一个节点上，信息透明、篡改难度高、使用成本低。各商业银行以加密的形式存储并共享客户在本机构的信用状况，客户申请贷款时不必再到央行申请查询征信，即去中心化，贷款机构通过调取区块链的相应信息数据即可完成全部征信工作。

区块链有助于征信机构消除冗余数据，规模化地解决数据有效性问题，还可以通过点对点交易降低经营成本、协作成本，去除不必要的中介环节，提升整个行业的运行效率。区块链可以使信用评估、定价、交易与合约执行的全过程自动化运行与管理，从而降低人工与柜台等实体运营成本，并能大幅提高银行信用业务处理规模。区块链下的可信任代码技术，使信用产品的全过程都具有动态编程能力，从而极大地拓展了信用产品的创新空间。

（六）开展消费者诚信教育

顾客自身的诚信素质。顾客的诚信度越高，对民营企业活动中的诚信行为约束力越强，反之，诚信度越低，对企业诚信行为的破坏越大。这主要包括以下几种情况：一是顾客隐瞒不利于自己的信息或行为。如在购买过程中，有意识地夸大自己的需求量，伪造银行存款，虚构自己支付能力，骗取企业的信任等。二是与付款有关的非诚信行为，延期付款甚至拖欠货款。在营销过程中，民营企业必须能够识别与管理这些行为，并采取相应的对策来防范顾客的诚信风险。

附件:

《关于建立完善守信联合激励和失信联合惩戒制度
加快推进社会诚信建设的实施意见》

河北省省政府印发《关于建立完善守信联合激励和失信联合惩戒制度加快推进社会诚信建设的实施意见》。根据意见，我省将对严重失信主体实施从严审核行政许可事项，从严发放生产许可证，从严审批、核准新上项目，限制股票发行上市融资或发行债券，限制从事互联网信息服务，严格限制申请财政性资金项目，限制参与招标投标、政府采购、公共资源交易、公共基础设施和公用事业特许经营等。意见提出，我省将加快推进省、市、县三级信用信息共享平台建设，2016年年底实现省级平台与秦皇岛、唐山、沧州、石家庄、廊坊、保定市等平台的互联互通，力争2017年年底横向联通省有关部门，纵向贯通各市、县（市、区）。不断完善平台功能，扩大信用信息覆盖面，发挥信用信息共享查询、公开公示、联合奖惩等作用。意见明确，我省将研究制定联合奖励制度，加大对诚信市场主体的扶持力度。在实施财政性资金项目安排、招商引资等各类政府优惠政策中，优先考虑诚信市场主体；在会展、政银企对接等活动中，重点推介诚信企业；在教育、就业、创业、社会保障等领域，制定和实施对诚信个人的支持和优惠政策；在有关公共资源交易活动中，提倡依法依约对诚信市场主体采取信用加分等措施。鼓励有关部门和单位开发"税易贷""信易贷""信易债"等守信激励产品，引导金融、商业销售等市场服务机构提供优惠政策和便利服务，降低市场交易成本。意见强调，将对严重失信企业法定代表人、主要负责人和对失信行为负有直接责任的注册执业人员等实施市场和行业禁入措施，及时撤销严重失信企业及其法定代表人、负责人、高级管理人员和对失信行为负有直接责任的董事、股东等人员的荣誉称号，取消参加评先评优资格。对法院已判决生效、有履行能力但拒不履行的失信被执行人实施限制出境、购买不动产、乘坐飞机、乘坐高等级列车和席次、旅游度假、入住三星级以上宾馆以及其他高消费行为等措施。引导商业银行、证券期货经营机构、保险公司等金融机构按照风险定价原则，对严重失信主体提高贷款利率和财产保险费率，或限制向其提供贷款、保荐、承销、保险等服务。

第十五章　河北省民营企业诚信建设

河北省民营企业作为市场经济活动中最重要的市场主体，在满足市场需求、解决就业压力、拉动经济增长等方面发挥着无法替代的作用。但民营企业在追求自身利益最大化目标的引导下，受利益化、信息不对称、逆向选择、市场监管不完善等因素影响导致失信现象严重。如何有效地规范和加强民营企业主体自身的诚信建设，对引导民营企业良性发展、维护市场秩序、保障其他市场主体利益、推动市场经济健康发展有重要的价值和意义。

一、诚信建设是民营企业经营发展的需要

（一）诚信是企业经营之"魂"

企业作为人格化的社会主体和作为生命体的人是相通的，企业经营的成功和人的成功出自于相似的成功基因——诚信、坚忍、意志、勤奋、执着等。很多成功的企业通过自身的努力赢得了社会的认可，依靠的不仅是制度、技术、管理水平等，更重要的是在其发展过程中一贯地坚持诚信、正直和不折不扣地履行自己对社会的承诺。民营企业在经营过程中，必然会面临对资金、技术、人才、创新等方面的问题，资金可以通过多层次资本市场或其他融通渠道获得，技术可以通过购买或模仿或研发实现，人才可以通过外引内培等方式获得，创新可以通过有效地激励机制来达到，而只有诚信必须要通过企业自身的努力而获取并保持，没有任何捷径可走。另外，如果企业不讲诚信，资金、技术、人才与创新等的获得也存在着短期性，很难形成并保持长久的核心竞争力。因此，诚信才是企业经营的"魂"。

目前河北省甚至全国很多民营企业在经营管理过程中均将利益摆在最重要的位置。利益最大化对营利性企业来说并不意味着是错误的，但过度重视利益必然会形成短视效应，使民营企业在面临利益与道德选择时往往忽视道德，而导致产品粗制滥造质量下滑、服务水准大打折扣，甚至可能会出现以牺牲其他利益相关者的利益或是生命来赚取自身的利益现象。但实践表明，缺乏诚信的企业往往在市场激烈的竞争中很难存活，短命是这类企业经营发展的必然结果。因此，民营企业要想在市场竞争中脱颖而出，增强自身的核心竞争力，必须在诚信建设上下功夫，将经营之"魂"融入企业的任何环节，以获取长期良好的企业形象。

（二）诚信是企业经营之"利"

逐利性是伴随着企业的诞生而长期附着在企业外衣内的最基本属性，利益问题是维系社会关系的核心问题。因此，我们承认民营企业追求自身的利益具有合理性，但在正确认知和处理利益问题时需要与遵守道德和诚实守信统一起来。长期以来，人们仅仅将诚信作为一种道德现象来对待，而忽略其经济属性的本质，重新认识诚信的经济属性，并将它作为一种资产或资本

来认识和运用，有着极其重要的现实意义，也是现代市场经济发展的必然要求。企业诚信既是一种文化和价值观，又是企业自身在权衡短期利益后追求长期利益最大化的经济行为，是企业通过与其他经济主体接触过程中严格恪守诚信，获得其他经济主体依赖的行为。企业生存并不是企业真正的追求，通过盈利来持续发展自身才是真正的目标。因此，诚信通常是企业获取利益的重要手段或工具。

诚信是企业的一种交易资本，是企业经营的"利"。任何类型的企业经营与发展都需要资本积累，资本积累除包括货币等实物资本积累以外，还包括如品牌、形象、信誉等无形资本的积累。只不过诚信资本积累的初期回报率低，而后逐步提高，达到超值回报。在客户经济时代，企业之间的竞争不只是产品的竞争，更是品牌、信誉等无形资本的角逐。因此，企业尤其是民营企业在追逐利益的时候，必须正确认知长期与短期、有形资本与无形资本对利益的影响，摒弃有形资本的短视利益认知，逐渐重视无形资本的长期效应上来。因此，民营企业必须在未来的竞争中不断重构企业诚信，将企业诚信建设视为长期利益获得的重要武器。

（三）诚信是企业经营之"规"

任何企业的成长壮大不仅依靠企业家或管理者制定明确的战略、生产适销对路的产品、满足市场需求等，更需要将企业经营过程从无序变为有序即规范化。企业通过各种制度、机制、文化或行为表率等手段措施来保障企业经营。而各种手段或措施实质是为企业或员工提供了一套完整的价值选择和行为准则。而诚信作为一个人格化的道德规范，是自觉对一种正确价值观的认同及自愿履行权利与义务，应是企业各种规范措施中的应有之义。一个具有诚信品格的企业应在合理追求自身正当利益的同时不损害其他组织或个人的合法权益，这也是正常的市场活动法则。将诚信理念作为企业经营管理的行为准则和规范，并在实际经营管理过程中认真贯彻落实，不仅能自觉地规范自身的经营行为，向利益相关者展现诚信的企业形象，而且会给企业带来长期的利益回报。因此，任何企业应将诚信作为经营规范长期坚持并认真履行。

二、民营企业诚信建设内容

国内外理论学者和实践界精英们对企业诚信要素做了大量的讨论和研究。西方学者采用英文单词的第一个字母概括企业诚信要素，包括 C 要素学说、3F 要素学说、6A 要素学说、5P 要素学说等。国内学者也做了大量研究，其中王书玲、郜振廷在《企业诚信经营新论》一书中认为，企业诚信要素应包含诚信品质、诚信制度、诚信管理和诚信维护四个方面。本书借鉴该书中的观点并结合民营企业自身特点认为，企业诚信建设内容应概括为诚信理念建设、诚信制度建设、诚信管理建设、诚信形象建设、诚信强度建设等五个方面。

（一）诚信理念建设

诚信理念建设是企业诚信建设的核心要素，主要是指企业的价值取向中是否有对诚信的认知和诚信文化的构建。诚信理念建设主要受人的因素影响，包括企业家、经营管理者和企业员工。民营企业家是企业的核心领导人，是企业创始人，更是企业的精神领袖。而诚信是企业家首要的道德素养，没有高尚道德品质的人是无法成为真正的企业家的，没有成功的企业家就没有成功的企业，没有诚信的企业家就没有诚信的企业。从中国海尔的张瑞敏、联想的柳传志，到国外松下公司的松下幸之助、通用公司的韦尔奇等，这些公司都是业界的巨头，在他们的企业使命与公司章程里面尽管各自的表述不尽相同，但都无一例外地倡导为顾客提供高品质的产品和高水准的服务，并且身体力行。因此，民营企业家尤其是第一代企业创始人的诚信意识和诚信行为对企业诚信理念建设起着非常关键的作用。经营管理者是负责企业日常经营的中坚力量，是诚信理念的建设者也是执行者。经营管理者对诚信的认知影响诚信文化的建设，也影响其在管理工作中决策方案的选择和具体的行为表现。员工是企业的重要组成群体，是具体工作行为的执行者，其对诚信理念的认同会提高诚信文化的建设水平，也会激励员工诚信行为的重复出现，对企业诚信形象的形成有重要影响。诚信理念建设既要求企业家、经营管理者和员工对诚信有正确的认知，也需要将诚信作为企业文化的重要组成部分，在大力倡导和宣传下改变企业所有员工的行为。

（二）诚信制度建设

制度是人们设计出来用于调节人与人、人与组织之间利益关系的一种社会机制，其主要功能是为了降低成本、促进良好秩序的形成。它包括正式制度如法律规范、组织制度等，也包括价值观念、道德规范和风俗习惯等非正式规范。制度建设为诚信理念在企业中扎根提供保障。企业诚信制度建设主要包括内部诚信制度建设和外部诚信制度建设。内部诚信制度建设要求企业在制定相关制度时首先考虑诚信原则，并在制度构建时落实诚信理念。外部诚信制度建设要求国家和社会出台或形成的各种正式和非正式制度与规范对企业诚信理念和行为的保障和震慑。内部诚信制度建设包括明晰的产权制度、制衡的委托代理制度、有序的组织制度、明确的工作制度以及诚信自律制度。这些制度在讨论、拟定和落实过程中需要认真考量诚信内容，并对失信行为进行界定，制定相关的激励与惩罚条款保障守信行为的实现。外部诚信制度建设包括征信制度、相关经济契约制度和法律。造成民营企业诚信缺失的重要原因就是失信成本过低和信息不对称而进行逆向选择。为保障企业诚信行为的出现，国家和相关政府应在倡导诚信价值观的同时，制定相关正式制度以规范企业行为、强化信息传递和披露制度、完善司法制度，使企业认识到一次的失信行为会损害长远利益并会受到严重惩罚。通过内外诚信制度的建设和落实，对提高企业诚信意识，自觉遵从诚信理念，产生诚信行为具有重要保障和引导作用。

（三）诚信管理建设

企业诚信管理是指企业以实现诚实守信为目标而对信息、债务、合同、客户和经营环节所实施的系统管理活动。知情权是企业利益相关者最基本的权利，披露信息的真实性是企业诚信的最基本的要求。为保证信息披露的真实性、及时性、完整性和合规性，企业不仅要完善信息披露制度，适时向企业内外部相关人员披露相关信息，而且要健全信息披露的组织架构和建立信息反馈机制。企业债务主要包括银行债务和应付款债务。企业的债务管理的基础是现金流量管理，主要是现金预算管理，做到现金预算支出与现金预算收入的平衡，既要避免大量的现金闲置，影响资金的使用效率，也要防止现金短缺，造成企业支付困难，影响企业的信用。合同管理是企业信用管理的重要内容，是企业履行合同的保证。企业应在综合考虑自身实力基础上按照企业对外签约合同所规定的各项指标认真履行合同要求并进行系统管理。客户管理是企业诚信管理的核心环节。为使客户管理工作有效进行，从而取得客户信用，必须建立健全客户管理与服务系统。同时，企业还必须按照价值链原则做好诚信战略、诚信采购、诚信生产、诚信销售、诚信服务、诚信人事、诚信财务等企业经营活动。

（四）诚信形象建设

诚信形象建设主要指企业在社会进行交往过程中的诚信宣传和风险防范。企业形象是企业的一种重要的无形资产，充分地加以利用对提升企业经营水平有重要影响。诚信是一种素养，也是一种无形资产，在"酒香也怕巷子深"的时代，企业也应将诚信作为形象要素并进行重点宣传，以让社会公众了解和熟知企业的诚信形象。另外，在企业与其他企业或个人进行交往过程中，经常遇到的情况是一方守信而另一方失信的现象，这就面临着风险防范问题。企业一方面做好自己的诚信内功修炼，一方面也要时刻防止因信息不对称而给企业带来的风险。为进一步提升风险防控能力，企业除了建立风险审核与预警机制以外，还应建立专业的风险管控机构和公关队伍，在面临诚信风险时第一时间以各种巧妙的策略应对风险，减少企业风险损失的同时帮助企业树立良好的诚信形象。同时，良好的诚信形象建设也会倒逼企业做好诚信，坚守诚信理念和诚信行为。

（五）诚信强度建设

诚信强度建设是指企业在面临利益与道德两难困境选择时，遵从诚实守信的强度和水平。现实中很多企业尤其是民营企业都在标榜诚信经营，但在面临利益与道德捆绑时，多数企业最终抛弃诚信而向利益妥协，这说明企业尤其是民营企业的诚信建设强度和水平较低。社会中出现的很多假冒伪劣产品正说明了这一点。因此，企业在诚信建设过程中不仅要考虑诚信建设的其他内容，更重要的是将诚信建设成果长期化、固定化，无论企业的利益损失多大，也应该坚守诚信阵地。因此，社会和企业应该出台相关政策鼓励坚守诚信的企业和个人，以保证和强化诚信行为，为非诚信的企业和个人以变相刺激，实现诚信的社会化。

企业诚信建设这五个方面是一个相互联系、相互作用和相互影响的。诚信理念建设是核心、诚信制度建设是保证、诚信管理建设是关键、诚信形象建设是手段、诚信强度建设是标尺。五方面内容缺一不可，共同构成了企业诚信建设系统。

三、民营企业诚信建设影响因素

民营企业诚信建设是一个系统工程，建设过程中会受到各种因素的影响和制约，本书认为影响民营企业诚信建设的因素包括诚信意识、利益问题、产权制度、管理水平、信息透明化、政府行为、法制环境等。

（一）诚信意识

在民营企业诚信建设过程中，诚信意识应该是企业所有员工普遍的品格和价值观。但现实情况是企业家、经营管理者和员工价值观扭曲，缺乏诚信意识。企业家和经营管理者的诚信意识对整个企业文化的形成有重要影响。在现阶段激烈的市场竞争环境中，往往会出现为了追求个人利益而做出经营管理诚信缺失的目光短浅的行为，管理人员的社会责任感被企业诚信缺失所带来的短期收益所抹杀。员工缺乏诚信意识会导致为了团队和个人的利益而损坏集体利益的现象。现阶段，民营企业对员工的培训更喜欢侧重于提高工作效率的业务技能方面，对管理者包括员工的诚信意识教育贫乏。缺乏诚信意识是整个企业诚信建设中最重要的人的因素。

（二）利益问题

利益问题是影响企业诚信建设的重要因素。利益分配不均往往会引发企业员工改变自身的价值取向，而做出很多违背诚信的行为。如为了争夺利益而泄露公司机密、员工之间尔虞我诈、矛盾频发、工作不协调、漠视企业的规章制度等等。同时，利益在长短期不平衡也会引起员工以损失企业长远利益而谋取短期利益。在民营企业中，经常出现职业经理人为了自身的短期利益，粉饰企业财务数据、扭曲经营现状、隐瞒重要信息、以经营困难为由克扣工资或拖欠货款等。因此，正确平衡长短期、整体和局部利益问题是企业诚信建设中重点需要考虑和狠抓的一项工作。

（三）产权制度

产权制度是规定产权关系和产权规则，并对产权关系实现有效的组合、调节和保护的制度安排。企业如果没有真正的个人所有者，也就不会有人有积极性维持企业的信誉，企业也就不可能讲信誉。我国很多民营企业不讲诚信的根本原因在于企业产权不清晰，没有明确的所有者。很多家族企业公私不分，也会出现产权问题。在这样的背景下，追求短期行为就不可能形成真正的诚信经营机制。

（四）管理水平

在我国，真正有实力的大企业数量相对较少，大多数民营企业规模偏小，现代管理理念和管理制度还未真正建立和运行，企业内部的管理水平较低。家族企业一言堂，完全靠经验管理忽视科学管理方式的现象比比皆是。而企业整体管理水平低下，加上市场激烈的竞争，企业很容易发生因授信不当使合约不能履行、因缺乏合理计划安排而违约现象等等。另外，有的管理水平较低的企业不是不愿意诚信，而是力所不能。尤其是在当前电商平台冲击实体经济较为严重的背景下，生存环境恶化，利润表现较差，企业对未来的走向缺乏清晰认知的情形下，失信也是迫不得已。

（五）信息透明化

信息公开透明是企业在市场经济活动中决策选择的重要依据，也是诚信经营决策的来源。但目前民营企业数量多、规范程度差、信息披露制度不健全、不透明是导致企业失信行为产生的温床。虽然上市公司在国家政策的干预下有明确的信息披露制度和渠道，但发生造假的事件屡屡发生。自从美国安然公司财务造假之后，虽给企业敲响了警钟，但部分上市公司依然铤而走险。很多中小民营企业为了利用我国目前的多层次资本市场，大都也有粉饰自身经营业绩的情况。另外，失信成本低的原因也会引起很多企业不公开信息、甚至公开假信息，很多企业由于缺乏相关制度规定选择不公开信息，导致诚信风险概论增大，使很多企业的经营行为产生了逆向选择。

（六）政府行为

市场经济本是自由经济，但多数国家的政府无效行为扰乱了市场自由交易。政府行为的趋利性日益明显，表现在地方保护主义和短期行为。各地政府在地方狭隘利益思想的影响下，滥用或消极行使手中的权力，以维护和扩大本地企业利益的行为倾向。地方保护主义严重扰乱了市场经济秩序，破坏了公平、公正、公开的市场经济法则。部分政府部门出于自身政绩的考虑不顾长远利益，转向了短期内有较大收益的行为，权力寻租、利益寻租的现象普遍，使得很多民营企业尤其是中小民营企业在政府优惠的政策面前丧失资格，而不得不选择失信行为为自身企业谋取利益。

（七）法制环境

我国现行法制体系不健全，也是企业诚信缺失的一个重要因素。我国的法制建设经历了一个从不完备到比较完备的变化，然而，与社会主义市场经济建设与发展的需要相比，仍存在许多问题。一方面，法制还不健全。在市场经济条件下，诚信与法制是相互补充、相互支持的，健全的法制既是诚信规范的前提和基础，又为诚信规范的确立提供了最基本的保障。然而我国现行的法制体系不健全对在经济发展过程中出现的一些新情况、新问题没有明确的法律条文和法规。对企业的违法行为得不到有效监督和约束，给一些企业的违法经营活动留下了很大的空间。另一方面，有法不依，执法不严，这对于不遵守诚信规范、假冒伪劣、拖欠赖账等的企业失信行为，不给予法律处罚或打击不力，即失信成本低，也助长了民营企业的失信行为。

四、民营企业诚信建设策略

市场经济是法制经济，也是信用经济。民营企业是市场经济中的重要中坚力量，数量多，影响大。杜绝不讲商业道德、坑蒙拐骗、制假售假等失信行为，建立良好的企业诚信体制机制，对于维护市场秩序、进一步发挥民营企业潜在价值具有重要意义。

（一）强化诚信意识，加强诚信道德教育

诚信经营是企业降低交易成本、发挥无形资产实现利益最大化的重要因素。企业家和经营管理者的诚信意识和道德素养影响着企业文化的塑造，也决定着企业诚信建设水平和行为。因此，企业家和经营管理者要通过提高诚信认知和接受诚信教育等方式树立诚信意识，将诚信作为自我判断是非对错的重要准则，并在实际工作中自律垂范。作为民营企业的掌舵者，不论做什么事情，最重要的是要讲诚信。一个诚信的企业家和经营管理者会得到员工的信任，员工自然会为企业贡献力量；会得到投资者的信赖，投资者自然会长期投资企业，给企业带来源源不断的资金；会得到消费者的信任，得到长期客户实现长期利润；得到同行的信任，影响其他同行行为的同时，对规范行业环境也有重要影响。真正精明的大公司企业家，懂得"信誉比金贵"的道理，如河北黄骅信誉楼以"信誉"作为公司名称，足见创始人张洪瑞的经营思想和文化理念。

在企业诚信建设过程中，企业家和经营管理者加强诚信教育具有重要的地位和作用，但企业员工也是企业诚信经营的重要主力军。因此，必须在企业内部建立长期有效的诚信经验教育，提高员工的诚信意识和诚信经营水平，建立一支讲诚信、高素质的企业员工队伍，就需要把企业诚信文化培育作为企业文化建设的核心来抓。一方面，企业家和经营管理者要大力倡导讲信用、重信誉、平等竞争、公平交易的道德风尚。另一方面，在提高员工工作技能以保证提供优质服务和产品的同时，建立一套诚信行为督导和奖惩机制，对员工的诚信行为进行长期监管，以使员工养成诚信品格，并对诚信经营中取得较好成绩的员工给予奖励。

（二）建设诚信文化，加强内部诚信管理

建设先进适宜的企业文化可以凝聚人心，为企业发展提供强大的精神动力。企业要做到对外诚信，首先需要内部诚信。企业在构建自身企业文化的过程中，建设具有良好诚信品质的企业文化至关重要。诚信文化建设不仅需要充分调动并发挥企业家和经营管理者的价值取向，而且需要在企业使命、宗旨、价值观等方面涵盖诚信内容，更重要的是将这些富有诚信的企业文化通过各种教育培训和行为表率等手段内化为所有员工自觉意识和行为。另外，为进一步促进诚信经营，企业应不断加强内部诚信管理。企业应在文化诚信化、经营环节诚信化的基础上设立诚信管理部门，一是起到宣传教育功能，二是监测企业诚信风险并采取适当策略加以应对。同时，该部门负责建立供应商、中间商、客户的资信管理制度，时刻了解他们的信用状况并进行风险控制；还应负责建立企业内部授信制度，严格按照授信额度进行内部经营行为；还应负责对员工的行为进行检测和管控，在双向期望满足的基础上激励员工诚信行为的充分发生；还应负责建立内部诚信管理体系，目前我国已出台诚信管理体系相关规章，企业也应在此机会下重点打造和建设自身的诚信管理体系。良好的诚信文化和内部诚信管理体制对打造内部诚信具有重要的作用和意义，目前很多民营企业虽然重视诚信文化的建设，但内部诚信管理体制普遍缺失，内部诚信建设还有很长的路要走。

（三）做好利益分配，重视利益关系协调

追求合理的利益是企业家、投资者、经营管理者、供应商、员工、银行等利益相关者正常的行为。但目前很多民营企业在利益分配的时候经常出现忽略弱势群体的现象。利用试用期、加班加点、取消合理休假等方式诈取员工的剩余劳动或无故拖欠工资，利用规模经济等手段长期拖欠或赊购供应商的货款，以无理要求规定中间商或零售商提前付款，以假货或档次低的产品欺瞒消费者，采取牺牲长远利益而不择手段地谋取眼前利益的做法等，这些现象的出现很大程度上取决于企业对待利益的态度以及长短期利益的平衡。部分企业认为利益高于一切，只要有可能就一定采取少分或不分，只要眼前有利益哪管以后会怎样，这样的态度带来的结果是员工抱怨、消费者投诉、投资者撤资、供应商逃离、经销商倒戈等，给企业造成了很多难以弥补的伤害。因此，作为企业的管理者在企业的经营管理中应对合理、公平地分配利益，并做好长短期利益平衡，以提高企业诚信建设的内在动力。

（四）加强现代企业制度建设，完善产权制度，提高管理水平

现代企业制度即指公司制。虽然民营企业多数采用了公司制度，但仍有部分企业还未实现公司制，以及采用公司制的企业还未建立真正意义上的公司制。从企业实际发展情况来看，现代企业制度和产权制度等已成了制约民营企业尤其是家族企业或中小企业发展的重要因素和力量。著名的经济学家张维迎认为："无恒产者无恒心，无恒心者无诚信。""如果没有真正的个人所有者，就不会有人有积极性维持企业信誉，企业就不可能讲信誉。"但实践表明企业公司制度健全、产权明晰、制度规范、目标长远时，企业诚信缺失的现象相对较少。因此，国家积极完善市场经济体制改革和建设、企业尽快完善公司制度、建立明晰的产权制度、不断规范企业经营行为，是提高企业诚信水平的重要手段。在企业制度建设和产权制度完善过程中，企业一方面可以依靠自身力量，另一方面也可以抓住当前转型升级的机遇，借助如管理咨询公司、资

本市场的兼并重组等外在力量。另外，民营企业家和经营管理者应在自觉提升管理能力的前提下，向其他标杆企业学习，努力提高企业管理水平，以一流的管理水平为诚信经营保驾护航。

（五）主动公开企业信息的同时，加大诚信中介机构的建立与利用

信息透明是诚信建设的重要支撑，各民营企业应坚持自律原则，并在国家信息披露制度的基础上建立企业内部信息披露和管理制度，对利益相关人所需的信息进行归类梳理，并按统一格式要求主动公开。同时，企业诚信建设受社会诚信氛围的影响，国家在大力倡导诚信价值观的同时，借鉴国际经验，大力培育诚信与信用征信行业的发展，充分发挥和利用各类中介组织的作用。适时成立诚信行业协会，以不断促进行业自律、制定行业发展规划和从业标准以及行业的各种规章制度、开展信用管理与应用研究、提出立法建议或接受委托研究立法和提出有关信用管理法律草案、协调行业与政府及各方面的关系、进行国际交流等各项活动。促进诚信信息和数据使用的市场化。鼓励发展诚信咨询机构和顾问公司联合各类型企业和政府部门建立信息内容全面、真实、客观、公开的企业诚信信息数据库，在政府有效监督和管理下提供服务，并对一些企业诚信信息向有关组织公开，以辅助企业诚信建设。为打造完善的诚信信息数据库，政府必须鼓励中介机构开展调查、收集、处理、加工、评级、出让、出售诚信信息等各种经营性活动，面向全社会提供真实充分的信息服务，实现诚信数据的开放和诚信数据的商业化、市场化运作，以尽可能减少因信息不对称所引发的经济主体欺诈行为的发生，为社会经济的健康发展提供力量。

（六）转变政府职能，建立和完善自由竞争的市场环境

在现实活动中，个别地方政府职能的错位和缺位直接破坏和影响了企业诚信规范的形成。政府行为不当不仅打破了正常的经济和社会秩序，助长了企业的失信行为，而且严重损害了政府的形象，造成了政府诚信资源的缺失。虽然改革开放以来，政府在职能转变上取得了一定成效，但仍存在着对市场行为干预过多、行政效率低等情况，因此，政府应在明确自身服务定位的基础上倡导诚信价值观，并做到依法行政、依法用权、依法办事、依法监管，以创建和提高政府诚信形象。另外，政府还应为创建自由竞争的市场环境而努力。完善的市场机制与环境需要诚信，而诚信与经济又存在着良性互动关系。因此，建立和完善自由竞争的市场环境必须废止妨碍公平竞争、设置市场进入壁垒、地方保护等各种市场分割的规定，打破行业垄断和地方封锁，促进要素价格市场化，完善市场监督和监管体系，严厉打击制假售假、商业欺诈等失信行为，维护正常的市场秩序。

（七）建立和完善诚信评价体系，加强诚信法制建设

对企业进行诚信评级有利于促进公平交易的诚信行为出现，因此，政府在完善全国诚信评价体系的前提下，鼓励行业、企业根据自身特点，建立和完善诚信评价体系，并将评级制度化、法制化。同时，加大对诚信评价成果的应用。对诚实守信的企业，有关部门在信用担保、融资贷款、贷款贴息等方面要给予优惠，在产业扶持等方面可以优先扶持，使信誉高的企业扩大经营空间，而对缺乏诚信的企业，尤其是对给消费者和社会造成危害和损失的企业要充分曝光，使之在市场竞争中无立足之地。另外，借鉴西方发达国家的诚信法律体系的经验，将经济道德的要求融入广泛的诚信制度规范中，通过法律的强制力来保障诚信的经济环境。一方面以法律制度的形式确定和保障民营企业市场主体的平等地位，建立规范交易行为的法律制度，另一方面在遵循道德惩戒和法律惩戒相结合，经济处罚与司法制裁相结合的原则下建立失信行为惩戒的法律规范，并加大对失信行为的处罚力度，维护市场经济秩序的正常运行。

总之，企业诚信建设既需要企业自律，也需要政府、社会组织提供支持，因此，企业诚信建设是一个系统化工程。但结合目前河北省民营企业发展实际情况来看，企业诚信建设还很不规范，需要各界力量共同努力，建设任务任重而道远。

案例：感受信誉楼：信誉为本、诚信经营

信誉楼百货集团是一家股份制商业企业，1984年6月创立，历经30年艰苦创业，已经由一个不足300平方米的小卖场，发展成为拥有16家自营店、2万余名员工、近20个亿总资产的大型商业企业。在长期发展过程中，信誉楼形成了一整套系统的企业文化理念，引领企业走上了一条基业长青之路。

信誉楼的企业使命是"让员工体现自身价值，享有成功人生"；企业愿景是"员工健康快乐，企业健康长寿"，核心价值观是"切实为他人着想"。什么样的人生才是成功的人生？信誉楼人认为，有益于自己、有益于社会、无怨无悔的人生即是成功人生。为成就员工，我们的经营管理理念中有"把权力放下去，将责任留下来"；"允许失误，鼓励尝试"；"如果不给下属失误的机会，就等于剥夺了下属成长的权利"；"把成就感给下属，把成长机会给下属"这些理念大大激发了员工的主动性和创造力，也充分体现了以人为本的原则真正落实到企业的实践。我们努力培养员工"十大好品格"，即诚信、感恩、宽容、用心、谦和、严谨、明智、执着、爱心、文明。由于信誉楼推行的文化符合员工向上、向善、向美的需求，员工才心甘情愿地按照企业的理念去行动，从而促进了企业持久的繁荣和发展。

为凝聚起强大的精神力量，信誉楼创始人张洪瑞1998年亲自为《信誉楼之歌》作词："我们肩负着民族希望，企业精神牢牢记心上，天下兴亡、我的责任，凝聚成终生学习勇于超越的力量……"如今，集团两万余名员工每天都高唱店歌开始一天的工作。

信誉楼的企业风格是"崇尚真实、自然，追求简单、有效"。为营造轻松纯洁的人际关系，也为了减轻员工的经济负担，早在20世纪90年代初，信誉楼就明文规定"不允许员工之间相互请客送礼"，这一制度在员工和社会上引起了强烈的反响。2001年1月，中央人民广播电台就以"这里没有人情债"为题，专门报道了信誉楼的这一做法。反对铺张浪费是信誉楼的传统作风，公司没有超大的办公室，没有奢华的办公桌椅。创始人张洪瑞多年不置自己的房产，几年前还住在集体宿舍中并每年缴纳房费。在他带领下，信誉楼人不慕虚荣、不攀比、不浮华、不赶潮，静心做好企业，追求着工作、生活的平衡和自我心灵的和谐。

信誉楼创建时就起名为"信誉楼"，这昭示了"以信誉为本"的经营宗旨。参观过信誉楼的专家学者们认为，这里的企业文化理念已经根植进每个员工的心中，不论是高管、中层还是基层员工，他们在谈论工作时经常会这样的表述："把简单的事情天天做好，将愉快的心情处处撒播"；"具有高度的责任感，以向社会负责为己任"；"把80％的命令变成培训，将60％的精力用于检查"；"切实为他人着想"；"管理即培训，管理即服务，没有爱心莫做管理"等等。信

誉楼的文化特征体现为"真"，因为真，才简单；因为简单，才容易统一。信誉楼对待制度的原则是：可订可不订的不订，凡订的必须不折不扣执行。比如，"廉洁管理办法"中规定，凡参加采购、订货等商务活动所收受的回扣、礼品、礼金一律在七日之内上交公司。制度订立后，上至董事长、总经理，下至柜组主任，全部坚决执行，财务部门还定期通报执行情况。信誉楼始终坚持制度与理念相一致，比如，为恪守诚信经营理念，防止出现欺骗顾客的现象，公司规定导购员的工资不与销售额挂钩。如果员工无意间出现了轻微过失，只要主动如实说明情况，公司就不会予以处罚。我们认为，诚信是自我管理，是自我监督。重秩序，守规则，不干投机的事，不挣投机的钱，是信誉楼的经营底线。只有企业在员工心目中建立起正义的、美好的形象，员工才能真正按照所倡导的理念要求去做。2003 年，中央电视台为纪念《公民道德建设纲要》颁布一周年而拍摄的专题片《道德的力量》，对信誉楼的诚信经营进行了报道。

为了落实"天下兴亡，我的责任"，公司要求全体信誉楼人，一要对自己负责，通过不断学习，实现自我超越；二要对家庭负责，当好自己的角色，做家庭的好成员；三要对企业负责，爱岗敬业，做合格的好员工；四要对社会负责，奉公守法，维护公德，做一个好公民。做得好的员工，企业就大张旗鼓地表扬奖励，并给予职业发展的机会。

这么多年，信誉楼一直注重过程的管理，从不急于求成。只要过程做好了，结果就是自然而然的。文化的建设、机制的打造、人才的培养、制度的完善，这些环节看似与挣钱关系不大，但都是长青企业必须做好的基础性工作。

第二部分

民营企业诚信评价体系

第十六章　民营企业诚信评价体系建设

　　"诚信"是中华民族几千年来始终崇尚的一种基本美德。世界经济已经进入了"信用经济时代"，现代企业的经营活动，与其说是经营商品，不如说是经营诚信。但是我们看到当前的企业诚信缺失现象很多，已经逐渐成为影响经济发展，乃至社会稳定的一个问题，信用缺失不仅扰乱了社会经济秩序，更损害了消费者利益，更重要的是会影响我国的经济健康发展。随着我国社会主义市场经济的发展和交换关系的日趋复杂，市场主体对诚信的需求也越来越强烈。所以对于企业诚信的评价显得至关重要，而我们从不同方面可以看到有不同的诚信评价标准。

一、国外诚信建设模式及启示

（一）国外诚信评价体系建设

　　所谓模式，是指事物的标准形式，是构成事物的要素的某种组合方式，其中要素之间存在着作用和反馈的关系。在介绍国外诚信体系建设模式时以发达国家为例，经过上百年的市场经济发展，发达国家形成了相对比较完善的社会信用体系。但是，由于各国经济、文化、历史不同，不同国家形成了不同的社会诚信体系模式。发达国家诚信社会体系建设主要有两种模式：

　　1. 市场主导型的美国诚信体系建设模式

　　美国的个人信用体系主要涉及三方面：一是个人信用资料的收集、评估机构，即个人信用调查公司；二是个人信用的"消费者"，金融机构、用人单位等部门；三是个人信用资料的产生者和监督者，即个人。这三方面的力量良性运转就形成了美国现在发达的个人信用体系。

　　（1）三大信用局掌管 1.7 亿人的信用资料

　　在美国的个人信用体系中，有一个角色至关重要，它就是个人信用调查公司，又称"信用局"。其实，19 世纪的时候，美国社会的信用气氛也很薄弱，欺诈现象普遍。但随着信用经济的发展，对个人信用信息的需求终于催生了信用局。

　　1860 年，第一家民营的信用局在美国纽约布鲁克林成立，美国个人信用市场从此发展起来。当时，由于通信、科技手段落后，信用调查只能用纸和笔进行，后来有了电脑和网络，这一行业壮大起来。与此同时，经过 100 多年的发展，上千家个人信用机构自生自灭，大浪淘沙之后，现在只剩下三大信用局平分秋色，即全联公司（TransUnion）、艾贵发公司（Equifax）和益百利公司（Experian）。

　　如果说信用局提供的个人信用资料是一道菜的话，信用局的第一大任务就是准备好"菜篮子"，往里面装"蔬菜"——美国公民个人的消费、信贷活动信息。

　　以银行为主的各种金融机构会把客户的信息源源不断和无偿地主动送上门来。同时，为了保证质量，银行还要及时把更新后的信息输送给信用局。除了银行，用人单位、法院也会把相关个人在就业、诉讼方面的信息统统提交给信用局。如今，三大信用局掌握着1.7亿美国消费者的信用档案，这就是他们最大的一笔财富。

（2）个人信用资料每月更新12次，负面记录到一定年限就删除

对三大信用局来说，有了"蔬菜"之后，第二步就是"做菜"——对个人信息数据进行处理和评估，这才是信用局的看家本领。信用局运用自己的大型计算机系统处理顾客的各种信息，包括姓名、住址、社会保障号码以及贷款、信用卡、法律纠纷、破产和支付记录等等。据全联公司介绍，为保证消费者的个人信用报告准确、及时、完整，他们每个月至少要对每个人的记录更新12次。另外，根据美国《公平信用报告法》规定，个人信用报告中的负面信息，超过一定年限必须删除。例如，法律规定破产记录最多保留7年，超过7年，这个信息必须从消费者的个人信用记录中删除。

信用局所提供的个人信用报告中最重要的内容就是对个人信用的评估。信用评估根据信用资料中的五项基本内容进行打分。这五项内容是：付账记录、未偿还债务、开立账户的时间长短、贷款情况和使用过的信贷种类。分数在325分到900分之间，680分以上为信用优良，620分~680分为信用中等，620分以下为信用不良。有统计显示，信用分低于600分的借款人的违约比例为1∶8，信用分在700~800分之间的借款人的违约比例为1∶123，而信用分大于800分的借款人的违约比例仅为1∶1292。在美国，开立新账户、安装电话、签发个人支票、申请信用卡、购买汽车和房子，都需要这个分数。信用分高的人不仅可以轻松获得贷款，还可享受较低的利率。

除了普通的个人信用调查外，信用局还推出一系列专业的个人信用报告，例如，个人购房贷款信用报告、个人就业报告等等，供不同的机构和部门使用。如今，美国三大信用局每年出售的个人信用报告达6亿多份，收入超过100亿美元。

（3）查个人信用报告要经本人同意，每份只要一两个美元

那些准备跟消费者发生交易的另一方当事人一般是会愿意支付费用进行个人信用的查询。金融机构发放个人消费信贷，商场向顾客发放购物卡，租赁公司考察个人用户，公用事业公司开通服务，雇主了解应聘者的品质，公司追讨债务，税务部门征收税款，都要以个人信用报告作为参考或依据。为了把风险降低到最低限度，这些机构都愿意拿出一点钱购买当事人的个人信用资料。

当然，根据美国的相关法律，这些机构查询消费者的信用记录必须征得当事人的同意，当事人表示同意后才可以查。虽然任何人有权拒绝别人调查自己的信用历史，但这样一来，恐怕他自己也会寸步难行，有可能连房子都租不到。

购买信用报告并不用花重金。美国银行的舒雷说，银行购买一份普通的个人信用报告，一次只需花1个多美元，即便是一份专项的个人信用报告也不会超过两美元。与今后可能发生的风险相比，花这点钱是值得的。

（4）任何人都是自己信用记录的监督者

既然个人信用关系到每个美国人的生存，那么，谁来监督信用局的工作呢？万一信用局的

个人信用报告出了错怎么办？其实，每个美国人都很关心信用局做出的信用报告，毕竟这个报告关系到自己的信誉，因此，每个被信用局记录在案的美国公民都自然而然地成为信用局的监督者。他们就像是"品菜人"，可以就个人信用报告是否准确对信用局的工作"评头论足"。

为了更好地接受个人监督，信用公司特别推出了两种供个人查询以掌握自己信用记录的服务。一种是免费的，当一个人的个人信用记录被某些机构调查过之后，信用局会在30天内免费把调查内容做成报告送给被调查人。如果当事人发现自己的个人信用报告上有不准确、不真实的记录，可以马上通知信用局进行查实；如果给信用局提供信息的机构弄错了，那么不仅信用局要更改记录，那些机构也要及时更正记录；如果是信用局弄错了，那么信用局不仅要马上予以更正，还要通知所有相关机构；如果造成经济损失，还要进行赔偿。

另一种是收费的，是指任何个人可以花钱订购自己的信用报告，随时掌握自己信用档案中的情况，这种服务的收费一般为每年几十美元。为了防止别人盗用自己的身份证件，破坏自己的信用历史，越来越多的美国人愿意付钱购买自己的信用报告。

（5）个人信用体系也受到犯罪的挑战

花旗银行副总裁汪劲先生曾经说过这样一席话："坑蒙拐骗与其说是道德问题，还不如说是个人信用体系问题。因为道德概念很抽象，而信用体系是以制度为基础的，没有信用制度，缺乏约束，美国人一样不会讲信用。如果一个美国人坑蒙拐骗，那么他就会有不良的信用记录，这个记录可能断送他一生的经济生命。"

正是信用调查制度造就了美国这样一个信用社会，也正是这种信用调查制度使得美国的金融体系可以不断拓展业务，使信贷经济之球越滚越大。现在，美国有超过3/4的人使用信用卡，全国共拥有14亿张信用卡，平均每人有8张。据统计，信用消费使2/3的美国人拥有了自己的房屋；1/5的美国人接受了高等教育；1/5的美国人能够出国旅游。

2. 政府主导型的欧洲诚信体系建设模式

欧洲包括德国、法国等国家，欧洲很早就开始了诚信社会体系建设，现在已经具备了比较完善的诚信体系，并成为这些国家经济得以良好运行的基础和保障。由于欧洲国家在诚信体系建设方面有很多相同之处，在此仅以德国的信用体系为例。德国是信用经济高度发达的国家，商业信贷、贷款买房购车、邮购商品、分期付款和信用卡支付等信用消费在社会经营活动和日常生活中十分普遍，这主要得益于德国相对完善的社会信用制度和管理体系。德国社会诚信体系模式包括法律系统、公共信用信息系统和私营信用服务系统三大部分，如图16-1所示。三者之间相互联系、构成有机的整体，相互影响，相互促进，从而将各种与信用相关的社会力量整合起来，共同推动德国社会信用的完善，进而保障社会秩序和市场经济的正常运行与发展。

（1）法律系统。信用法律的确立与健全是社会信用制度及管理体系建立和实施的保障。德国迄今还没有一部专门的信用管理法，有关信用管理的法规散见于商法、民法、信贷法和数据保护法等法律法规中。哪法律系统对信用监管和执法有明确的界定，对信用服务机构的相关职能具有明确的规定，同时对信用消费者具有很强的约束力。

（2）公共信用信息系统。公共信用信息系统是德国社会信用体系的有机组成部分，也是私营信用服务系统的主要信息来源之一。公共信用信息系统主要有联邦银行信贷登记中心系统、地方

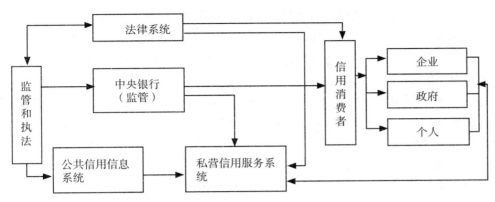

图 16-1　欧洲诚信体系建设模式

法院工商登记簿、法院破产记录、地方法院债务人名单等。除联邦银行的信贷登记系统供银行与金融机构内部使用外，工商登记簿、破产记录和债务人名单均对外公布，并可查询。德国是以中央银行建立的"中央信贷登记系统"为主体，兼有私营征信机构的信用体系。中央信贷登记系统是由政府出资建立的全国数据库网络系统，直接隶属于中央银行。

（3）私营信用服务系统。私营信用服务系统主要包括从事企业与个人资信调查、信用评级、信用保险、商账追收和资产保理等业务。私营信用服务系统是德国社会信用体系的主体。

（二）国外的建设经验对我省企业诚信建设的启示

通过对美欧诚信体系建设模式的比较分析，对我省的企业诚信体系建设可以得到以下一些有益的启示及值得借鉴之处。

1. 加强社会诚信教育。加强宣传教育，努力提高全社会诚信的水准。发达国家经济发展的实践证明，没有整个社会诚信水准的提升，企业的经营诚信是做不到的。要提高民营企业经营的诚信水准，必须加大宣传教育的力度，建立全社会诚信的氛围，在此基础上强化民营企业经营要遵循合法经营、讲究诚信、互惠双赢的意识。

2. 结合省情建立我省企业诚信体系。在建立健全我省企业诚信体系的过程中，要吸收发达国家各种诚信体系的优点，不断完善我省的企业诚信体系，促进我省经济健康持续发展。

3. 全面吸收借鉴目前已有的诚信指标体系，建立符合我省实际的民营企业综合成型评价指标体系，从多方面，多角度评价企业诚信问题，使得失信企业寸步难行。

4. 培育以诚信为基础的企业文化，充分认识到企业文化是企业的灵魂和血液，是企业成功的基石。我国的市场经济起步较晚，诚信在经济生活中的作用尚未被社会、特别是民营企业所充分认识，因而没有形成一种强烈需求市场信用的氛围。当务之急就是要大力推广诚信文化，努力营造诚实守信的企业环境，打造品牌信用。

5. 加快信用立法工作。完备的信用管理法律体系是信用行业健康规范发展的基础和必然要求。从发达国家的经验看，信用立法工作是一个长期过程，我们应充分借鉴发达国家在信用管理方面的法律法规，出台与信用行业直接相关的基本法，对信用行业的管理定下基本的制度框架。与此同时，应尽快建立和完善失信惩罚机制，明确失信的法律边界，加大失信成本。

6. 强化民营企业自律机制。诚信回归，自律是关键。民营企业诚信建立的关键还是要靠企业自己，靠企业的自律机制来实现诚信。在企业员工中积极宣传倡导"君子爱才，取之有道"，"不义之财，取之有害"的诚信经营理念，并将这一理念内化表现为企业诚信体系的方方面面，使诚信成为员工的自觉行为。

7. 加大政府对信用行业的管理。从发达国家经验来看，政府对信用行业的管理方式与该国信用管理法律体系的状况密切相关。我省信用行业的发展时间很短，由于相关的法律法规缺乏，在加快立法进程的同时，必须强化政府对该行业的管理和监督，根据我省省情建立并逐步完善政府的信用监督和管理职能。

8. 规范我省的信用中介机构。完善的信用制度必须有健全的信用中介机构作为组织保障。我省应该遵循市场化的原则，从制度上保障信用中介机构能够客观、公正、独立地运营，进一步加强信用中介机构的建立和规范。

二、我省目前企业诚信评价指标概述

目前国内的企业诚信指标往往从多个方面进行评价，各自从不同的角度对同一个企业的不同行为进行评价，综合性不强。下面我们从较为重要的几个方面，对我国企业诚信评价指标进行一个较为全面的介绍。

（一）11315 企业信用档案内容的组成结构

11315 全国企业征信系统，11315 全国企业征信系统是第三方公众征信平台，是我国率先建起的大数据征信新模式。创建于 2002 年，由绿盾征信（北京）有限公司运营。为庆祝国务院《征信业管理条例》正式施行，11315 全国企业征信系统正式启动新闻发布会，于 2013 年 3 月 15 日在北京召开。2014 年 10 月，在国务院新闻办—中国互联网新闻中心发起的"中国民族品牌大型宣传推介活动"中，11315 全国企业征信系统荣膺征信行业中国民族品牌称号。同月，作为第三方企业征信机构，11315 全国企业征信系统和中国建筑材料流通协会达成信用等级评估推广合作协议。

以"帮助企业见证信用，保障大众消费安全，协助政府治理环境，促进社会和谐发展"为宗旨，11315 全国企业征信系统经过十余年的开发、数据积累和市场实践，为全国 3000 多万家企业建立了信用档案。作为企业的经济身份证，11315 企业信用档案已成为惩戒淘汰失信企业，为诚信企业积累信用财富的重要力量。

目前，11315 全国企业征信系统包括政府职能部门监管信息、银行信贷信用信息、行业协会评价信息、媒体评价信息、企业运营管理信息、市场反馈信息六大模块的信息达十亿多条。

11315 全国企业征信系统按照统一的标准对每一条信息的真实性进行严格核实、分类加工，并建立了科学的数学模型对入档的有效信息进行计算，由系统自动得出信用分值，自动与国际通用的 9 个信用等级相对应。

11315 全国企业征信系统率先将连锁商业机制引入征信行业，在全国各地设立了近 300 家分支服务机构，为国内大批企业提供了完善的信用服务。

1.企业征信系统由六部分信息组成

第一部分：全国各级政府职能部门公共监管信息；

第二部分：金融机构（包括小额贷款公司、民间借贷等）对企业的信贷评价信息；

第三部分：行业协会（社团组织）的评价信息；

第四部分：主流媒体对企业发布评价的评价信息；

第五部分：企业管理评估信息及财务信息；

第六部分：市场反馈信息（包括消费者、交易对方、合作伙伴及员工等主体在线实名提交的评价信息）。

2.政府监管信息包括五类

（1）企业法人基本身份信息。包括工商行政管理部门发放的企业法人营业执照，税务部门发放的税务登记证，质量技术监督部门发放的组织机构代码证，人民银行核发的银行开户许可证。

（2）行政许可、认定信息。除工商行政管理部门发放的企业法人营业执照、税务部门发放的税务登记证、技术监督部门发放的组织机构代码证、人民银行核发的银行开户证之外的其他政府职能部门的许可、认定获得（或取消）信息。

（3）产品质量的技术检查信息。包括质量技术监督部门、食品药品监督管理部门、卫生部门、环保部门、工商部门等国家职能部门针对产品质量依法组织实施的质量检查信息。

（4）行政奖罚信息。各职能部门在市场监督管理中，依法针对企业法人出具的行政表彰、奖励及行政处罚决定等信息。

（5）人民法院和仲裁机关公开的依法判决、裁定、失信信息。

（6）企业法人依法拥有的知识产权信息（包括商标、专利、著作权等）。

凡被纳入 11315 企业信用档案并公布的政府监管信息，原始数据均打包以"附件"方式存放于每条评价信息的右下角，供信息主体凭密码进入自己信用档案后台查看详情，便于核实和提出异议。

11315 全国企业征信系统，通过有效的机制和技术方法，将分散在全国各行政区域、各行业，由各级政府职能部门针对企业所发布的监管信息，进行汇集、加工，记录于相关企业名称（商标）之下，形成企业信用档案的重要组成部分。消费者只需在 11315 全国企业征信系统数据库搜索企业名称（商标），既可快捷方便的获取全国任何一级政府职能部门关于该家企业的每条监管信息，客观提升了政府的公信力和威慑力，强化了政府对市场的监控力度。

3.金融机构对企业的信贷评价信息包括四个方面

（1）中国人民银行通过对各商业银行提供的企业信贷信息而加工成的企业法人信贷信用评价信息（此项业务请向中国人民银行征信系统查询）。

（2）各商业银行（包括小额贷款公司）对企业的信贷评价。

（3）民间借贷过程中对企业的信贷评价信息。

（4）各地政府金融管理部门（包括民间资本服务中心）为规范民间借贷而对每笔信贷资金进行的备案、监督信息。

各行业组织对企业的评价信息。中国境内依法设立的各行业协会、社团组织（包括有影响力的国外社会组织），对企业的评价信息。

凡被纳入到 11315 企业信用档案的该部分信息，原始数据均打包以"附件"方式存放于每条评价信息的右下角，供信息主体凭帐户密码进入自己信用档案后台查看详情，便于核实和提出异议。

4.各类媒体（包括国外媒体）所报道的企业信用信息

凡被纳入 11315 信用档案的该部分信息，原始数据均打包以"附件"方式存放于每条评价信息的右下角，凡媒体官方网站有相关内容网页的，均作链接，以供大众公开查询，便于核实和提出异议。

5.企业内部管理信息（包括 2 部分）

（1）、企业法人财务信息，比如应收帐款、应付帐款、资金周转率、固定资产、库存商品等信息。该部分内容涉及企业商务机密，除企业自己要求之外，相关数据不对外公开查询。

（2）、企业内部管理运营评估信息，该信息属于另项信用评级服务。

6.市场反馈信息

从信息提供者的身份可分为消费者、交易对方、合作伙伴、员工等。此类信息，均采取实名制在线提交，信息主体可以凭帐户密码进入企业信用档案后台查看信息提供者的姓名、联系方式等，以便核实和解决实际问题。

通过有效机制将针对某企业名称（商标）的各阶层、各角色的零散市场信息，进行收集、提纯加工，通过互联网技术，适时张贴于该企业名称（商标）之下，全方位汇集，形成消费者群体对企业的立体监督评价，成为企业信用档案的另一重要组成部分。这些鲜活、具体、适时信息，体现着信息主体在市场发展中动态的信用状况，将对企业的生存和发展产生巨大影响。诚信的商家，会赢得更多消费者支持，获得更大发展空间。同时，这一有效的惩戒监督机制将迫使失信商家，回归守法经营、诚信经营的理性。

征信机构将把市场反馈的信息，在第一时间向有关政府职能部门提供。诚信的商家会及时得到政府表彰、政策支持；在市场经济中存在失信问题的商家，会被政府及时知晓，及时教育匡正，让问题在萌芽中得以解决；对于严重失信商家，政府将及时依法严惩，根除市场后患，维护消费者权益，捍卫法律尊严。

具体来看由以下几个方面组成：

1.政府监管信息 含工商/税务/质检/法院/司法/海关/环保/国土/劳动/安检/食药/卫生/科技/版权/教育/住建等全部职能部门	1-1.企业基本资质	企业法人营业执照
		组织机构代码
		税务登记证
		银行开户许可证
		第三方征信认证
	1-2.质量检查信息	

续表

1.政府监管信息 含工商/税务/质检/法院/司法/海关/环保/国土/劳动/安检/食药/卫生/科技/版权/教育/住建等全部职能部门	1-3.行政许可资质	
	1-4.行政监管信息	
	1-5.商标/专利/著作权信息	
	1-6.人民法院的判决信息	
	1-7.人民法院判定的被执行人信息	
	1-8.人民法院核定的失信被执行人信息	
2.行业评价信息	2-1.体系/产品/行业认证信息	
	2-2.行业协会（社会组织）评价信息	
	2-3.水电气通信等公共事业单位评价	
3.媒体评价信息	3-1.媒体评价信息	
4.金融信贷信息	4-1.商业银行信贷评价信息	
	4-2.民间借贷评价信息	
5.企业运营信息	5-1.企业财务信息	该信息涉商业机密，需要获得授权才能查看
	5-2.企业管理体系评估信息	
6.市场反馈信息	6-1.消费者评价信息	
	6-2.企业之间履约评价	
	6-3.员工评价信息	
	6-4.其他	

综合评价：

依据国务院社会信用体系建设要求及《征信业管理条例》规定，对信用档案中依法采集的信用信息按照统一标准计算。质量检查 0 条风险信息记录、合格率 100%，行政处罚 0 条风险信息记录、良好率 100.0%，媒体评价信息 0 条风险信息记录、良好率 100.0%，市场实名反馈有 0 条投诉信息、好评率 100.0%。

提醒该信用报告的使用者：

一、请密切关注交易对方的各项信用指标，整体把握信用风险，以保障交易安全；

二、请随时关注交易对方的信用动态变化，及时把握信用趋势，以掌控商业风险。

信用是企业的生命线；信用档案是企业整体信用状况的动态记录，是企业获得商业信任、促成交易的基础，是大众消费、交易决策的重要参考依据和公平保障体系。

图16-2 企业信用档案组成示意图

（二）中国人民银行信用评级

1.人行企业信用报告概述

企业信用报告是全面记录企业各类经济活动，反映企业信用状况的文书，是企业征信系统的基础产品。企业信用报告客观地记录企业的基本信息、信贷信息以及反映其信用状况的其他信息，全面、准确、及时地反映其信用状况，是信息主体的"经济身份证"。

企业信用报告主要包括四部分内容：基本信息、信贷信息、公共信息和声明信息。基本信息展示企业的身份信息、主要出资人信息和高管人员信息等。借贷信息展示企业在金融机构的当前负债和已还清债务信息，是信用报告的核心部分。公共信息展示企业在社会管理方面的信息，如欠税信息、行政处罚信息、法院判决和执行信息等。声明信息展示企业项下的报数机构说明、征信中心标注和信息主体声明等。

企业信用报告主要用于商业银行信贷审批和贷后管理，也用于政府部门评奖、评优、招标或审计机构进行财务审计等许多活动中。在经过企业的授权同意后，商业银行、政府部门等可以查询该企业的信用报告，了解其信用状况。

具体来看，企业信用报告（自主查询版）（以下简称"信用报告"）主要有两个方面的用途：

一是供企业主动了解自己的征信记录，如：查看信用报告中是否存在不良信贷信息、比较信用报告中的贷款余额与自身实际的借款账面余额是否相符等。

二是企业查询后提供给交易对手、政府部门或其他机构使用，作为自身资质及信用状况的证明，以取得对方的信任，如：提供给拟合作的投资伙伴、政府部门对企业进行各类招标时要求企业提供自己的信用报告以了解企业有无不良记录。

2.信息展示说明

信用报告的结构主要分为八个部分：报告头、报告说明、基本信息、有直接关联关系的其他企业、信息概要、信贷记录明细、公共记录明细和声明信息明细，分别如下。

（1）报告头

报告头为信用报告的起始部分，用于描述信用报告的生成时间、查询信息等基本要素。用户在线浏览时，展示具体包括机构信用代码、贷款卡编码、报告日期等要素。

打印和下载时，报告头以封面的形式呈现，封面展示的数据项包括报告编号、信息主体的名称、机构信用代码、贷款卡编码、报告日期等要素。

（2）报告说明

报告说明的内容主要是对信用报告中的数据源、部分专有名词，以及一些需要补充说明的重要事项进行说明。在线浏览时，不展示报告说明。打印和下载时，报告说明在封面的后一页展示。

（3）基本信息

基本信息展示信息主体的一些基本属性，内容包括身份信息、主要出资人信息、高管人员信息等。

第一，身份信息

身份信息主要包括信用主体的名称、注册地址、登记注册号、组织机构代码、登记注册日期、有效截止日期、国税登记号、地税登记号、贷款卡状态、最后一次年审日期等。

第二，主要出资人信息

主要出资人信息包括注册资金、出资方名称、证件类型、证件号码、币种、出资金额、出资占比等。

第三，高管人员信息

高管人员信息包括职务、姓名、证件类型、证件号码、性别、出生年月等，按照高管人员类别依次展示法定代表人、总经理和财务负责人的信息。

（4）有直接关联关系的其他企业

展示与该企业存在一级关联关系的企业。关系类别只展示大类，依次为家族企业、母子公司、投资关联、担保关联、出资人关联、高管人员关联、担保人关联。对于同一个贷款卡编码，在"关系"中列出所有的关联关系类别，企业按照关系类别的多少进行排序。

（5）信息概要

概要信息主要是让企业能够迅速了解自己的信用报告主要包含哪些内容，总体的违约情况和负债情况，提高了阅读后面明细记录的针对性，提升了解读信用报告的效率。

概要信息的具体内容先展示一段描述性文字，再依次展示当前负债信息概要、已还清债务信息概要和对外担保信息概要。

第一，描述性文字

此部分描述信息主体的总体信用状况，具体包括三部分：

一是信贷信息总体描述，包括信息主体首次与金融机构发生信贷关系的年份，发生信贷关系的金融机构数量，以及目前仍存在信贷关系的金融机构数量。

二是公共信息总体描述，即对信息主体在遵纪守法方面的表现做提示性说明，主要展示信息主体有几条欠税记录、民事判决记录、强制执行记录、行政处罚记录。

三是声明信息总体描述，即对信用主体项下是否存在报数机构说明、征信中心标注和信息主体声明等信息进行提示。

第二，当前负债信息概要

此部分主要描述信息主体当前负债及或有负债的总体情况，包括未结清的由资产管理公司处置的债务、担保代偿、欠息和垫款汇总信息，和七类未结清信贷业务汇总信息。

第三，已还清债务信息概要

此部分主要展示该信息主体已还清债务的总体情况，具体包括已结清的由资产管理公司处置的债务、担保代偿、垫款汇总及七类信贷信息的汇总信息。

第四，对外担保信息概要

此部分展示信息主体名下当前有效的对外担保汇总信息。

（6）信贷记录明细

信贷记录明细通过逐笔详细描述信息主体的信贷业务信息，反映信用主体借钱和还钱的历史。

首先展示当前负债，再展示已还清债务，最后展示对外担保。按照信息受金融机构关注程度由高到低，当前负债依次展示：由资产管理公司处置的债务、担保代偿、欠息、垫款、不良和关注类业务、正常类业务；已结清债务依次展示由资产管理公司处置的负债、担保代偿、垫款、贷款、贸易融资、保理、票据贴现、银行承兑汇票、信用证、保函等；对外担保依次展示保证担保、抵押担保、质押担保。

信贷业务按照先表内、后表外的顺序依次展示贷款、贸易融资、保理、票据贴现、银行承兑汇票、信用证、保函。

当某类信贷业务存在多笔时，同一顶级机构名下的业务放在一起展示；在当前负债中，不同顶级机构之间按照同一顶机构项下的余额汇总值大小降序排列；在已结清债务中，不同顶级机构之间按照发生额汇总值大小降序排列。同一顶级机构名下的业务则按照"五级分类"严重程度由高到低（损失、可疑、次级、关注、正常）排列，"五级分类"相同的，当前负债按照到期日由近到远展示，已结清债务业务按照结清时间由近到远展示。

（7）公共记录明细

依次展示，欠税记录、民事判决记录、强制执行记录、行政处罚记录、社会保险参保缴费记录、住房公积金缴费记录、获得许可记录、获得认证记录、获得资质记录、获得奖励记录、出入境检验检疫绿色通道信息、进出口商品免检信息、进出口免检分类监管信息、上市公司或有事项、拥有专利情况、公共事业缴费记录。调整展示顺序，是为了先展示信息主体不遵纪守法的信息，再展示一些正面公共信息，最后展示一些比较敏感的信息。

（8）声明信息明细

依次展示报数机构说明、征信中心标注、信息主体声明。报数机构说明通常为信息主体信用信息的一部分，所以优先展示。征信中心标注通常包括两方面信息，一是描述一些与信息主体有关的重要事项，二是对信用报告中所采集的信用信息进行异议标注，所以放在报数机构说明之后展示。信息主体声明主要是信息主体对异议处理情况进行的申述，所以将其放在最后展示。

具体的中国人民银行企业信用报告样本如附件一所示

3. 信用评级机构应遵循以下信用评级程序

（1）被评对象与信用评级机构当事双方签订评级合同，支付评估费。

（2）被评对象按合同规定向信用评级机构提供所需的真实、完整的有关资料、报表。

（3）信用评级机构收到被评对象提供的资料、报表后，在合同规定期限内按有关规定进行详细审核，并就被评对象经营及财务状况组织现场调查和访谈。

（4）信用评级机构综合搜集到的与被评对象有关的信息资料，经加工分析后提出信用评级报告书。

（5）信用评级机构召开内部信用评级评审委员会，评定等级。

（6）如被评对象有充分理由认为评级结果与实际情况存在较大差异，可在规定的时限内向信用评级机构提出复评申请并提供补充资料，复评次数仅限一次；首次评级后，信用评级机构应将评级结果书面告知被评对象并向中国人民银行报告。

（7）拟发行债券的信用评级结果由债券发行人在中国人民银行指定的国内有关媒体上公告。借款企业和担保机构信用评级结果，由信用评级机构在企业自愿的原则下，将其信用等级在国内有关媒体上公告。

（8）信用评级机构在债券存续期和企业信用等级有效期内，应进行跟踪评级。跟踪评级结果与公告结果不一致的，由信用评级机构及时通知被评对象。信用评级机构应将变更后的债券信用等级在指定媒体上向社会公布并书面报告中国人民银行；变更后的借款企业信用等级和担保机构信用等级，信用评级机构除书面报告中国人民银行外，还应在企业自愿的原则下，将其信用等级在国内有关媒体上公告。

（三）企业劳动保障诚信等级评价办法

人社部印发《企业劳动保障守法诚信等级评价办法》，决定自 2017 年 1 月 1 日起对企业进行劳动保障守法诚信等级评价。该办法的出台，有利于提高劳动保障监察的针对性和执法效率。人力资源社会保障行政部门监管对象覆盖所有用人单位。目前，全国各级人力资源社会保障行政部门共有劳动保障监察员约 2.8 万人，根据第三次全国经济普查数据，包括个体工商户在内，全国共有用人单位 4364.8 万户，平均每名劳动保障监察员要监管 1 500 余户用人单位，基层监察执法人员缺乏，现有的劳动保障监察力量难以适应执法任务需求。对用人单位进行劳动保障守法诚信等级评价，实施分类监管，将监察执法重点放在劳动保障违法行为多发和高发的企业，有针对性地开展劳动保障监察执法，有利于提高监察执法针对性和效率。同时可以督促各类企业自觉遵守劳动保障法律规定，规范用工，树立守法诚信形象，推动劳动保障法制环境建设。更有利于加强事中事后监管，落实中央关于简政放权、放管结合、优化服务等系列改革精神，减少对企业的执法干扰，进一步规范行政执法行为。

企业劳动保障诚信等级制度是劳动保障行政部门依法行使国家劳动保障监察职权，通过对企业遵守劳动和社会保障法律、法规、政策的情况实施监督检查，按照国家劳动和社会保障的相关要求，将企业分别认定为不同的信用等级，实行分类管理，以此提高企业诚信守法的自律意识。

该办法指出企业劳动保障守法诚信等级评价是根据企业遵守劳动保障法律、法规和规章的情况，对企业进行劳动保障守法诚信等级评价的行为。县级以上地方人力资源社会保障行政部门按照劳动保障监察管辖范围负责企业劳动保障守法诚信等级评价工作，由劳动保障监察机构负责组织实施，每年开展一次评价。企业劳动保障守法诚信等级评价主要依据日常巡视检查、书面材料审查、举报投诉查处以及专项检查等劳动保障监察和其他有关工作中取得的企业上一年度信用记录进行。开展企业劳动保障守法诚信等级评价应注意听取当地政府有关部门及工会组织的意见和建议。

具体来看，人力资源社会保障行政部门根据下列情况对企业劳动保障守法诚信等级进行评价：

第一，制定内部劳动保障规章制度的情况；

第二，与劳动者订立劳动合同的情况；

第三，遵守劳务派遣规定的情况；

第四，遵守禁止使用童工规定的情况；

第五，遵守女职工和未成年工特殊劳动保护规定的情况；

第六，遵守工作时间和休息休假规定的情况；

第七，支付劳动者工资和执行最低工资标准的情况；

第八，参加各项社会保险和缴纳社会保险费的情况；

第九，其他遵守劳动保障法律、法规和规章的情况。

企业劳动保障守法诚信等级划分为 A、B、C 三级：

第一，企业遵守劳动保障法律、法规和规章，未因劳动保障违法行为被查处的，评为 A 级。

第二，企业因劳动保障违法行为被查处，但不属于 C 级所列情形的，评为 B 级。

第三，企业存在下列情形之一的，评为 C 级。

① 因劳动保障违法行为被查处三次以上（含三次）的；

② 因劳动保障违法行为引发群体性事件、极端事件或造成严重不良社会影响的；

③ 因使用童工、强迫劳动等严重劳动保障违法行为被查处的；

④ 拒不履行劳动保障监察限期整改指令、行政处理决定或者行政处罚决定的；

⑤ 无理抗拒、阻挠人力资源社会保障行政部门实施劳动保障监察的；

⑥ 因劳动保障违法行为被追究刑事责任的。

人力资源社会保障行政部门根据企业劳动保障守法诚信等级评价情况，对劳动保障监察管辖范围内的企业实行分类监管。对于被评为 A 级的企业，适当减少劳动保障监察日常巡视检查频次。对于被评为 B 级的企业，适当增加劳动保障监察日常巡视检查频次。对于被评为 C 级的企业，列入劳动保障监察重点对象，强化劳动保障监察日常巡视检查。对于被评为 C 级的企业，人力资源社会保障行政部门应对其主要负责人、直接责任人进行约谈，敦促其遵守劳动保障法律、法规和规章。

同时该种评级不是一成不变的，而是会根据情况进行调整和动态变化的，企业劳动保障守法诚信等级评价结果确定后，发生劳动保障违法行为需要降级的，作出评价的人力资源社会保障行政部门会重新评价，及时调整其劳动保障守法诚信等级。

（四）阿里巴巴企业诚信体系

阿里巴巴集团电子商务领域推动建设的提升全球中小企业信用价值的服务体系。以企业贸易服务为核心，帮助中小企业汇集社会经济活动中的孤岛数据，运用大数据技术客观呈现企业信用信息。促进电商及相关领域诚信环境优化，实现企业间协同效率提升，降低获取订单、融资等服务成本并有效控制信用和欺诈风险。

这一体系包括企业电子通行码、诚信等级评级、信用报告等部分，将被运用在企业各个商业场景中，助力中小企业融资。

1.电子通行码是企业经营主体的身份标识，由全国组织机构代码管理中心指导建设。是面向全球电商经营主体的身份标识，赋码对象涵盖国内外企业，以及虚拟经营主体，是新商业时代的电商通行码。由全国组织机构代码管理中心指导建设。

识别：跟踪企业生命周期的每个阶段，构建企业族系图谱；

通达：让企业诚信通达全球政商场景，形成信用流转机制；

电子通行码赋码对象是全球电商经营主体。包括国内现有主体标识不能覆盖电商场景中的国外企业和SOHO经营者。借鉴了组织机构代码标准、打通了码库查询接口，并且在系统设计上得到技术指导。阿里巴巴希望将电子通行码打造成兼容规范的、全球化的代码体系，帮助企业链接起丰富的应用场景，成为未来的世界电子商务贸易平台（EWTP）上电商的唯一识别码。

2.诚信等级以企业基本信息、法定代表人、贸易行为、金融行为、商业关系等五大维度为企业提供信用评级，共分为5个级别，分别为AAA、AA、A、BBB、BB

16-2 诚信等级评分表

等　级	分　数
AAA	700-950
AA	650-700
A	600-650
BBB	550-600
BB	350-550

诚信等级可作为搜索排序、流量分配、营销活动机会等优先判断变量；

企业诚信等级计算依据五大纬度：基本信息、法定代表人、贸易行为、金融行为、商业关系；

企业可以通过做信用任务方式提升诚信等级。当前信用提升的任务卡片：基础信息补充、法人代表授权、发票数据补充、深度认证。未来将有更丰富的信用成长任务卡帮助企业增厚企业数据，提高企业诚信等级概率。

3.信用报告则包含企业工商信息、经营状态、交易行为、金融行为、上下游贸易伙伴关系和投资情况等商业信息,信用报告每月更新一次,主要是帮助金融机构或合作企业根据企业当前信用状况作出决策。

(五)企业环境信用评价办法

为加快建立环境保护"守信激励、失信惩戒"的机制,督促企业持续改进环境行为,自觉履行环境保护法定义务和社会责任,并引导公众参与环境监督,促进有关部门协同配合,推进环境信用体系建设,制定企业环境信用评价办法。

所谓的企业环境信用评价,是指环保部门根据企业环境行为信息,按照规定的指标、方法和程序,对企业环境行为进行信用评价,确定信用等级,并向社会公开,供公众监督和有关部门、机构及组织应用的环境管理手段。而所称企业环境行为,是指企业在生产经营活动中遵守环保法律、法规、规章、规范性文件、环境标准和履行环保社会责任等方面的表现。企业通过合同等方式委托其他机构或者组织实施的具有环境影响的行为,视为该企业的环境行为。

该办法主要针对污染物排放总量大、环境风险高、生态环境影响大的企业,主要包括对以下企业的评价与监控:

第一,环境保护部公布的国家重点监控企业;

第二,设区的市级以上地方人民政府环保部门公布的重点监控企业;

第三,重污染行业内的企业,重污染行业包括:火电、钢铁、水泥、电解铝、煤炭、冶金、化工、石化、建材、造纸、酿造、制药、发酵、纺织、制革和采矿业 16 类行业,以及国家确定的其他污染严重的行业;

第四,产能严重过剩行业内的企业;

第五,从事能源、自然资源开发、交通基础设施建设,以及其他开发建设活动,可能对生态环境造成重大影响的企业;

第六,污染物排放超过国家和地方规定的排放标准的企业,或者超过经有关地方人民政府核定的污染物排放总量控制指标的企业;

第七,使用有毒、有害原料进行生产的企业,或者在生产中排放有毒、有害物质的企业;

第八,上一年度发生较大及以上突发环境事件的企业;

第九,上一年度被处以 5 万元以上罚款、暂扣或者吊销许可证、责令停产整顿、挂牌督办的企业;

第十,省级以上环保部门确定的应当纳入环境信用评价范围的其他企业。

对于重点监控的企业,如果在上一年度,企业有下列情形之一的,实行"一票否决",直接评定为"环保不良企业":主要包括因为环境违法构成环境犯罪的;建设项目环境影响评价文件未按规定通过审批,擅自开工建设的;建设项目环保设施未建成、环保措施未落实、未通过竣工环保验收或者验收不合格,主体工程正式投入生产或者使用的;建设项目性质、规模、地点、采用的生产工艺或者防治污染、防止生态破坏的措施发生重大变动,未重新报批环境影响评价文件,擅自投入生产或者使用的;主要污染物排放总量超过控制指标的;私设暗管或者利用渗井、渗坑、裂隙、溶洞等排放、倾倒、处置水污染物,或者通过私设旁路排放大气污染物的;非法排放、倾倒、处置危险废物,或者向无经营许可证或者超出经营许可范围的单位或个人提供或者委托其收集、贮存、利用、处置危险废物的；环境违法行为造成集中式生活饮用水水源取水中断的；环境违法行为对生活饮用水水源保护区、自然保护区、国家重点生态功能区、风景名胜区、居住功能区、基本农田保护区等环境敏感区造成重大不利影响的；违法从事自然资源开发、交通基础设施建设，以及其他开发建设活动，造成严重生态破坏的；发生较大及以上突发环境事件的；被环保部门挂牌督办，整改逾期未完成的；以暴力、威胁等方式拒绝、阻挠环保部门工作人员现场检查的；违反重污染天气应急预案有关规定，对重污染天气响应不力的。

企业环境信用评价周期原则上为一年，评价期间原则上为上一年度。评价结果反映企业上一年度 1 月 1 日至 12 月 31 日期间的环境信用状况。企业环境信用评价工作一般情况下都会在每年 4 月底前完成。

为了切实起到督促改进的作用，环保部门一般在企业环境信用评价结果确定后 5 个工作日内，通过政府网站、报纸等媒体或者新闻发布会等方式，公开发布评价结果。对于环保诚信企业，可以采取优先安排环保专项资金或者其他资金补助；优先安排环保科技项目立项；建议银行业金融机构予以积极的信贷支持；建议保险机构予以优惠的环境污染责任保险费率等多项激励性措施。而对于环保警示企业则会实行严格管理，采取从严审查其危险废物经营许可证、可用作原料的固体废物进口许可证以及其他行政许可申请事项；加大执法监察频次；从严审批各类环保专项资金补助申请；建议银行业金融机构严格贷款条件；建议保险机构适度提高环境污染责任保险费率等约束性措施。同时建立健全环境保护失信惩戒机制，对环保不良企业，应当采取责令其向社会公布改善环境行为的计划或者承诺，按季度向实施环境信用评价管理和直接对该企业实施日常环境监管的环保部门，书面报告企业环境信用评价中发现问题的整改情况；暂停各类环保专项资金补助；建议财政等有关部门在确定和调整政府采购名录时，取消其产品或者服务；建议银行业金融机构对其审慎授信，在其环境信用等级提升之前，不予新增贷款，并视情况逐步压缩贷款，直至退出贷款；建议保险机构提高环境污染责任保险费率等惩戒性措施。

三、我省民营企业诚信指标体系建设

（一）民营企业诚信指标体系构建的原则

诚信评价指标是衡量一个企业诚信水平的标准，评价指标是否合理直接决定着评价结果的有效性，一个好的指标体系能够全面的反应一个企业的诚信水平。我国当前对企业的评价体系的研究还处于起步阶段，不同的专家和学者有不同的见解，至今没有统一标准，不同性质的企业的所涉及的体系因素有所不同，在实际的评价过程中缺乏一定的操作性。诚信评价指标的构架应遵循如下原则：

1.科学性原则

建立指标体系的目的就是能够科学的客观的去衡量一个企业的诚信状况。因此，科学性原则要求指标的定义要清楚确切、计算方法要科学合理、数据收集要客观真实、涵盖范围要明确、权重选择有科学依据等。

2. 系统性原则

影响企业信用因素众多，这些指标是互相影响和互相制约的。在建立指标体系的过程中，应全面考察每个影响因素，从不同的方面去剖析这些因素之间的相关性。在这个系统中，每个层次都尽可能的界限分明，避免相互的联系与干扰。因此，在指标选取的过程中要注重目标与指标系统性，形成一个界限分明、层次清晰、相互依存的有机体。

3. 可行性和可操作性原则

在设计企业诚信指标体系时，首先应考虑指标可行性包括可量化性和可操作性。可量化性指的是指标可以进行定量分析，通过对反映企业诚信状况的指标进行定量分析，评判出企业的诚信水平。再次指标不能过少，过于简单，太少和过于简单不能反映企业信用的内涵，但也不能太多，太多会使指标之间范围模糊，不易分辨，对评价结果的准确度也会产生影响。

4. 可比性原则

指标的建立应遵循时间和空间以及横向和纵向上可比的原则，纵向可比是指不同时期不同对象间的比较，横向比较指同一企业在不同发展阶段的比较，或不同企业间的比较。使此指标体系适用于该行业的任何一家企业，从而可以在本行业中有一个信用地位。

5. 定性定量相结合的原则

企业诚信评价体系是一个复杂的综合系统，指标涉及的方面很多，不是每个指标都可以用具体的数值表示出来，有的指标变化可以用数量来反映，也有的变化难以通过数量指标来反映。因此，在评价的过程中，要定性和定量相结合的方法，有些如员工基本素质、管理水平等这些无法用数值变化来反映的定性指标，可以通过求它的权重来实现定量分析。

（二）诚信评价指标体系建立的方法

国外学者在设计指标体系时多采用六种方法，即范围法、目标法、部门法、问题法、因果法和复合法。本研究在设计诚信评价指标体系时，主要采用了范围法和目标法相结合的方法。范围法和目标法的结合某种意义上就是现在普遍使用的指标设计方法—层次分析法（AHP），即用层次分析方法建立诚信评价指标体系。

层次分析是一种系统分析方法，是评价指标体系中常用的分析评价方法之一，在进行社会、经济及科学管理领域系统分析时，面临的常常是一个由相互关联、相互制约众多因素构成的复杂系统，层次分析方法为分析这类复杂系统问题，提供了新的、简捷而实用的决策分析手段。层次分析法的基本思路是：首先将所要分析的问题层次化，根据问题的性质和所要达到的总目标，将问题分解为不同的组成因素，并按照因素间的相互关联影响以及隶属关系将因素按不同层次聚集组合，形成一个多层次分析结构模型。最终系统归结为最低层（方案措施、指标等）相对于最高层（总目标）相对重要程度的权值或相对优劣次序的排序问题。面对着复杂纷繁的社会、经济以及科学管理领域的问题，层次分析法可以将那些本来是非定量性的指标或因素人为量化，使定性分析和定量分析相结合。这种将思维过程数学化的方法，不仅简化了系统分析和计算，还有助于决策者保持其思维过程的一致性，保证决策的科学化。考虑到企业诚信评价指标体系中包括诚信能力指标、诚信品质指标、诚信行为指标，为真实反映指标的作用，按照层次分析法的思想，逐步构造出各层次的指标（如下表所示），由此全面、科学地反映企业诚信状况，可为政府提供一定的科学依据，也可为公众提供诚信评价的有效信息。

表 16-3　河北省民营企业诚信评价指标体系

一级指标	二级指标	一级指标	二级指标
企业基本信息	三证业务符合度	治理与管理	治理结构完整明确
	银行开户许可证		内部控制
	第三方征信认证		信息披露完整及时性
	高管信用情况		股权结构
	从业人员背景		质量管理
	企业背景		安全管理
	所有者权益	信贷记录信息	到期未偿还债务
	公众形象评价		由资产管理公司处置的债务
企业经营财务信息	总资产收益率		担保代偿
	营业收入		欠息
	营业收入增长率		垫款
	利润增长率		贷款
	资产负债率	环保信息	污染防治信息（三废、噪声）
	利息保障倍数		生态保护信息
	R&D 费用收入比率		环境管理（排污、内部治理）
政府部门信用记录信息	行政处罚记录		环境社会监督
	失信记录		媒体曝光
	欠税记录	劳动保障信息	劳动合同规范度
	民事判决记录		工资支付和最低工资标准
	强制执行记录		工作及休息日规范度
行业市场信息	行业运行状况		社保履行情况
	行业竞争激励程度（集中度）		女职工、未成年人特殊保护制度
	行业发展规范度和合法性		职业培训情况
	上下游客户稳定性		
	上下游控制力		
	市场占有率		

（三）完善企业诚信体系建设的建议

1. 加强政府对信用行业的管理

为了推动我省信用管理行业的健康发展，政府应设立一个相对独立的行业监督管理部门。现代市场经济环境下，我省政府应该积极地发挥宏观调控和市场监管作用。作为宏观调控的主体，政府通过颁布法规、制定政策等方式实现对经济的指导；作为市场监管主体，政府应该，引导守信行为，惩戒失信行为，保障信用行为与活动的健康发展。

作为政府部门，对于加强企业诚信建设起着非常重要的作用。政府的作用是按照法律的要求进行执法和对法律进行技术性解释。我省信用行业发展的时间很短，由于缺乏相关的法律法规，因此，在加快立法进程的同时，必须强化我省政府对信用行业的管理和监督；推动与辅助失信惩罚机制有效运转。政府是市场经济规则的制定者和监督者，只能通过自身服务，为市场经济主体创造自由运作的空间。因此，政府在制度政策上，在道德规范上，要加强监督和指导，在市场经济发展的初期尤其需要建立起严格的惩戒机制。一方面，我省政府不仅要建立起严格的惩戒机制，对守信行为进行宣传和奖励，使失信者对交易双方的失信转化为对全社会的失信；另一方面，也是更重要的就是要加大违规成本与执法力度，使失信者在一定期限内付出惨痛代价。

2. 培育企业诚信文化、以人为本，构建企业内部诚信关系

在企业经营管理活动中，企业与顾客、企业与企业、企业与社会之间诚实守信是以良好的企业诚信文化为基础的。在当今社会，人是企业最重要的资源，因此，培育企业诚信文化，应"以人为本"。关注人的作用，尊重人的价值，满足人的需求，从而构建诚信的内部关系，培育良好的企业诚信文化环境。这里的"人"既包括企业管理者也包括企业员工。

企业是否诚信直接受到企业管理者品质和道德的影响。管理者是企业的带头人，是员工学习和效仿的榜样。当管理者有良好的道德修养，并以诚实守信的理念来经营企业，员工就会不自觉地将管理者的行为标准作为他们的行为准则和信条，即便没有约束和监督，员工也会按照诚信的理念进行各种生产经营活动。由此可见，企业管理者的诚信理念就显得尤其重要。在管理者的选拔过程中，应将个人诚信情况作为考核重点，如果诚信记录较差，就是能力再好也不用；在企业的日常经营中，大力发挥董事会和监事会的作用，对企业管理者的行为及各项决策进行监督；将企业的诚信情况与管理者的绩效考核相挂钩，一旦企业出现失信行为，管理者要承担直接责任。

员工是企业发展的一个重要因素，其行为是否诚信，直接影响企业的发展。企业应通过对员工的培训与教育，使"诚信经营"的理念深入人心，提升员工的道德修养和诚信品质。通过设立企业内部规章和制度，做到管理严明、奖罚得当，有效制约员工的信用行为。"罚"是为了惩罚失信行为，以警戒潜在的失信行为；"奖"是为了肯定守信行为，以激发员工讲诚信的积极性。"奖""罚"相互配合才能使诚信的激励作用得以最大的发挥。

3. 完善法律制度为企业诚信提供保障

信用体系建立不是一朝一夕就能完成的，要想建立覆盖全国的征信体系，需要相关的立法先行，完善法律法规为企业诚信体系建设提供法律制度保障。我国政府高度重视相关法律法规的建设和完善，从国家立法的层面把加快征信立法体系建设放在了首位。

我国诚信体系建设相对于发达国家比较滞后，经过相关部门的努力，取得了一定的成果，

当前我国已制订了多部法律如《民法通则》《合同法》等。其次，加强建立与企业诚信缺失相关的立法，虽然在《合同法》《公司法》《担保法》《反不正当竞争法》《担保法》等都出现了一些对诚信约束的条款，但仍存在一些信用问题无法可依，诚信行为得不到法律的保障。立法包括多个方面，如银行方面的立法、规范企业和消费者诚信行为的立法、服务行业行为的立法等。

根据美国等西方国家的成功经验，我们应尽快建立健全有关企业诚信缺失惩罚的相关法律法规。使得各种失信行为能够及时得到有效的惩戒。这需要立法先行，以法律规范企业的经济活动，使企业诚信体系建设法制化，做到有法可依，违法必究。同时还要建立健全行业相关标准，提高企业准入标准。我国政府对诚信体系建设非常重视。近年来，各地都出台了关于诚信体系建设的决议，中央也针对企业诚信体系建设，颁布了一些相关法律法规。

4. 为企业诚信建设树立良好的道德规范

从伦理学角度来说，诚信对企业非常重要，加强企业诚信体系建设具有"诚信河北"宣传教育工作力度，形成全民诚实守重要意义。因此，要加大诚信的良好风气和守信光荣、失信可耻的氛围，促进我省经济发展，在全社会培养诚信意识。

诚信道德的精神文明建设。应广泛开展社会主义道德宣传教育，把诚信教育纳入精神文明建设、社区文化建设、企业文化建设、校园文化建设之中。诚信道德建设必须以提高全民道德水平作为前提，必须使全民掌握市场经济社会诚信的新内容，形成遵守市场规范的自觉性，必须使诚实守信的人在社会上得到普遍的尊重，形成诚实守信的良好社会氛围。

诚信道德的宣传教育。广泛开展社会诚信宣传教育。结合贯彻实施《公民道德建设纲要》和普法教育，倡导"爱国守法、明礼诚信、团结友善、勤俭自强、敬业奉献"的道德规范。利用电视、报纸、网络等多种手段开展形式多样、生动活泼的诚信宣传教育活动。大力普及信用知识，开展培训活动。组织编写信用知识读本等教材，开展对各级领导干部、公务员，以及各行业、企业人员的培训工作。在社会公众中开展签署"守法诚信公约""诚信知识竞赛"等活动，形成全民自觉守法、诚实守信的良好氛围。通过各种宣传、教育、典型示范和惩戒措施，从正反两方面来唤醒和强化社会的诚信理念和意识。

诚信道德的学校教育。加强公民诚信道德教育，要通过教育、宣传、舆论等多种途径进行，提高公民诚信品质的普遍性和自觉性。一方面要把诚信作为小学生道德教育的一部分，同时在大学相关专业中增设诚信管理课程，要从理论上加大对诚信资源的研究；另一方面，要充分利用各种宣传舆论工具，向社会宣传诚信作为一种资源对企业、个人发展的重要意义，诚信既是一种重要资源，也是取得利用社会信用资源的一种资格。

5. 建立网络征信体系平台

随着计算机行业的高速发展，可以把信息化建设与诚信体系建设结合起来，"信用信息平台"就成为推进社会诚信制度建设的重要途径。通过信息网络建立起覆盖全省的信息收集、查询系统，企业和消费者能够在网上查询有关信息数据库，就能够快速、准确的获取有关企业信用信息，企业或机构的诚信状况一目了然，让社会公众不受空间、时间限制随时调阅，快速客观地做出决定。

建立人人可查询的企业信用信息档案库：企业诚信体系建设作为社会诚信体系构成部分，

是社会诚信体系建设的关键，也是个人诚信体系建设的基础，需要个人、企业和政府的共同努力。建立企业信用信息库，要以政府为主导，因为政府在调查信息、整合信息、发布信息等的公信力方面具有绝对优势，同时也能发挥政府对经济运行的监督作用。

信息发布和信息查询功能：信息发布是指消费者或诚信评估机构可以对企业诚信评估信息通过互联网进行免费查询。针对一般用户，提供企业的诚信度查询。对于特殊用户提供标准的诚信报告查询，整个查询系统为：① 整个查询流程为：注册——资料审核——查询——出具标准报告文书（特殊用户）；② 所有注册成功的用户，只需要记住注册账号和密码，就可以随时对所要关注的企业进行实时网络查询。

建立信用信息反馈系统：通过系统的反馈信息，主要是公开的财务状况、企业纳税、环保、公用事业缴费等反映企业生产经营情况的信息，以全面反映企业信用状况。反馈系统是对失信者实施实质性打击的一种机制，惩罚的形式，经济上的、行政上的皆有可能，甚至还有刑罚。对信用好的企业是一种宣传，政府应为诚信企业铺就绿色通道，真正把企业信用等级作为绿色通行证，以帮助他们开拓市场、贷款等方面给当诚信获得了实实在在的经济效益时，会鼓励和引导更多的企业注重诚信，这种信用反馈系统会促进企业诚信体系的形成和完善。

6.加强企业信用监管力度，推进分类监管，完善企业失信惩戒机制

首先，积极推进企业登记管理信息系统升级改造，通过该系统的警示提醒，可以及时准确的判别并锁定失信被执行人。可将企业登记警示可分为三个级别，并根据警示内容进行相应的操作和处理。一级警示为提示性警示，工商部门仅提示工作人员注意该企业有可能会出现失信行为，而不对企业的登记行为进行限制，如果企业前来办理业务，工作人员应对企业进行善意的提醒，不影响该企业业务办理。二级警示为约束性警示，工作人员经过认真核实，确定企业的失信行为对某项业务的办理并没有影响，可以向上级申请，说明情况，为该企业暂时解除锁定。三级警示为完全限制性警示，工商部门对企业的全部登记行为进行限制，失信企业在依法受到处罚前，任何人无法解锁，以促使企业改正失信行为。

其次，将企业信用分类监管机制落实到位，发挥出其实际效能。工商部门要确保对守信企业的激励措施落实到位，对其他企业的违法信息及时公示，并加强巡查频次和力度，依法限制其登记行为，让企业感受到监管待遇的不同。再次，制定企业信用分类监管工作中对巡查人员的管理和追究机制，使基层巡查人员提高对此项工作的认识，增强责任心，积极发挥企业信用监管职能。

再次，扩大失信惩戒的范围。一是企业失信即是法定代表人失信，因此，对失信企业的法定代表人有必要实行限制任职制度。工商行政管理部门已明确将吊销企业的法定代表人列入"黑名单"，对其任职进行限制，建议还要对其在行业协会、社会组织、甚至是政府组织中的任职加以限定。二是将企业及其法定代表人的失信行为信息进行及时公示，以便社会公众进行查询，既降低市场交易中的信息不对称程度，又使失信企业和个人受到社会的监督。三是相关部门做出相应的惩戒，包括由税务、公安等政府部门做出行政性惩戒，专业监管部门做出监管性惩戒，司法部门做出司法性惩戒，金融服务机构做出市场性惩戒，如处罚、追究责任、限制信贷等，切实形成"一处违法，处处受限"的局面。

最后，加大对失信企业的惩处力度。国家和相关部门在制定和完善与企业信用监管的法律

法规时，应提高对企业失信行为的惩处标准，综合运用罚款、没收财物、吊销营业执照、对当事人进行拘留，甚至是刑罚处罚的方式和手段，严厉打击企业的失信行为。惩处力度要大到让失信企业终身难忘，不敢再犯的地步，甚至让其永远地退出市场。当失信成了企业的一种高风险选择，一些有失信倾向的企业会因惧怕失信所带来的高成本，从而放弃以失信获利的不法行为。

附件一　中国人民银行企业信用报告样本

报 告 说 明

1. 本报告由中国人民银行征信中心出具，依据截止报告时间企业征信系统记录的信息生成。除征信中心标注外，报告中的信息均由相关报数机构和信息主体提供，征信中心不保证其真实性和准确性，但承诺在信息整合、汇总、展示的全过程中保持客观、中立的地位。

2. 本报告中的身份信息、主要出资人信息、高管人员信息来源于信息主体在中国人民银行各分支机构办理贷款卡业务时所提供的相关资料。

3. 如无特别说明，本报告中的金额类数据项单位均为万元。

4. 如无特别说明，本报告中的金额类汇总数据项均为人民币计价。外币折人民币的计算依据国家外汇管理局当月公布的各种货币对美元折算率表。

5. 如信息记录斜体展示，则说明信息主体对此条记录存在异议。

6. 报数机构说明是报数机构对报告中的信息记录或对信息主体所作的补充说明。

7. 征信中心标注是征信中心对报告中的信息记录或对信息主体所作的说明。

8. 信息主体声明是信息主体对报数机构提供的信息记录所作的简要说明。

9. 信息主体有权对本报告中的内容提出异议。如有异议，可联系报数机构，也可到当地信用报告查询网点（具体地址可查询征信中心网站 www.pbccrc.org.cn）提出异议申请。

10. 本报告仅向信息主体提供，不得作为金融机构的授信依据，请妥善保管。因保管不当造成信息泄露的，征信中心不承担相关责任。

11. 更多咨询，请致电全国客户服务热线 400-810-8866。

基 本 信 息

☞ 身份信息

名称	中国 ** 有限责任公司		
注册地址	北京市复兴路 188 号		
登记注册号	210800004045679	组织机构代码	18379731-4
国税登记号	510802714474347	地税登记号	510802714474347
贷款卡状态	正常	最近一次年审日期	2012-11-07

☞ **主要出资人信息**

注册资金折人民币合计 25 000 万元

出资方名称	证件类型	证件号码	币种	出资金额	出资占比
北京 ** 有限责任公司	贷款卡编码	4103090000063457	人民币	2 000	80%
陈光	身份证号码	110000194506140024	人民币	500	20%

☞ **高管人员信息**

职务	姓名	证件类型	证件号码	性别	出生年月
法定代表人	李伟	身份证	110000194506140024	男	1945-10-01
总经理	王伟	身份证	110000194606140024	男	1955-10-01
财务负责人	张伟	身份证	110000194706140024	男	1965-10-01

☞ **有直接关联关系的其他企业**

名称	贷款卡编码	关系
报告样本北京公司 1	4103090000063457	家族企业
		母子公司
		投资关联
报告样本北京公司 2	4103090000063459	母子公司
		担保人关联
报告样本北京公司 3	4103090000063455	家族企业
报告样本北京公司 4	4103090000063445	出资人关联
报告样本北京公司 5	4103090000063440	高管人员关联

信 息 概 要

信息主体于 2001 年首次与金融机构发生信贷关系，报告期内，一共在 8 家金融机构办理过信贷业务，目前在 6 家金融机构的业务仍未结清。报告期内共有 1 条欠税记录、1 条民事判决记录、1 条强制执行记录、1 条行政处罚记录。

目前，报告中共有 1 条报数机构说明、1 条信息主体声明、2 条征信中心标注。

☞ 当前负债信息概要

由资产管理公司处置的债务汇总			欠息汇总		垫款汇总	
笔数	余额	最近一次处置完成日期	笔数	余额（元）	笔数	余额
1	2 000	2011-01-23	1	1 000	1	10

由担保公司代偿的债务			由保险公司代偿的债务		
笔数	余额	最近一次还款日期	笔数	余额	最近一次还款日期
1	20 000	2011-01-23	1	20 000	2011-01-23

	正常类汇总		关注类汇总		不良类汇总		合计	
	笔数	余额	笔数	余额	笔数	余额	笔数	余额
贷款	3	130	1	20	1	50	5	200
贸易融资	2	110	0	0	1	30	3	140
保理	2	44	1	9	2	22	5	75
票据贴现	6	110	0	0	2	250	8	360
银行承兑汇票	9	107	0	0	1	26	10	133
信用证	2	59	0	0	1	18	3	77
保函	1	50	0	0	1	10	2	60
合计	25	610	2	29	18	406	45	1 045

说明：正常类指债权银行内部五级分类为"正常"的债务；

关注类指债权银行内部五级分类为"关注"的债务；

不良类指债权银行内部五级分类为"次级""可疑""损失"的债务。下同。

☞ 已还清债务信息概要

由资产管理公司处置的债务			垫款汇总		
笔数	原始金额	处置完成日期	笔数	金额	垫款结清日期
1	200	2009-01-12	3	145	2010-05-01

由担保公司代偿的债务			由保险公司代偿的债务		
笔数	金额	最近一次代偿日期	笔数	金额	最近一次代偿日期
1	20，000	2011-01-23	1		1，000

	贷款	贸易融资	保理	票据贴现	银行承兑汇票	信用证	保函
不良和关注类笔数	2	2	1	1	1	1	1
正常类笔数	20	9	5	30	6	2	6

说明：上表中有 1 笔贷款和 1 笔贸易融资已被金融机构剥离，剥离之后的还款情况征信系统并未收录，可能尚未还清。

☞ 对外担保信息概要

	笔数	担保金额	被担保业务余额			
			正常	关注	不良	合计
保证汇总	2	20 000	10 000	1 000	1 000	
抵押汇总	3	200 000	22 000	0	0	42，000
质押汇总	3	23 000	12 000	0	0	

注：主业务余额是按担保方式分类汇总，当一笔主业务对应多种担保方式时，该笔主业务余额在不同担保方式下均显示，导致分类统计主业务余额汇总值与合计不一致。

信贷记录明细

☞ 当前负债

❖ 由资产管理公司处置的债务

处置机构	币种	原始金额	余额	最近一次处置日期
华融资产管理公司	人民币	5 000	2 000	2011-01-23

❖ 担保代偿信息

代偿机构	最近代偿日期	累计代偿金额	代偿余额	最近还款日期
G001	2010-01-02	1 000	1 000	--
G002	2010-01-02	2 000	500	--
I001	2010-01-02	1 200	400	--
I002	2010-01-02	3 200	200	--

❖ 欠息记录

授信机构	币种	欠息余额（元）	余额改变日期	欠息类型
中国光大银行北京分行营业部①	美元	1 000	2010-10-09	表内

① 信息主体于 2011 年 11 月 5 日提出异议：我公司从未发生过欠息；业务发生机构于 2011 年 11 月 8 日提交说明：该笔欠息确实存在；信息主体于 2011 年 11 月 15 日提出声明：该笔欠息为我公司 2008 年收购 ** 公司所欠息。

❖ 垫款记录

授信机构	币种	垫款金额	垫款余额	垫款日期	五级分类	原业务
中国银行股份有限公司北京市分行	人民币	10	10	2011-01-02	正常	信用证

❖ 不良、关注类的债务

贷款

授信机构	五级分类	币种	借据金额	放款日期	业务种类	担保
			借据余额	到期日期	贷款形式	展期
中国光大银行北京分行营业部	损失	人民币	100	2011-01-02	出口卖方信贷	有
			50	2012-01-02	新增贷款	无
中国银行股份有限公司北京市分行	关注	人民币	30	2011-10-02	出口卖方信贷	无
			30	2012-10-02	新增贷款	无

贸易融资

授信机构	五级分类	币种	业务种类	融资金额	放款日期	担保
				融资余额	到期日期	展期
华夏银行股份有限公司北京分行	可疑	人民币	出口押汇	50	2011-09-02	有
				30	2011-12-02	无

保理

授信机构	五级分类	币种	业务种类	叙做金额	叙做余额	叙做日期	担保	垫款
华夏银行股份有限公司北京分行	可疑	人民币	出口保理	27	12	2011-10-16	无	无
华夏银行股份有限公司北京分行	关注	人民币	进口保理	15	9	2011-06-02	有	无
中信银行北京分行营业部	损失	人民币	进口保理	16	10	2011-09-02	有	无

票据贴现

授信机构	五级分类	币种	贴现金额	贴现日期	到期日期
中国光大银行北京分行营业部	次级	人民币	150	2011-10-10	2012-04-10
中国银行股份有限公司北京市分行	可疑	人民币	100	2011-09-10	2011-12-10

银行承兑汇票

授信机构	五级分类	币种	出票金额	承兑日期	到期日期	保证金比例（％）	担保	垫款
华夏银行股份有限公司北京分行	损失	人民币	26	2011-06-10	2011-12-10	50	无	无

信用证

授信机构	五级分类	币种	保证金比例（％）	开证金额	开证日期	担保
				可用余额	到期日期	垫款
中国银行股份有限公司北京市分行	损失	人民币	50	50	2011-08-10	无
				18	2012-02-10	无

保函

授信机构	五级分类	币种	保函种类	保证金比例（％）	金额	开立日期	担保
					余额	到期日期	展期
中国银行股份有限公司北京市分行	损失	人民币	融资类	50	100	2010-10-10	无
					10	2011-01-01	无

❖ 正常类的债务

贷款

授信机构	币种	借据金额	放款日期	业务种类	担保
		借据余额	到期日期	贷款形式	展期
华夏银行股份有限公司北京分行	人民币	100	2011-09-02	出口卖方信贷	有
		75	2012-09-02	新增贷款	无
中国银行股份有限公司北京市分行	人民币	50	2011-05-02	流动资金贷款	无
		35	2012-05-02	新增贷款	无
中信银行北京分行营业部	人民币	30	2011-01-02	固定资产贷款	有
		20	2012-01-02	新增贷款	无

贸易融资

授信机构	币种	业务种类	融资金额	放款日期	担保
			融资余额	到期日期	展期
中国银行股份有限公司北京市分行	人民币	进口押汇	60	2011-02-02	无
			60	2012-02-02	无
中国光大银行北京分行营业部	人民币	出口押汇	80	2011-10-02	无
			50	2012-10-02	无

保理

授信机构	币种	业务种类	叙做金额	叙做余额	叙做日期	担保	垫款
华夏银行股份有限公司北京分行	人民币	出口保理	25	25	2011-01-02	有	有
华夏银行股份有限公司北京分行	人民币	进口保理	30	19	2011-06-02	无	无

票据贴现

授信机构	笔数	余额
中信银行	5	95
中国银行	1	15

银行承兑汇票

授信机构	笔数	余额				
		到期日<30天	到期日<60天	到期日≤90天	到期日>90天	合计
光大银行	9	30	27	20	30	107

说明：到期日<60天的承兑汇票不包括到期日<30天的
　　　到期日≤90天的承兑汇票不包括到期日<60天的

信用证

授信机构	笔数	开证金额	可用余额
中国银行	2	100	59

保函

授信机构	笔数	金额	余额
中国银行	1	50	50

☞ 已还清债务

❖ 由资产管理公司处置的债务

处置机构	币种	原始金额	接收日期	处置完成日期
东方资产管理公司	人民币	200	2008-01-01	2009-01-12

❖ 担保代偿信息

代偿机构	最近代偿日期	累计代偿金额	结清日期
G001	2010-01-02	2 000	2012-01-02
G002	2010-01-02	1 000	2012-01-02
I001	2010-01-02	2 200	2012-01-02
I002	2010-01-02	1 200	2012-01-02

❖ 垫款

授信机构	币种	垫款金额	垫款日期	结清日期	五级分类	原业务
中国建设银行股份有限公司重庆杨家坪支行	人民币	50	2008-01-02	2010-05-01	次级	信用证
中国建设银行股份有限公司北京分行	人民币	35	2008-06-02	2009-01-01	可疑	保函
中国光大银行北京分行营业部	人民币	60	2008-09-02	2009-01-01	损失	保理

❖ 贷款

授信机构	币种	金额	放款日期	到期日期	结清日期	还款方式	五级分类
中国银行股份有限公司北京市分行	人民币	200	2010-04-02	2011-04-02	2011-09-02	借新还旧	可疑
中国农业银行股份有限公司北京分行	人民币	180	2010-07-02	2011-10-02	2011-10-12	资产剥离	损失

❖ 贸易融资

授信机构	币种	融资金额	发放日期	到期日期	结清日期	还款方式	五级分类
中国农业银行股份有限公司北京分行	人民币	200	2010-06-02	2011-06-02	2011-09-02	资产剥离	损失
中国银行股份有限公司北京市分行	人民币	100	2011-01-02	2011-07-02	2011-07-02	借新还旧	可疑

❖ 保理

授信机构	币种	叙做金额	叙做日期	结清日期	五级分类	垫款
中国银行股份有限公司北京市分行	人民币	50	2010-08-02	2011-04-02	可疑	无

❖ 票据贴现

授信机构	币种	贴现金额	贴现日期	承兑到期日期	结清日期	五级分类
中国光大银行北京分行营业部	人民币	70	2010-01-02	2010-04-02	2010-06-02	次级

❖ 银行承兑汇票

授信机构	币种	金额	承兑日期	到期日期	结清日期	五级分类	垫款
中国建设银行股份有限公司北京分行	人民币	100	2010-01-02	2010-04-02	2010-06-02	次级	无

❖ 信用证

授信机构	币种	开证金额	开证日期	到期日期	注销日期	五级分类	垫款
中国光大银行北京分行营业部	人民币	300	2010-08-10	2010-10-10	2010-12-10	可疑	无

❖ 保函

授信机构	币种	金额	开立日期	到期日期	结清日期	保函种类	五级分类	垫款
中国银行股份有限公司北京市分行	人民币	300	2010-08-10	2010-10-10	2010-12-10	融资类	损失	无

☞ 对外担保记录

类型	被担保人	证件类型	证件号码	担保币种	担保金额	担保形式
保证	北京市建筑公司	贷款卡	4103090000069511	人民币	200	多人联保
保证	中国兵器装备集团公司	贷款卡	1303090000063457	人民币	100	单人担保
抵押	北京市建筑公司	贷款卡	4103090000069511	人民币	80	抵押物担保
质押	北京市建筑公司	贷款卡	4103090000069511	人民币	100	质押物担保

公共信息明细

☞ **欠税记录**

主管税务机关	欠税总额（元）	欠税统计日期
北京市国税局	100，000	2010-10-01

☞ **民事判决记录**

立案法院：四川省泸州市中级人民法院	立案日期：2007-12-13
案由：房地产合同纠纷	诉讼地位：被告
案号：（2007）泸民终字第295号	审判程序：第一审
诉讼标的：房屋	诉讼标的金额（元）：15 000 000
结案方式：判决	判决/调解生效日期：2008-05-05

判决/调解结果：

驳回上诉，维持原判。限期被告中国有限责任公司支付原告四川王氏房地产开发有限公司违约金45万元。如果未按期履行给付金钱义务，应当依照法律规定，加倍支付债务利息。驳回原告的其他诉讼请求。

☞ **强制执行记录**

执行法院：北京市西城区人民法院	立案日期：2008-09-25
执行案由：货款	案号：（2008）建执字第1546号
申请执行标的：房屋	申请执行标的金额（元）：420 000
案件状态：2008年12月已结案	结案方式：执行完毕
已执行标的：房屋	已执行标的金额（元）：420 000

☞ **行政处罚记录**

处罚机构：北京市质量技术监督局	处罚决定书文号：（京）质技监罚字[2008]01号
违法行为：生产伪造产地的建筑材料	处罚日期：2008-04-29
处罚决定：该类产品停产	处罚金额（元）：500 000
处罚执行情况：已缴纳罚款	行政复议结果：无

☞ 社会保险参保缴费记录

保险类别：养老保险	参保日期：1998-01-01
统计年月：2010-06	缴费基数（元）：20 000
缴费状态：暂停缴费（中断）	累计欠费金额（元）：21 000

☞ 住房公积金缴费记录

统计年月：2010-10	初缴年月：1990-01
职工人数：100	缴费基数（元）：20 000
最近一次缴费日期：2010-01-26	缴至年月：2010-06
缴费状态：暂停缴费（中断）	累计欠费金额（元）：86 000

☞ 获得许可记录

许可部门	许可类型	许可日期	截止日期	许可内容
北京市环保局	环保审批	2009-05-25	2018-12-12	建设项目环境影响评价审批

☞ 获得认证记录

认证部门	认证类型	认证日期	截止日期	认证内容
北京市质量技术监督局	强制产品质量认证	2009-10-10	2012-10-10	

☞ 获得资质记录

认定部门	资质类型	批准日期	截止日期	资质内容
北京市建设厅	建筑企业资质	2009-10-10	2012-10-10	

☞ 获得奖励记录

奖励机构	奖励名称	授予日期	截止日期	奖励事实
北京市质量技术监督局	北京市名牌	2008-12-12	2018-12-12	

☞ 拥有专利记录

专利名称	专利号	申请日期	授予日期	专利有效期（单位：年）
专利一	专 20100012	2009-01-01	2010-01-01	10

☞ 出入境检验检疫绿色通道记录

批准部门	出口商品名称	生效日期
国家质量检验检疫总局	棉麻制品	2008-01-01

☞ 进出口商品免检记录

批准部门	免检商品名称	免检号	截止日期
国家质量检验检疫总局	棉麻制品	一级	

☞ 进出口商品检验分类监管记录

监管部门	管辖直属局	监管级别	生效日期	截止日期
国家质量检验检疫总局	北京分局	一级	2009-10-10	2012-10-10

☞ 上市公司或有事项记录

信息更新日期	或有事项
2008-02-01	2006 年 5 月本公司分别收到四川省成都市中级人民法院民事判决书（（2005）成民初字第 999 号判决书）、（2005）成民初字第 99 号判决书）

☞ 公用事业缴费记录

公用事业单位名称：中国移动	信息类型：电信
统计年月：2010-12	缴费状态：欠缴费用
最近一次缴费日期：2011-01-01	累计欠费金额（元）：10 000

声明信息明细

☞ 报数机构说明

内容	报送机构	添加日期
该信息主体曾于 2009 年 5 月被起诉，法院判决赔偿金额为 50 000 元。	中国建设银行股份有限公司北京分行	2010-10-10

☞ 征信中心标注

内容	添加日期
该信息主体于 2009-02-18 被起诉，法院判决赔偿金额为 50 000 元。	2009-03-18

☞ 信息主体声明

内容	添加日期
本企业于 2009 年 5 月被环保部门处罚 20 000 元，于 6 月底将罚款交清。但环保部门未对该数据进行更新。	2009-12-12

* 汇率（美元折人民币）：6.83 有效期：2011-07

附录 1　当前正常类债务

☞ 票据贴现

授信机构	币种	贴现金额	贴现日期	到期日期
中国光大银行北京分行营业部	人民币	1 000	2011-05-10	2011-08-10
中国银行股份有限公司北京市分行	人民币	1 000	2011-06-10	2011-09-10

☞ 银行承兑汇票

授信机构	币种	出票金额	承兑日期	到期日期	保证金比例	担保	垫款
中国光大银行北京分行营业部	人民币	40	2011-06-10	2011-08-10	50%	无	无
中国银行股份有限公司北京市分行	人民币	40	2011-06-10	2011-08-10	50%	无	无

☞ 信用证

授信机构	币种	开证金额	可用余额	开证日期	到期日期	保证金比例	担保	垫款
中国光大银行北京分行营业部	人民币	30	10	2011-06-10	2010-11-10	50%	无	无
中国银行股份有限公司北京市分行	人民币	20	10	2011-06-10	2010-11-10	50%	无	无

☞ 保函

授信机构	种类	币种	金额	余额	开立日期	到期日期	保证金比例	担保	垫款
中国光大银行北京分行营业部	融资类	人民币	50	10	2010-12-10	2011-9-10	100%	无	无
中国银行股份有限公司北京市分行	融资类	人民币	20	100	2010-12-10	2011-9-10	50%	无	无

附录 2 已还清正常类债务

☞ 贷款

授信机构	种类	币种	借据金额	放款日期	到期日期	结清日期	还款方式
中国银行股份有限公司北京市分行	流动资金贷款	人民币	1 000 000	2010-01-02	2011-01-02	2011-10-02	借新还旧

☞ 贸易融资

授信机构	种类	币种	融资业务金额	发放日期	结清日期	还款方式
中国光大银行北京分行营业部	出口押汇	人民币	1 000 000	2010-01-02	2011-01-02	借新还旧
中国银行股份有限公司北京市分行	出口押汇	人民币	2 000 000	2010-01-02	2011-01-02	借新还旧

☞ 保理

授信机构	种类	币种	叙做金额	叙做日期	结清日期	垫款
中国光大银行北京分行营业部	出口保理	人民币	1 000 000	2010-01-02	2011-01-02	无
中国银行股份有限公司北京市分行	进口保理	人民币	2 000 000	2010-01-02	2011-01-02	无

☞ 票据贴现

授信机构	币种	贴现金额	贴现日期	承兑到期日期	结清日期
中国光大银行北京分行营业部	人民币	1 000 000	2010-01-02	2010-04-02	2010-06-02
中国银行股份有限公司北京市分行	人民币	2 000 000	2010-01-02	2010-04-02	2010-06-02

☞ 银行承兑汇票

授信机构	币种	金额	承兑日期	到期日期	结清日期	垫款
中国光大银行北京分行营业部	人民币	1 000 000	2010-01-02	2010-04-02	2010-06-02	无
中国银行股份有限公司北京市分行	人民币	2 000 000	2010-01-02	2010-04-02	2010-06-02	无

☞ 信用证

授信机构	币种	开证金额	开证日期	到期日期	注销日期	垫款
中国建设银行股份有限公司重庆杨家坪支行	人民币	300	2010-08-10	2010-10-10	2010-12-10	无
中国建设银行股份有限公司北京分行	人民币	400	2010-08-10	2010-10-10	2010-12-10	无
中国光大银行北京分行营业部	人民币	500	2010-08-10	2010-10-10	2010-12-10	无

☞ 保函

授信机构	种类	币种	金额	开立日期	到期日期	结清日期	垫款
中国光大银行北京分行营业部	融资类	人民币	300	2010-08-10	2010-10-10	2010-12-10	无
中国银行股份有限公司北京市分行	融资类	人民币	400	2010-08-10	2010-10-10	2010-12-10	无

附录3 对外担保主业务明细

类型	被担保人	证件类型	证件号码	担保币种	担保金额	担保形式
保证	北京市龙源科技有限责任公司	贷款卡	4103090000069511	人民币	10 000	多人联保

☞ 对应主业务信息

业务种类	币种	借据金额	放款日期	到期日期	余额	五级分类	业务发生机构
贷款	人民币	1 000 000	2010-01-02	2011-01-02	500 000	正常	中国农业银行南平支行

附件三　企业环境信用评价指标及评分方法（试行）

类别	序号	指标名称	权重	参考分档分值		
				第1档 [80分–100分]	第2档 [50分–79分]	第3档 [0分–49分]
污染防治	1	大气及水污染物达标排放	15%	每个排污口监督性监测达标率在90%以上（含90%）。	有排污口监督性监测达标率为75%（含75%）~90%。	有排污口监督性监测达标率低于75%（低于50%为0分）。
	2	一般固体废物处理处置	5%	固体废物处理处置率在95%以上（含95%）。	固体废弃物处理处置率为80%（含80%）~95%。	固体废弃物处理处置率低于80%
	3	危险废物规范化管理	5%	根据《危险废物规范化管理指标体系》（环办[2011]48号），危险废物规范化管理综合评估为达标。	根据《危险废物规范化管理指标体系》（环办[2011]48号），危险废物规范化管理综合评估为基本达标。	根据《危险废物规范化管理指标体系》（环办[2011]48号），危险废物规范化管理综合评估为不达标。
	4	噪声污染防治	4%	工业企业厂界环境噪声排放符合规定。	工业企业厂界环境噪声排放值超标5dB(A)以下（含5dB(A)）。	工业企业厂界环境噪声排放值超标5dB(A)以上。
生态保护	5	选址布局中的生态保护	2%	厂（场）选址、布局符合生态功能区划和生态红线的有关要求。	厂（场）选址、布局不符合生态功能区划或生态红线的有关要求，但对生态环境影响较轻的。	厂（场）选址、布局严重违反生态功能区划或生态红线的有关要求，对生态环境造成严重影响的。
	6	资源利用中的生态保护	1%	生产经营过程中的自然资源利用、原材料收购等活动，符合有关法律法规和国际公约规定。	生产经营过程中的自然资源利用、原材料收购等活动，违反有关法律法规和国际公约规定，但情节较轻。	生产经营过程中的自然资源利用、原材料收购等活动，违反有关法律法规和国际公约规定，情节严重，破坏生态环境或者造成重大社会影响。
	7	开发建设中的生态保护	2%	工程项目开发建设过程中，生态保护措施全部落实，生态破坏及时清理修复。	工程项目开发建设过程中，生态保护措施基本落实，生态破坏基本得到清理修复。	工程项目开发建设过程中，生态保护措施落实情况和生态破坏清理修复程度较差。

类别	序号	指标名称	权重	参考分档分值		
				第1档 [80分-100分]	第2档 [50分-79分]	第3档 [0分-49分]
环境管理	8	排污许可证	6%	按规定办理、申请换领排污许可证。	未按规定办理或申请换领排污许可证，或经责令改正后予以改正的。	拒绝办理或者申请换领排污许可证，或者被暂扣、吊销排污许可证。
	9	排污申报	2%	按规定进行排污申报。	未按规定进行排污申报，经责令改正后予以改正的。	排污申报中故意虚报、瞒报、拒报的。
	10	排污费缴纳	2%	依法及时足额缴纳排污费。	未按照规定缴纳排污费，被责令限期缴纳后缴纳的。	有以下情形之一的： 1. 未按照规定缴纳排污费，被责令限期缴纳排污费，逾期未缴纳； 2. 以欺骗手段骗取批准减缴、免缴或者缓缴排污费。
	11	污染治理措施运行	6%	治污设施正常运转率在95%以上（含95%）	有以下情形之一的： 1. 治污设施能力不足或者正常运转率为70%（含70%）~95%，不能满足稳定达标要求； 2. 被查实不正常使用污染治理设施1次。	有以下情形之一的： 1. 治污设施正常运转率低于70%； 2. 被查实不正常使用污染治理设施2次及以上； 3. 擅自闲置或拆除治污设施。
	12	排污口规范化整治	3%	排污口设置规范，按规定安装自动在线监控仪器并联网，正常运转率在90%以上（含90%）。	排污口设置基本规范，按规定安装自动在线监控仪器并联网，但正常运转率在60%（含60%）~90%。	有以下情形之一的： 1. 排污口设置不规范； 2. 未按规定安装自动在线监控仪器； 3. 故意不正常使用自动监控系统； 4. 擅自拆除、闲置、破坏自动监控系统； 5. 自动在线监控仪器正常运转率低于60%。
	13	企业自行监测	2%	按要求开展自行监测，企业自行监测完成率在75%以上（含75%）。	自行监测开展不全面，企业自行监测完成率为55%（含55%）~75%。	未按要求开展自行监测，企业自行监测完成率低于55%。

类别	序号	指标名称	权重	参考分档分值		
				第1档 [80分–100分]	第2档 [50分–79分]	第3档 [0分–49分]
环境管理	14	内部环境管理情况	5%	有环保机构和专（兼）职环保管理人员，治污设施操作人员经过定期培训并持证上岗，内部环保管理制度健全，各治污设施基础资料、操作管理台账齐全。	有以下情形之一的： 1. 有环保机构和专（兼）职环保管理人员，但是治污设施操作人员未经过定期培训或不具备上岗资格； 2. 企业内部环保管理制度不健全； 3. 各治污设施基础资料、操作管理台账不齐全。	有以下情形之一的： 1. 未设置环保机构和专（兼）职环保管理人员； 2. 未建立企业内部环保管理制度； 3. 无治污设施基础资料、操作管理台账等环保档案材料。
	15	环境风险管理	10%	按要求编制《突发环境事件应急预案》并备案，建立环境安全隐患排查治理制度并执行到位，定期开展环境应急演练，按规定投保强制性环境污染责任保险。	有以下情形之一的： 1. 按要求编制《突发环境事件应急预案》，但未备案； 2. 建立环境安全隐患排查治理制度，但存在一般环境安全隐患； 3. 未定期开展环境应急演练； 4. 经多次督促才按规定投保强制性环境污染责任保险。	有以下情形之一的： 1. 未按要求编制《突发环境事件应急预案》； 2. 未建立环境安全隐患排查治理制度，或者存在重大环境安全隐患； 3. 未开展环境应急演练； 4. 按规定应当投保强制性环境污染责任保险但未投保。
	16	强制性清洁生产审核	3%	按规定完成强制性清洁生产审核。	未在规定时间内按要求完成强制性清洁生产审核。	未按照要求开展强制性清洁生产审核。
	17	行政处罚与行政命令	15%	积极配合环保执法监督，无环境违法违规行为，未受到相关行政处罚，未被责令改正或者限期改正违法行为。	因环境违法行为受到行政处罚或者被责令改正、限期改正违法行为1次，罚款不超过10万元。	有以下情形之一的： 1. 因环境违法行为受到行政处罚或者被责令改正、限期改正违法行为2次及以上； 2. 罚款总额超过10万元； 3. 未履行行政处罚决定与行政命令，未按要求落实整改要求。
社会监督	18	群众投诉	4%	无经查实的环境信访、投诉。	有3次以下（含3次）经查属实的环境信访、投诉，但能及时解决。	有以下情形之一的： 1. 有3次以上经查属实的环境信访、投诉； 2. 有经查属实的环境信访、投诉，且拒不采取有效措施，造成负面社会影响。

续表

类别	序号	指标名称	权重	参考分档分值		
				第1档 [80分–100分]	第2档 [50分–79分]	第3档 [0分–49分]
社会监督	19	媒体监督	2%	未因环境失信行为遭新闻媒体曝光。	因环境失信行为遭新闻媒体曝光1次，造成一定社会影响。	因环境失信行为遭新闻媒体曝光2次以上（含2次），或者造成较大社会影响。
	20	信息公开	4%	根据有关法律和规范性文件要求，应当在所在地主要媒体上公布主要污染物排放情况等环境信息，及时公开的。	根据有关法律和规范性文件要求，应当在所在地主要媒体上公布主要污染物排放情况等环境信息，未在规定时限内公开，或者公开内容不符合规定的。	有以下情形之一的： 1. 根据有关法律和规范性文件要求，应当在所在地主要媒体上公布主要污染物排放情况等环境信息，但未公开； 2. 经查实或媒体曝光，公开虚假环境消息，或者对社会公众进行虚假环保宣传，情节严重。
	21	自行监测信息公开	2%	按要求如实发布自行监测信息，企业自行监测结果公布率在75%以上（含75%）。	自行监测信息公开不全面，企业自行检测结果公布率为55%（含55%）~75%。	有以下情形之一的： 1. 企业拒不公开自行监测信息，或者自行监测信息弄虚作假； 2. 企业自行监测结果公布率低于5%。
	合计		100%			

注：

1. 满分为100分，评分方法采用权重综合法。各项指标得分乘以权重比之和为最终得分；即总得分（T）= ∑ S* β（S表示单项指标得分，β表示单项指标的权重）。

2. 第13项"企业自行监测"中的"企业自行监测完成率"，以及第21项"自行监测信息公开"中的"企业自行监测结果公布率"，计算方法参见环境保护部《关于加强"十二五"主要污染物总量减排监测体系建设运行情况考核工作的通知》（环发〔2013〕98号）附件1的《"十二五"主要污染物总量减排监测体系建设运行情况考核实施细则》。

3. 环境信用等级分为环保诚信企业、环保良好企业、环保警示企业和环保不良企业四个等级，依次以绿牌、蓝牌、黄牌、红牌表示。其中：得分为100分，且符合《企业环境信用评价办法（试行）》第十四条规定的，评定为环保诚信企业；得分在80分（含80分）~100分的，评定为环保良好企业；得分在60分（含60分）~80分的，评定为环保警示企业；得分在60分以下，或者有《企业环境信用评价办法（试行）》第十五条规定的"一票否决"情形的，评定为环保不良企业。

4. 各省、自治区、直辖市环保部门可以根据本行政区域的经济发展水平、环境质量状况以及其他有关情况，进一步细化具体操作标准。

第三部分

河北省民营企业诚信调研报告

第十七章　河北省民营企业诚信调研报告

调研报告说明

调研目的：改革开放以来，河北省民营经济由小到大、由弱到强，取得了长足发展，在推动全省经济社会发展中发挥了重要作用。据统计，2016年，河北省民营经济实现增加值21 583亿元，实缴税金2 666亿元，吸纳从业人员2 193万人。民营经济贡献了全省经济产值的2/3以上，吸纳全社会就业人员的3/4以上，提供了七成以上的税收收入，成为地方经济发展的重要力量。然而，由于一些民营企业发展历史较短，文化积淀少，制度规范不够完善，片面追求利润最大化，使得诚信问题显得越来越突出。为此，本课题组对河北省内民营企业展开调研，以期获取我省民营企业诚信状况，通过分析研究，找到影响民营企业诚信的根本原因，提出相应的解决方案，为河北民营经济腾飞做出必要的贡献。

调研方法：调研由本课题组在河北省范围内进行，以企业自愿参加为原则，通过网络资料搜集、企业座谈、发放调查问卷的形式来实施。

调研对象：选择规模以上的民营企业。

调研内容：主要包括诚信环境、信用服务、企业基本信息、治理与管理状况、企业经营财务状况、信贷记录、环保信息、劳动保障信息、政府部门信用记录、行业市场信息等，同时对影响民营企业诚信的主要问题进行了调查。

调研结果说明：所有调研数据的时间范围是2015年3月至2016年3月。本报告数据除标明资料来源的，其他均出自本课题组规模以上民营企业的调研问卷。

本课题系河北省教育厅人文社会科学研究重大课题攻关项目"河北省民营企业诚信建设研究（ZD201445）"。

前　言

2015年是河北省实施"十二五"规划的收官年，也是"十三五"规划的开局之年。"十二五"期间全省民营经济发展取得显著成就，在经济总量、企业规模、转型升级、民间投资、集群实力、开放水平、就业增收、公共服务等领域，呈现出积极变化。"十二五"期间，我省认真贯彻落实国家促进民营经济发展的政策措施，不断优化发展环境，破解发展难题，民营经济实现平稳较快增长。增加值年均增长9.9%，占全省生产总值比重由"十一五"末的

61.8% 提高到 67.7%；民营法人企业由"十一五"末的 21.8 万家增加到 35 万家，平均年营业收入由"十一五"末的 1 423 万元 / 家提高到 1 955 万元 / 家。规模以上民营工业企业发展迅速，2015 年达到 13 588 家，增加值年均增长 666 亿元，已成为拉动民营经济发展的主要力量。

这些成就是在面临巨大困难和挑战下取得的。世界经济正处于缓慢复苏期，而我国国民经济发展不平衡、不协调、不可持续的问题依然存在，通货膨胀日益严重，经济存在下行风险，河北省内发展环境不稳，民营企业发展正处于探索期，公司治理和长远稳定发展受到极大挑战。2015 年 7 月，河北省社会信用体系建设领导小组办公室公布了 22 家首批失信企业黑名单显示，我省民营企业诚信状况令人担忧，加强民营企业诚信建设，培育民营企业的良好信用工作任重道远。

一、河北省民营企业诚信建设成效显著

（一）民营企业诚信意识逐渐提高

自 2009 年河北省人民政府出台《关于河北省社会信用体系建设的实施意见》以来，在河北省社会信用体系建设领导小组的指导下，河北省诚信企业评选委员会办公室和河北省企业家协会会同省有关部门联合组织开展了"河北省诚信企业"评选活动。经过企业自愿申报、基层部门推荐、省主管部门初审、专家复审、公示等程序，仅 2015 年就评选出 326 家企业为"年度诚信企业"，企业的诚信意识逐渐提高。调查发现，民营企业诚信经营已经突破了道德规范的范畴，转变为新的管理职责，诚信已经成为许多民营企业发展战略的重要内容，企业开始关注自身诚信建设的目标，建立独有的诚信管理体系。

在被调查企业中，82% 的企业将诚信管理作为企业的长远发展战略的主要内容之一，75% 的企业把诚信经营作为企业的核心价值观，另外，79% 的企业家认为，提高诚信水平、加强诚信建设是决定企业可持续发展的因素之一；75% 的企业制定了明确的诚信建设目标，69% 的中大型企业建立了信用档案，可供客户和消费者在"11315"网站查询其信用报告，61% 的企业承诺正在加强企业信用管理工作，信用评级、信用评估、社会责任报告等不同程度被纳入企业诚信管理目标中；69% 的企业建立诚信管理体系，只有 25% 的企业建立了相对独立的诚信管理部门。如 2015 年，长城汽车股份有限公司推出"阳光晒"诚信公示体系，打造诚信透明的厂商合作环境，加大诚信违规行为的监察和处理力度；2016 年将诚信纳入日常运行保障中，诚信管理再次升级。

（二）民营企业履行社会责任的意识增强

在被调查企业中，95% 的企业认为，应该重视社会责任的履行，认为履行社会责任是经济发展和社会进步的必然要求，大部分企业愿意通过履行社会责任提升自身的企业形象；其中 74% 的被调查企业已经承担了相应的社会责任，社会责任活动范围包括环保、社区责任、公益事业、客户责任、投资方责任等，一些企业还引入了第三方评估机制，公开本企业的社会责任履行情况。

（三）民营企业职业道德管理基本到位

企业职业道德管理越来越受到重视，在被调查企业中，针对与企业相关的利益相关方，78% 的企业制定了职业道德规范管理文件，通过培训、日常教育、奖惩等方式得到落实；85%

的企业对员工有明确的职业道德管理要求以及与之相对应的奖惩机制。

（四）民营企业风险防范制度越来越规范

随着企业信用管理理念的普及，企业的防范风险的意识逐步提高，风险防范制度进一步规范。在被调查企业中，65%的企业对商业合作伙伴进行了信用管理，如相关机构出具的信用报告、信用档案、信用评估数据库等；获得信用数据的渠道多种多样，通过银行或其他金融机构的占到78%，通过行业协会的占到63%，通过行业内信息渠道的占到71%，通过相关媒体、网络平台获取信用信息的占到51%，通过政府主管部门获得的占到42%。企业通过获取这些信用信息，既保障了交易的公平，也防范了隐形风险，提高了民营企业的风险防范水平。

（五）有利于民营企业发展的外部诚信环境逐渐优化

近年来，为了更好地发展地方经济，在党中央的号召下，河北省积极推动全省的企业诚信建设工作，2006年下半年，经省有关领导批准，组建了"河北省诚信企业评选委员会"，从2007年开始每年评选表彰一批"河北省诚信企业"；2009年河北省人民政府颁发了《河北省人民政府关于河北省社会信用体系建设的实施意见》；2014年3月25日成立《河北省企业信用促进会》，随后河北企业信用网上线，可以提供信用查询、信用评价、形象推介、品牌培养、上市培育等服务；之后，河北省诚信企业网、河北省中小企业信用担保服务中心成立等。企业诚信建设外部环境得到了较大改善，失信行为得到扼制，河北省民营企业诚信建设氛围逐步形成。

在被调查企业中，85%的企业认为，国家和地方政府的诚信建设立法进程加快；65%的企业对社会诚信法治环境较为满意；另外，随着信用服务业的兴起，信用市场服务越来越成熟，被调查的企业中，55%的企业在银行、信用评价机构进行了评级。第三方信用服务的发展以及其服务能力的提高，为民营企业的长远可持续发展形成一定的监督和制约。

二、河北省民营企业诚信环境日益优化

改革开放30多年来，河北省民营企业经历了从无到有、从弱到强的发展历程，早期发展起来的中小型民营企业已经逐步规模化、规范化。诚信状况也由最初的参差不齐、鱼目混珠开始向注重企业形象方向发展。近年来，随着社会、政府对企业诚信问题的关注和重视，许多民营企业也从中受益，更加促进了企业诚信经营的势头，其诚信状况较创立初期有所改变和提升，诚信环境日益优化。

（一）民营企业诚信文化环境进一步改善

众所周知，诚信是一种文化现象，在历史发展的长河中，诚信文化不仅是一种社会表象的存在，也影响着人们的意识、心理和核心价值观，并在不同程度上影响着社会发展和经济运行。河北省的诚信文化历史悠久，经历了社会发展的所有历史阶段，有着厚重的诚信文化积淀。

作为河北商人代表的"冀商"也已经历了她的"百年辉煌"，2015年7月在省会石家庄召开的首届冀商大会，吸引了海内外近600位冀商的共同参与，共同探讨如何弘扬冀商文化，以及在"一带一路""京津冀协同发展"大背景下河北企业如何走出去等议题，在社会上引起重大反响。

2015年12月19日，河北省诚信文化促进会成立，河北省民政管理局通过了《关于准予

筹备成立河北省诚信文化促进会的决定书》，省文化厅宣布了《关于河北省诚信文化促进会筹备成立事宜的批复》，河北省诚信文化促进会将以弘扬、倡导、宣传、践行诚信文化为己任，努力挖掘、研究、整理、宣传诚信文化，帮助企业融入诚信文化，促进全民诚信意识的提高。

2016 年 3 月，据河北新闻网消息，人行石家庄中心支行、省发改委、省教育厅、团省委牵头建立了河北省诚信文化教育工作联系制度。我省将积极推动各部门和各类院校、企业、金融机构、征信机构、社团组织等扎实开展面向社会各类主体、各个层级的诚信文化教育活动，充分利用"诚信兴商宣传月""3·15 国际消费者权益保护日""6·14 信用记录关爱日"等活动，积极组织诚信主题宣传，全面提升社会公众诚信道德素养，将诚信文化教育活动作为建设"信用河北"的重要举措，促进全社会形成重视诚信文化教育工作的良好氛围。

（二）民营企业诚信法治水平逐步提高

我国民营企业发展历程相当艰难与曲折，可以说，民营企业最初是在社会的"夹缝"中发展起来的，体制或法制障碍繁多。随着改革开放的深入，尤其是党的十六大报告提出"必须毫不动摇地鼓励、支持和引导非公有制经济发展。"同时，对放宽民营企业资本的市场准入领域，实现公平竞争，创造各类市场主体，平等使用生产要素环境进行了相关论述，这为民营企业发展提供了有利的法治环境。

2004 年 1 月 2 日，河北省委、省政府以一号文件批转了河北省政法委《关于政法机关为完善社会主义市场经济体制创造良好环境的决定》，其中第七条规定："对民营企业经营者创业初期的犯罪行为，已超过追诉时效的，不得启动刑事追诉程序。在追诉期内的，可依法减轻、免除处罚或判处缓刑。"一时引起了社会对"原罪"的讨论，这种所谓的"原罪"行为往往是因不合理的体制、不公平的待遇产生的，根本之道在于为民营企业营造良好的法治环境，使其良性发展。

2013 年 11 月 1 日施行了《河北省企业权益保护规定》（以下简称《规定》），这是河北切实优化企业发展环境、减轻企业负担、建立起保护企业合法权益长效机制，在规范行政行为的同时，赋予企业对违法行为的拒绝权、举报权、投诉权等，最大限度地保护企业权益，把行政机关的"权利放进制度笼子里"的重要举措。这标志着我省企业权益保护走上了制度化法制化轨道。规定 38 项条款，用权利的"减法"换取市场活力的"乘法"。

（三）民营企业诚信制度环境逐渐形成

经过多年的探索和发展，河北省民营企业诚信制度环境逐渐形成。自 2006 年经省有关领导批准，组建了"河北省诚信企业评选委员会"以来，每年评选表彰一批"河北省诚信企业"，得到社会各界的好评，产生了良好的社会影响。2009 年河北省人民政府颁发了《河北省人民政府关于河北省社会信用体系建设的实施意见》（冀政 [2009]90 号），文件中再次提出要"开展诚信企业表彰活动，推动企业诚信建设""推广先进经验，树立诚信典型"，打造信用河北品牌，提升企业诚信形象；2015 年 8 月，省文明委制定了《推进诚信建设制度化工作实施方案》，并将推进诚信建设制度化工作的各项任务具体分解到 37 个工作关联的单位和部门，河北省多举措推进诚信建设制度化，相继出台了《河北省企业环境信用评价管理办法》《河北省质量信息管理办法》等多项政策制度，为推动诚信建设向法制化方向发展打下了基础。

三、河北省民营企业失信现象依然存在的原因

（一）覆盖全社会的信用体系尚未形成

在调查中发现，被连环债务困扰的企业占被调查企业的 80%，违约的占 73%，虚假信息的占 41%，质量欺诈的占到 19%。企业失信问题还是比较严重。

近年来，河北省政府相关部门针对企业诚信建设出台了大量的政策，采取了许多有力的措施，以此来加强和引导企业的诚信意识和管理，大量数据表明，企业的诚信水平得到了较大的提高，但失信现象依然存在，如 2015 年 7 月，22 家企业被列入河北省首批失信企业黑名单，这仅仅是环境违法和拖欠农民工工资领域推行黑名单制度并实施联合惩戒的结果，在诚信建设中只是凤毛麟角，当然，这也说明了我省"一处失信，处处受限"的社会信用体系建设迈出实质性的一步，但也说明我省的信用体系尚未全面覆盖，信用体系建设任重道远。

（二）社会诚信意识和信用水平整体偏低

在与被调查企业访谈中了解到，大部分企业认为，树立诚信理念非常重要，应该从本企业推进诚信建设工作，只有做到了内外兼修，才能确实提高信用水平，但真正成立诚信管理部门的企业只有 25%，还有一些企业虽然建立了诚信管理部门，但形同虚设，说明多数企业希望提升自身的诚信管理水平和能力，但缺乏必要的约束机制，最后不了了之。众所周知，企业的诚信建设应该是由社会、政府、企业三方共同来完成的工作，仅仅依靠社会的监督、政府的引导和惩戒是远远不够的，需要企业真正地意识到诚信建设的重要性，从根本上提升信用水平才是重中之重。

（三）政府惩戒措施还不到位

自 2015 年 7 月，河北省公布首批失信企业黑名单以来，政府相关主管部门针对环境失信和拖欠农民工工资不同的企业采取了相应的惩戒措施：在"信用河北"官方平台上进行公开发布，发展改革、环境保护、国土资源、工商、水利、电力等部门及银行、证券、保险等金融机构将同时依法采取惩戒措施，并实施动态管理，信息公布期限一般为 1 年，1 年届满并经整改后，企业可向处罚机构申请，撤出黑名单。

另外，为认真贯彻落实中共中央办公厅、国务院办公厅印发的《关于加快推进失信被执行人信用监督、警示和惩戒机制建设的意见》，河北明确 11 大类对失信被执行人联合惩戒措施，构建"一处失信、处处受限"的信用监督、警示和惩戒工作体制机制。

尽管如此，2016~2017 年，河北省依然出现了 1 158 家失信被执行人老赖黑名单，说明这些联合惩戒失信企业的措施还不是很到位，社会覆盖范围较小，对失信行为的惩戒并没有引起企业的重视，社会宣传力度不够。

参考文献

[1] 毛振华，阎衍.信用评级前沿理论与实践。[M].中国金融出版社，2007.

[2] 王书玲，郜振廷.企业诚信经营新论[M].北京：中国经济出版社，2010.

[3] 陈浩.企业家诚信与企业诚信[J].乡镇企业研究，2004（6）.

[4] 李华娟.企业诚信问题研究[D].武汉理工大学硕士论文，2005.

[5] 黄元男.中小企业诚信问题研究——以哈尔滨市中小企业为个案[D].哈尔滨工程大学硕士论文，2007.

[6] 王静.我国中小型民营企业诚信建设研究[D].南昌航空大学硕士论文，2014.

[7] 辛永兵.构建以诚信为核心的企业竞争力分析[D].贵州大学硕士论文，2007.

[8] 穆建霞.文化自觉，基业长青[J].中外企业文化，2014（6）.

[9] 中国人民银行征信中心.征信前沿问题研究[M].北京：中国经济出版社，2010.

[10] 徐国栋.诚实信用原则研究[M].中国人民大学出版社，2002.

[11] 孟华兴.企业诚信体系建设研究[M].北京：中国经济出版社，2011.

[12] 马国建.构建区域一体化社会信用体系研究：以长三角地区为例[M].上海：上海三联书店，2011.

[13] 林铁钢.征信概论[M].北京：中国金融出版社，2012.

[14] 吴国平.中国征信市场监管立法研究[J].法学杂志.2007（4）.

[15] 涂永珍.诚信文化视角下我国政务诚信建设的法理思考[J].征信，2012（3）.

[16] 马彦玲.河北省企业信用的缺失与机制重建[J].河北大学学报（哲学社会科学版），2008（6）.

[17] 李彬.基于信任视角的文化与经济研究[J].经济研究，2015（8）.

[18] 王建玲.创建以"诚信"为核心的企业文化[J].企业思想政治工作，2013（11）.

[19] 姜仁良.构建现代民营企业诚信体系的路径选择[J].特区经济，2009（12）.

[20] 魏明.构建民营企业持续发展的诚信机制[J].内蒙古科技与经济，2013（12）.

[21] 文斌.民营企业诚信建设与社会主义核心价值观培育[J].河北省社会主义学院学报，2015（4）.

[22] 张维迎.法律制度的信誉基础[J].经济研究，2002.

[23] 李真.中国互联网征信发展与监管问题研究[J].征信。2015（7）.

[24] 张建华.互联网征信发展与监管[J].中国金融，2015（1）.

[25] 钟曜磷，彭大衡.阿里征信模式对我国金融征信体系建设的启示[J].征信，2014（2）.

[26] 倪海鹭.互联网金融背景下我国征信业发展的思考[J].征信.2014（5）.

[27] 黄玺.互联网金融背景下我国征信业发展的思考[J].征信，2014（5）.

[28] 仇瑾 . 加强第三方支付平台监管的建议 [J]. 金融发展研究，2009（5）.

[29] 王雅龄，郭宏宇 . 基于功能视角的第三方支付平台监管研究 [J]. 北京工商大学学报（社会科学版），2011（1）.

[30] 河北省工商联研究室 . 推动京津冀区域民营经济协调发展 [J]. 河北省社会主义学院学报，2012（10）.

[31] 刘旭 . 京津冀协同发展信用体系构建研究 [J]. 改革探索，2015（12）

[32] 人民银行石家庄中心支行征信管理处课题组 . 河北省征信机构培育及管理研究 [J]. 河北金融，2015（06）.

[33] 贾琳 . 后金融危机时期河北省民营经济发展方向研究 [J]. 黑龙江对外经贸，2011（2）.

[34] 马云泽，常燕 . 河北省承接京津地区产业转移的对策研究 [J]. 产业与科技论坛 . 2008（6）

[35] 徐强 . 河北省征信市场探新 [J]. 征信，2014（1）.

[36] 吕海涛 . 河北省民营企业家的路径依赖与引导对策 [J]. 河北学刊，2013（9）.

[37] 田磊，郭宏旭 . 京津冀地区对外贸易与经济增长关系实证分析 [J]. 内蒙古财经学院学报，2011（2）.

[38] 吕洁 . 论契约精神下的资本市场诚信制度建设 [J]. 河南商业高等专科学校学报，2015（2）

[39]（美）萨缪尔森著，经济学 [M]. 商务印书馆，1980.

[40] 叶世昌 . 中国经济思想简史 [M]. 上海人民出版社，1980.

[41] 李子彬，刘迎秋主编 . 中国中小企业 2014 蓝皮书 [M]，中国发展出版社 . 2014.

[42] 钟曜磷，彭大衡 . 中国企业信用建设报告 2014——2015[M]. 中国法治出版社，2015.

[43] 河北省人民政府研究室 . 政府工作报告选编（2016 年）[M]. 征信 . 2016.

[44] 工业和信息化部中小企业司 . 中国中小企业创业发展报告，中国经济出版社 2014.

[45] 林汉川，秦志辉，池仁勇 . 中国中小企业创业发展报告 2014[M]. 北京大学出版社，2014 .

[46] 曾秀兰 . 从传统诚信观向现代诚信观的转变 [J]. 青年探索，2004（03）.

[47] 张德寿 . 从行为主体的成本与收益角度看"诚信"问题 [J]. 云南行政学院学报，2004（06）.

[48] 宝贡敏 . 企业诚信的概念与内涵 [J]. 技术经济，2004（11）.

[49] 李中建 . 论诚信特性、生成因素及良好诚信环境的培育 [J]. 经济与管理，2005（08）.

[50] 宫菊花 . 论传统诚信的现代转换 [J]. 山东师范大学学报：人文社会科学版，2006（03）.

[51] 宫菊花 . 诚信的多维诠释 [J]. 山东师范大学学报：人文社会科学版，2006（03）.

[52] 邰振廷、韩建民 . 论企业诚信要素的空间构成模式 [J]. 东北财经大学学报，2006（04）.

[53] 吴宁 . 中国转型期诚信的失落和重建 [J]. 北华大学学报（社会科学版），2008（02）.

[54] 王小梅、刘洪升 . 冀商的历史渊源与发展脉络 [J]. 河北学刊，2008（04）.

[55] 李羽 . 试论传统诚信文化与现代诚信文化 [J]. 岭南学刊，2008（09）.

[56] 孙宏滨 . 发展契机与成长环境——冀商与其他商帮的比较研究 [J]. 河北学刊，2009（06）.

[57] 董莉、刘焱骞、王哲 . 冀商品牌的比较研究及发展对策 [J]. 江苏商论，2010（01）.

[58] 曹琳 . 冀商武百祥及其商业经营之道 [J]. 中国商贸，2010（08）.

[59] 王书玲 . 企业诚信内涵解析——兼论相关概念关系 [J]. 中国商贸，2010（06）.

[60] 曹琳.近代冀商的商业经营之道 [J].兰台世界，2010（07）.

[61] 周丽玲.试论企业诚信伦理内涵及其现代价值 [J].湖北经济学院学报（人文社会科学版），2011（02）.

[62] 赵丽涛.中国传统诚信文化的变迁方式及其当代转化 [J].兰州学刊，2013（02）.

[63] 强以华.论诚信之"诚"与"信"的市场实践意义 [J].武汉科技大学学报：社会科学版，2014（06）.

[64] 卢忠民、李小梅、闫学军.商业信用与风险——近代旅京冀州五金商人的赊销方式探析 [J].河北科技师范学院学报（社会科学版），2015（04）.

[65] 郭一家，吕晨茜.从燕赵文化视角研究冀商企业家精神的培育路径 [J].商，2015（24）.

[66] 罗晓光.企业诚信的内涵、结构与影响因素 [J].科技与管理，2016（01）.

[67] 刘璐、李占萍.近代冀商与职业教育的发展 [J].职教论坛，2016（03）.

[68] 吴继霞、黄希庭.诚信结构初探 [J].心理学报，2016（03）.

[69] 汤庆慧.冀州商帮文化的当代价值研究 [D].天津：河北工业大学，2014.

[70] 陈俊亮.传统诚信思想的现代转型研究 [D].兰州：西北师范大学，2005.

[71] 齐平.中国私营企业诚信制度研究 [D].长春：吉林大学，2010.

[72] 叶宗玲.中西方诚信观念比较及整合 [J].合肥学院学报（社会科学版），2009 年第 3 期，98–101.

[73] 孟华兴.诚信体系建设研究 [J].中国经济出版社，2011.

[74] 涂永珍.中西方"诚信"文化的差异及其现代整合 [J]，伦理学研究 Studies in Ethics，2004 年 5 月第 3 期，总第 11 期.

[75] 陈俊亮，韩作珍，王翠花.中西方诚信文化特质之比较探究 [J].十堰职业技术学院学报，2008 年 2 月，第 21 卷第 1 期.

[76] 雍佳，姚漓洁.高等教育在线 [J]，2015 年第九期

[77] 莫新明.浅议中西方诚信文化与我国现代社会诚信文化体系构建 [J]，集体经济，2011.07（上）.

[78] 李兴敏.中西诚信文化比较的新视野 [J]，沈阳工业大学学报（社会科学版），2012 年 7 月.

[79] 龙男男.中西诚信文化比较研究【D】哈尔滨工业大学哲学硕士学位论文，2013.

[80] 朱喆琳，丁社教.晋商"诚信"商业原则的成因及启示 [J].西北工业大学学报（社会科学版），2012 年 6 月.

后　记

　　《河北省民营企业诚信建设研究》是一部专门研究河北省民营企业诚信发展演进、诚信问题、诚信建设、民营企业诚信评价体系的著作，本书由河北金融学院赵清华、李东升主持。主持人主要负责总体规划、内容设计、调研计划、组织撰写、统稿及审核、修改定稿等工作。管理系教师杨建永、胡秀花、付秀彬、杜宝苍、彭磊、田旭、石春玲参与了编著和民营企业诚信评价体系的设计工作，同时还有本院的研究生、本科生多名学生参与了走访、调研、资料整理、数据审核及稿件校对工作。

　　本书是在"京津冀一体化"背景下对河北省民营企业诚信建设进行系统研究的著作，课题研究及本书的编写历时两年半，从 2014 年 12 月持续到 2017 年 5 月，在克服诸多困难的情况下，我们力图全面研究河北省民营企业的诚信建设。项目研究通过会议、访谈、调研等形式了解河北省民营企业的经营及诚信建设状况，梳理了河北省民营企业诚信建设的演进过程，全面总结了河北省民营企业诚信建设取得的成绩和存在的问题，提出河北省民营企业诚信建设是抓住"京津冀一体化"这一千载难逢机遇的关键点，给出了相应的对策。

　　研究发现我国对民营企业的诚信评价存在部门分割，评价指标不兼容的状况，课题组经过理论探索和实践研究，建立了一套按照行业划分的民营企业诚信评价体系，通过检验初步得到政府部门、中间机构和企业的认同，但是由于民营企业涉及行业众多，企业间千差万别，民营企业诚信评价体系还有待在实践中完善。

　　我们深信，没有诚信就没有市场经济的繁荣，没有诚信就没有民营企业的发展壮大。河北省乃至中国民营企业的诚信建设正处在爬坡阶段，民营企业的诚信建设只有起点没有终点，民营企业的诚信建设始终处在不断发展和变化的进程中，本书只是代表我们在当下这样一个关键时期对河北省民营企业诚信的思考和研究，目的是引起企业家及政府部门的关注，使关心河北省民营企业诚信建设的有识之士产生共鸣，共同探讨和推进河北省乃至我国民营企业的诚信建设，我们坚信我国民营企业诚信建设会进入一个崭新的阶段。课题研究和写作过程中得到河北金融学院、政府部门、民营企业及东北师范大学出版社的支持和帮助，在此表示诚挚的谢意。

　　本书为河北省教育厅人文社会科学研究重大课题攻关项目研究成果，课题编号：ZD201445。

编者

2017 年 4 月